FAMILY FAVORITES WORD SEEK PUZZLES 50

This collection of puzzles has been selected by the editors of Penny Press for the enjoyment of your entire family.

Penny Press is the leading publisher of puzzle books and magazines exclusively. Its publications are recognized for the excellence of their editorial quality and graphic presentation.
A list of Penny Press publications appears on the following page.

PennyPress®

PENNY PRESS PUZZLE PUBLICATIONS

◆ PUZZLE MAGAZINES ◆

All-Star Word Seeks
Approved Easy & Fun Variety Puzzles
Approved Variety Puzzles
Classic Variety Puzzles Plus
  Crosswords
Easy Crossword Express
Family Variety & Crosswords
Family Variety Puzzles & Games
Favorite Easy Crosswords
Favorite Fast & Easy Crosswords
Favorite Fill-In
Favorite Quick & Easy Crosswords
Garfield's Word Seeks
Good Time Crosswords
Good Time Easy Crosswords
Good Time Variety Puzzles
Master's Tournament Variety Puzzles
Master's Variety Puzzles

Merit Variety Puzzles & Games
Original Logic Problems
Original Logic Problems
  British Edition
Penny's Famous Fill-In Puzzles
Penny's Fill-In Puzzles
Penny's Finest Favorite Word Seeks
Penny's Finest Good Time Word Seeks
Penny's Finest Super Word Seeks
Spotlight Celebrity Word Seek
Spotlight Movie & TV Word Seek
Ultimate Favorite Variety Puzzles
Ultimate World's Finest Variety Puzzles
Variety Puzzles and Games
Variety Puzzles and Games Special
  Issue Plus
Word Seek Puzzles
Large-Print Word Seek Puzzles

◆ SPECIAL COLLECTIONS ◆

Selected Alphabet Soup
Selected Anagram
  Magic Square
Selected Brick by Brick
Selected Codewords
Selected Crostics
Selected Crypto-Families
Selected Cryptograms
Selected Diagramless
Selected Double Trouble
Selected Flower Power

Selected Frameworks
Selected Letterboxes
Selected Match-Up
Selected Missing List
  Word Seeks
Selected Missing
  Vowels
Selected Patchwords
Selected Places, Please
Selected Quotefalls
Selected Share-A-Letter

Selected Stretch Letters
Selected Syllacrostics
Selected The Shadow
Selected Three's
  Company
Selected What's Left?
Selected
  Wizard Words
Selected Word Games
  Puzzles
Selected Zigzag

◆ PUZZLER'S GIANT BOOKS ◆

Crosswords   Sudoku   Word Games   Word Seeks

◆ ◆ ◆

Family Favorites Word Seek Puzzles, No. 50. Published four times a year by Penny Press, Inc., 6 Prowitt Street, Norwalk, CT 06855-1220. On the web at pennydellpuzzles.com. Copyright © 2012 by Penny Press, Inc. Penny Press is a trademark registered in the U.S. Patent Office. All rights reserved. No material from this publication may be reproduced or used without the written permission of the publisher.

Printed by Quad/Graphics, Taunton, MA U.S.A. 6/18/12

"The Phantom of the Opera" story was immortalized on film six times from 1925 to 1990. Despite the visual effects of the later films, the abduction sequence in the silent version was thought so horrific to 1920s audiences that the film was reshot adding scenes for comic relief!

☑ ACTION
☐ ARIA
☐ BELOW
☐ CAVERNS
☐ CHAMBERS
☐ CHRISTINE
☐ CINEMA
☐ CLOAK
☐ CONCEAL
☐ DRAMA
☐ EERIE
☐ HIDE
☐ INTRIGUE
☐ LOVE
☐ MAKEUP
☐ MASK
☐ MOVIE
☐ MUSIC
☐ OPERA

☐ SCENES
☐ SCHEME
☐ SCORE
☐ SECRET
☐ SILENT film
☐ SING

☐ SOPRANO
☐ STORY
☐ SURPRISE
☐ THEATER
☐ THRILLER
☐ UNDERGROUND

```
L O E V K H B I A K B U E K D
T O T H A S C O N O I T C A V
R O P L S I L E N T M U S I C
K D P U N N C S O P R A N O D
U N D E R G R O U N D I N A T
P H M T R E M E H C S C G W K
N A L R H A D E V H E L L U E
G L R S K E R N G A A O L S E
P K E E K V A I L M C A Y I R
Y H U N L O M T A B W K V L I
R P D E K L A S E E R O C S E
O U K C K L I I S R M Y L B D
T R E S I R P R U S C M N E C
S N A W K R T H H I D E S I B
D M N H C P W C L T E B S K C
```

In geology, warm, dilute acids are used to identify minerals. For example if the acid fizzes when poured on a mineral sample, the mineral is a carbonate. This test may be conducted at home, using vinegar for the acid.

- ☐ ACID
- ☐ ACOUSTICS
- ☐ ALLERGY
- ☐ ANALYSIS
- ☐ APTITUDE
- ☐ BLOOD
- ☐ CHECK
- ☐ CHEMICAL
- ☐ DENSITY
- ☐ DEPTH
- ☐ DRIVER
- ☐ EMER-
  GENCY
- ☐ ENTRANCE
- ☐ ESSAY
- ☐ EXAM
- ☐ HEARING
- ☐ HEAT
- ☐ MATH
- ☐ MEANS
- ☐ MEMORY
- ☐ MICRO-
  PHONE
- ☐ OBJECTIVE
- ☐ ORAL

- ☐ PATCH
- ☐ PRESSURE
- ☐ PROVE
- ☐ QUIZ
- ☐ REFLEX
- ☐ RORSCHACH

- ☐ SEMESTER
- ☐ SOIL
- ☐ STRENGTH
- ☐ STRESS
- ☐ TASTE
- ☐ WRITTEN

```
M E P R T X D L F E L H P S S
A E U D E N S I T Y X I R D K
X U A L E V I T C E J B O N S
E M F N F A I N E A A Y V S E
Q E R U S S E R P C B G E K N
R M N F H G W T D O Q R T K T
E O V O R Y I R E U T E S K R
T R R E H T T S I S Y L A N A
S Y M S U P S Z T T D L T D N
E E D D C A O R O I T A E H C
M L E O Y H E R N C H E C K E
E V P R O N A V C S A C N S F
S E T W G L T C F I W X T Z E
Z E H T A M B C H E M I C A L
J Y H E A R I N G N D X W A P
```

The Clyde River is the chief commercial waterway in Scotland. Shipbuilding yards once lined the river's banks in Glasgow, where famous ships including the "Queen Mary" and "Queen Elizabeth" were built. Rivers of Scotland are featured in this puzzle.

☐ ALMOND
☐ ALNESS
☐ ANNAN
☐ ARDLE
☐ AVON
☐ BRORA
☐ CARRON
☐ CLYDE
☐ CONON
☐ CREE
☐ DEVERON
☐ DULNAIN
☐ EARN
☐ FARRAR
☐ FINDHORN
☐ FORTH
☐ GARRY
☐ GLASS
☐ LYON
☐ MORISTON
☐ NAIRN
☐ NAVER
☐ ORCHY
☐ ORRIN
☐ OYKELL
☐ SHEE
   WATER
☐ SOUTH ESK

☐ SPEAN
☐ SPEY
☐ STINCHAR
☐ TEITH
☐ TEVIOT
☐ THURSO

☐ TILT
☐ TUMMEL
☐ TWEED
☐ TYNE
☐ UGIE
☐ YTHAN

```
T E K L M P N N Y N E T A F G
R N O R R A C I O A L L R D T
T T L C C E M O R I S T O N U
M N O N O C T N T R Y S C O S
B R O R A R R A F N O R A M O
F O A Y C V D T W E E D R L L
R H F H L H F E U E L D R A G
E D Y L C L Y V O M E R T K G
V N D U L N A I N F M H S R L
A I D E A S I O Y O U E S D C
N F K N V P G T H R H V L W R
T Y N E U E H U S T U S E W F
O A Y C I A R O U H I P D I L
G A L G N N N O V A W E I N I
F C U R L S S E N L A Y T N K
```

In ceramics, raku is a primitive Japanese rapid-firing technique. It gives the clay either a shiny, glazed finish or a cracked, ancient look, slashed with metallic color.

- ☐ ANIMALS
- ☐ ART
- ☐ BOWL
- ☐ CANDLE-STICKS
- ☐ CAREER
- ☐ CHESS set
- ☐ CLAY
- ☐ COLLECT
- ☐ CRACKLED look
- ☐ CREATE
- ☐ DECORATE
- ☐ DISTINCT
- ☐ EXHIBIT
- ☐ FACES
- ☐ FANCY
- ☐ FIGURINE
- ☐ FINISH
- ☐ FUNCTION-AL pieces
- ☐ GLAZE
- ☐ JAPAN
- ☐ JEWELRY box

- ☐ LID
- ☐ METALLIC color
- ☐ PIECES
- ☐ PITCHER
- ☐ POTPOURRI container
- ☐ PROJECT

- ☐ RAKU
- ☐ SCULPTURE
- ☐ STYLE
- ☐ TEAPOT
- ☐ TEA SET
- ☐ VASE
- ☐ WHEEL

```
C I F D I E C L K M W E S B K
N J C J I P R O J E C T S Y K
E A H C O L L E C T G C E A U
T P E L F U P B O A U L C L V
A A S K C I T S E L D N A C E
E N S E T D T Z P L Y E F Z L
R G I C C E E T O I C U C E E
C A H M S E U L T C N F A X E
F E K A A R I R K C A I R H H
R B E U E L A P T C F G E I W
E T C N I T S I D O A U E B F
G L T E A P O T P O U R R I G
F J Y F I N I S H Z E I C T A
H P E T A R O C E D W N N R M
B O W L S Y Y R L E W E J F B
```

Hot tubs are large baths in which two or more people relax in steaming water. They are usually located outdoors and became popular in the United States in the 1970s.

- ☐ BENCH
- ☐ CEMENT
- ☐ CLEAN
- ☐ COVER
- ☐ DECKING
- ☐ DEEP
- ☐ DRAIN
- ☐ FIBER-GLASS
- ☐ FILTER
- ☐ FLOOR
- ☐ FRAME
- ☐ HEATER
- ☐ HYDRO JETS
- ☐ INDOORS
- ☐ INNER lining
- ☐ INSTALL
- ☐ LADDER
- ☐ LEAKS
- ☐ MAINTE-NANCE
- ☐ OUTDOORS
- ☐ OVAL
- ☐ PUMP

- ☐ RELAXING
- ☐ ROUND
- ☐ SEATS
- ☐ SHAPES
- ☐ SHELF
- ☐ SIZES
- ☐ SLANT-sided

- ☐ SOAK IN
- ☐ SQUARE
- ☐ STAVES
- ☐ STEPS
- ☐ STRAIGHT-sided
- ☐ WARM water
- ☐ WOOD

```
N L A D D E R N F P M U P S F
D N U O R D E I L B E N C H E
F I B E R G L A S S R N E E C
Z K I W M T A R N K L S M L A
N A P A E A X D X A T A E F H
B O D R G N I K C E D A N S Z
P S S M F N N N P L N P T T T
S P T E S L G S T A V E S Z S
E H R T A D O C R E J I A Q S
E M A R F T O O E O N P U B I
M L I P E V S B R D O A Z N Z
L T G Y E O D D O R R D N C E
M T H R V S Y O S E U E T C S
R E T A E H R D O F R E M U E
U M L F Q S I N F W N P I Y O
```

Pretzels can be traced back to ancient Rome and have long been traditional favorites in Alsace and Germany. According to legend, a monk in southern Europe first twisted the dough into its unusual shape about 610 A.D. to imitate the folded arms of someone praying.

☐ BAGS
☐ BAKED
☐ BAVARIAN pretzels
☐ BROWN
☐ CRISP
☐ CRUMBS
☐ CRUNCHY
☐ CRUST
☐ DISTINC-TIVE
☐ DOUGH
☐ FLAVOR
☐ FLOUR
☐ FOOD
☐ GERMAN
☐ GOOD
☐ HARD
☐ KNOT
☐ MIXTURE
☐ OVEN
☐ PACKAGE
☐ PARTY
☐ QUALITY
☐ SALT

☐ SHAPE
☐ SIZE
☐ SNACK
☐ SOFT
☐ STICK
☐ THICK

☐ THIN
☐ TOASTED
☐ TREAT
☐ TWISTED
☐ TYPES
☐ VARIETY

```
I F U S O X T F R M G S U S Q
Y D O O G A D E N E P A H S W
W Z V O R X Q S E P Y T B N Q
W T E S D C U B V R R M B A Y
S N N E R I A Y I H U R I C V
G H K I X T L I T R O T X K G
A A S N S Q I A C W L E X C E
B P E U O M T L N Z F N S I R
V A R I E T Y X I D R A Y T M
G C V O T A E R T E L C H S A
P K N A V T O A S T E D C I N
P A Y T R A P E I S U M N Z U
H G U O D I L A D I U K U E I
Y E A B Y H A F X W H A R D O
V S O F T H I N L T H I C K A
```

Instead of reading in a straight line, each word has one bend in it. One word has been looped for you.

- ☐ AIRWORTHY
- ☐ BRITISH
- ☐ BY-LINES
- ☐ CHARTER
- ☐ CHUTES
- ☐ DETERGENT
- ☐ DUCKPINS
- ☐ EMPIRES
- ☐ ENJOY
- ☐ FESTIVAL
- ☐ FREE-WHEEL
- ☐ GLOWWORM
- ☐ GUIDE
- ☐ HAIRCUT
- ☐ INTERPRET
- ☐ JERSEY
- ☐ KICKOFF
- ☐ LAGOON

- ☐ MONARCH
- ☐ NUMBER
- ☐ ORCHID
- ☐ OUTFITS
- ☐ PEGASUS
- ☐ PIGMENT
- ☐ RAGGED
- ☐ RANGOON
- ☐ SEA LION

- ☐ SOUTHERN
- ☐ STORK
- ☐ TOURACO
- ☐ UKRAINE
- ☐ UPSTATE
- ☐ VESTS
- ☐ VULCAN
- ☐ WHITTLE
- ☑ ZIGZAG

```
R E T R O W W O L G H S I T I
N E A N M F F S A G E P N N R
A H B Z E O D G U R W O T K B
C N U M K M E A J S I E S O U
L U V C F L G Z P L R P R E T
E D I Y R A G I G D A D M Y H
P K C U D E K R A I N E Z E E
I Z P L G L E U R H Z A S T R
N S R O A O S W C C R O T L N
S A T G U V T O H C D I Y E T
N O O A E T I R U E H E A Z N
G S T S T T F T T W E R T H E
O E R Z S E Y H E S K L O E G
O Y S E N I L Y C A R U O T R
N B F N J O Y O B R A N O M S
```

Daphne du Maurier was the second daughter of stage actor Gerald du Maurier, known for his portrayal of J.M. Barrie characters. With an imagination fueled by favorite childhood novels, including "Treasure Island," she embarked on a writing career in 1936 with her first novel, "Jamaica Inn."

- ☐ ADVENTURE
- ☐ AUTHOR
- ☐ BEST-seller
- ☐ "BIRDS, The"
- ☐ "CASTLE Dor"
- ☐ CORNWALL
- ☐ "DON'T Look Now"
- ☐ DRAMA
- ☐ "EN-CHANTED Cornwall"
- ☐ ENGLISH
- ☐ FAMILY
- ☐ FILMS
- ☐ "FRENCH-MAN'S Creek"
- ☐ "GERALD: (A) Portrait"
- ☐ "GLASS-BLOWERS, The"
- ☐ "GROWING Pains"
- ☐ "HOUSE on the Strand, The"
- ☐ "JAMAICA Inn"
- ☐ "KING'S General, The"

- ☐ LONDON (born)
- ☐ "LOVING Spirit, The"
- ☐ "MY COUSIN Rachel"
- ☐ "MYSELF When Young"
- ☐ MYSTERY
- ☐ NOVELS
- ☐ "REBECCA"

- ☐ "RENDEZ-vous and Other Stories, The"
- ☐ ROMANCE
- ☐ "RULE Britannia"
- ☐ SEA STORIES
- ☐ SHORT stories
- ☐ SUSPENSE
- ☐ WRITER
- ☐ "YEARS Between, The"

```
S T J G L C A G J F I V M S T
G Z R K L A R R O M A N C E S
A K E B A S H O R T F M R N R
F L M D W T E W H M V U I G A
A R U Z N L O I A T T S B L E
M U E P R E N N R N U E M I Y
A L G N O N R G E O W A O S U
R E B E C C A V C D T J U H Z
D S C K R H D Y R E T S Y M F
P U A C I A M A J E P M A G L
L O N D O N L A J E T L N E E
A H Z K L T G D N S B I R D S
Y Y N O V E L S E S V F R A Y
Y K Z J C D E B N O G U L W M
M O H S R E W O L B S S A L G
```

Perk up your ears and open your eyes as we provide you with a treat for your senses. All of the hidden words of 4 or more letters describe noises. Can you spot them all hidden among the letters camouflaged in the puzzle diagram? We have looped one word for you and provided the first letters of those remaining.   Word list on page 250

B ANG _____   S _____   T _____
B _____   S _____   T _____
B _____   S _____   T _____
B _____   S _____   W _____
C _____   S _____   W _____
C _____   S _____   W _____
C _____   S _____   Y _____
C _____
C _____   S A W R W P S H I O H C E G B
C _____   T A H H G G P S J G C R L G O
G _____   I S O A Q U C L I B O E N U O
G _____   E W N A O R G S K A E A E Q M
G _____   L T K O E G W L R B L K I G A
G _____   N J U A R L Q E A C T H G D L
H _____   K U M O C E P N B E S R H L L
H _____   C S G R H M G K C A U Q S W E
J _____   A R N H I S W L C N R Q O R Y
N _____   H S A H R N I H T W B R S T B
P _____   W L W C P C G J I N G L E T G
Q _____   C A T I K A E U Q S H R I E K
R _____   N M N M S S L D U H T O L L K
R _____   G M R M J H G C S S B L A S T
R _____   H U L B L R S L P G P E E P G
S _____
S _____

13

If you agree that it's not easy being green, switch to blue with the help of this puzzle whose entries are either blue or can be preceded or followed by BLUE.

☐ AQUA
☐ AZURE
☐ BABY
☐ BEARD
☐ BELL
☐ BERRY
☐ BIRD
☐ BLACK and
☐ BONNET
☐ BOOK
☐ Little BOY
☐ CHEESE
☐ CHIP
☐ CROSS
☐ DANUBE
☐ EYES
☐ FISH
☐ FOX
☐ GRASS
☐ GREEN
☐ GREY
☐ HEAVEN
☐ HORIZON
☐ INDIGO
☐ JAY
☐ LAWS
☐ LIGHT
☐ MARINE

☐ MONDAY
☐ MOOD
☐ MOON
☐ NAVY
☐ NIGHT
☐ OCEAN
☐ PRINT
☐ RIBBON
☐ SATIN

☐ SEA
☐ SKIES
☐ SUEDE
☐ TEAL
☐ TRUE
☐ TURQUOISE
☐ VIOLET
☐ VITRIOL
☐ Wild YONDER

```
L P N Q S I N X M N L O L N A
G A V S G S B O M A R I N E S
A L E G H S I F W E N V S B V
E U R T C A D S S C H I P U A
V E M H R R M K H O O T T N Q
Y I O G O G I E Q U R R Y A J
V P O I S E E B Q D I I R D S
T Y N L S S R R B N Z O R T T
H E A V E N U U D O O L E B D
Y T P D D T Q I Z P N N B O L
R B E T N I G H T A N E O O U
V R E D N O Y Y Y V O L M E K E
Z U Y A E I M Y B L A C K R C
H L E O R U R Z O A U Q A Q G
R V S N E D S P Y M B I R D O
```

After you loop all these cities and towns from our Mystery State, the remaining letters will reveal the name of the state, its nickname, state flower, and state tree.

Mystery State on page 251

- ☐ ALEXANDER
- ☐ ALLPORT
- ☐ ALMYRA
- ☐ ALTUS
- ☐ AUSTIN
- ☐ BANKS
- ☐ CABOT
- ☐ CLINTON
- ☐ CONCORD
- ☐ DAISY
- ☐ DATTO
- ☐ DELIGHT
- ☐ FISHER
- ☐ FORT SMITH
- ☐ FRANKLIN
- ☐ GRADY
- ☐ HOUSTON
- ☐ HUNTER
- ☐ JASPER
- ☐ LEOLA
- ☐ LESLIE
- ☐ MARIE
- ☐ MARION
- ☐ NASHVILLE
- ☐ NEWARK
- ☐ NORFOLK
- ☐ NORMAN
- ☐ OGDEN
- ☐ OMAHA
- ☐ OXFORD
- ☐ PARIS
- ☐ PORTLAND
- ☐ ROGERS
- ☐ RUSSELL
- ☐ SCRANTON
- ☐ VIOLA

```
A Y O T T A D P A R I S R K A
N D M N N E D G O L S A S T N
K A A H I R E R N R E H S I F
L R H M O T E N O R F O L K A
N G A G A X S D T C N K L D O
F A E W C R F U N O N P P A H
O R S A E R I O A A L O I V T
S P B H U N T E R T X D C U I
N O I T V S Y F C D A E A C M
T R P N U I R U S S E L L D S
S T R O P L L A P I L I M A T
K L H I E B L L L O N G Y I R
N A M R O N S S E T S H R S O
A N J A S P E R O O U T A Y F
B D M M P L I N N E T S R E E
```

Before you can loop the words in the list below, you must first fill in the circles in the diagram with the missing vowels A, E, I, O, and U. We have filled in one word for you.

☑ ACORN   ☐ ORIENT   ☐ UNION

☐ AGREE   ☐ POINT   ☐ UNLOCK

☐ ALERT   ☐ QUEEN   ☐ VAPOR

☐ ASTUTE   ☐ RAIDER   ☐ VASE

☐ BOISTEROUS   ☐ REEL   ☐ WEAVE

☐ COMET   ☐ SERVE   ☐ WIDE

☐ DEAN   ☐ SPOON   ☐ WISDOM

☐ DECIDE   ☐ TIGER   ☐ WOOL

☐ ERASER   ☐ TUTOR   ☐ YELLOW

☐ FIGURE

☐ GARAGE

☐ GEAR

☐ HINGE

☐ IODINE

☐ JOINT

☐ KERNEL

☐ LAPEL

☐ LEAD

☐ METER

☐ MOOR

☐ MOUSE

☐ NOISE

```
G G P Q D W O O V O T H Q V V
Y O V O G N O H V O N O O N B
O L S G G A K R T L H R K Q Q
L O O T C O O O O O R G O B W
L R O O O S R P C P M L K O G
O T R D M T N O S O M O O R G
W N O O O Q O V G L J O C L C
C O T C S N L O O F T W O O K
R O S O O O N O L D J L V S R
R L O D G L R N O M O O D O O
Q K O O O R O O N T C W O V G
Q O B C S M L R N O O D B N O
F B K R T O P O F H O M G C T
S B P S P O O N O R O G O F J
K F W Y M P S N D K J M G Q K
```

A E I O U

HERE AND THERE

There are many 6-letter words hidden in the two diagrams below, but only 7 words are in BOTH diagrams! Can you find them?

Word list on page 252

HERE

```
R L H R B R U O T E D T
T E L L E R F R G S N L
D R H M D S E D S L H R
C N M P O T A T O N D R
T A E F S T S R F W L E
H C L I E N T E E E G T
F R R N R A E H N T N W
D D N G P F R T R L R E
H O M E W L I O H M R P
B N G R P L F M G C R T
```

**YOUR LIST OF
6-LETTER WORDS**

THERE

```
R Y H P E Z W H S Y L R
P H T E L I T N E L E R
O N R W N N W D C G E Y
T Z T T L M D G N M L M
A P E E H O P I M S R N
T R L R N E R A S E R W
O S O C R D H T L V R L
N V I E H D E L A V G W
R N V S M H E R G P L N
Y D S A U T U M N Y G W
```

17

Sponges have been used to hold liquid since ancient times. The Greeks used them for bathing while Roman soldiers used them to hold drinking water.

- ☐ ABSORB
- ☐ ANCIENT
- ☐ ANIMAL
- ☐ ATTACH
- ☐ BATH
- ☐ CELL
- ☐ CLOTH
- ☐ COLONY
- ☐ COMMUNITY
- ☐ COMPRESS
- ☐ CORAL
- ☐ DAMP
- ☐ DELICATE
- ☐ DIVER
- ☐ FIBROUS
- ☐ FORM
- ☐ GATHER
- ☐ GROUP
- ☐ GROW
- ☐ LIGHT
- ☐ LIQUID
- ☐ MARINE
- ☐ ORGANIC
- ☐ OXYGEN
- ☐ PHOTOSYNTHESIS
- ☐ POROUS
- ☐ PUMP
- ☐ REEF
- ☐ SHAPE
- ☐ SKELETON
- ☐ SOAK
- ☐ SQUEEZE
- ☐ SURFACE
- ☐ TEXTURE
- ☐ USEFUL

```
S D I V E R T C L O T H G I L
P S P F A O E E O I R Q H S V
U H F S X W X H N L C S U O F
O A O Y S P T X T I O O P H F
R P G T U E U A U A R N R F D
G E M I O X R M K O G A Y A A
N T S N R S E P P Q A R M T L
C Q W U B Q Y T M N N P T A F
X B W M I U N N G O I A M G Q
W R R M F E F E T A C I L E D
E O N O I E R E Y H N S I F Y
F S R C C Z L W E A E V Q N T
P B N G Z E C A F R U S U V N
B A T H K H L G M W Z L I M P
Y C U S E F U L F M Q M D S D
```

One of the chess world's most renowned players was Bobby Fischer. At age 15 he became the youngest international grandmaster in the history of chess and was also the first American to win the World Chess Federation championship. Listed below are words about chess.

- ☐ ATTACK
- ☐ BISHOP
- ☐ BLACK
- ☐ BOARD
- ☐ CAPTURE
- ☐ CASTLE
- ☐ CHAMPION
- ☐ CHECKMATE
- ☐ CLUB
- ☐ COLOR
- ☐ CONCEN-
    TRATE
- ☐ DECOY
- ☐ DIAGONAL
- ☐ DRAW
- ☐ GAMBIT
- ☐ GAME
- ☐ GUARD
- ☐ KING
- ☐ KNIGHT
- ☐ MASTER
- ☐ MATCH
- ☐ MOVE
- ☐ PAWN
- ☐ PIECE
- ☐ PLAY
- ☐ QUEEN
- ☐ RANK
- ☐ ROOK
- ☐ SQUARE
- ☐ STALEMATE
- ☐ STRATEGY
- ☐ SURRENDER
- ☐ TOURNAMENT
- ☐ WHITE
- ☐ WINNER

```
K T E B G R B E B T W E C S S
Y K Y D U A R U P Y I O B N W
L D C B I N M A L O N B N C K
I E T A M K C E H C N R M H I
N L O M L T Q S E E E P C A N
D T K Y W B Q N U D R T N E G
C S W C T U T R N N A O E T Y
E A B O A R D E H M I U L A C
W C P R A T R T G P Q R S M I
Y G E T A R T S M W P N U E O
V U E I U D I A G O N A L L P
D A N S P R H M H P V M I A Y
C R O L O C E S B A B E W T R
L D A O E T I H W I Q N K S O
U Y K W K B K N I G H T H Y C
```

Regina, Latin for "queen," is the capital of Saskatchewan, Canada. It was named in 1882 in honor of England's Queen Victoria. The annual Buffalo Days festival, held in late July and early August, celebrates Regina's frontier days.

- ALBERT St.
- BUFFALO Days
- CANADA
- CAPITAL
- CITY
- CORNWALL Centre
- DEWDNEY Ave.
- EXHIBITION Park
- FIELDS
- GLOBE Theatre
- HIGHWAY
- HORSE racing
- JUBILEE Theatre
- LANDMARKS
- LIBRARY
- LLOYD'S Bank Tower
- MUSEUMS

- PIPELINE
- PLAINS
- PROVINCE
- RAILROAD
- RING Rd.
- RODEOS
- SASKATCHEWAN

- TAYLOR Field
- THE MOUNTIES' Chapel
- UNIVERSITY
- VICTORIA Park
- WASCANA Lake
- WHEAT

```
N A R Y J U B I L E E R S J D
S N G M T N V Y E C O S T T S
D A O R L I A R E L A H J K T
L C F F C V C D Y N E N R K S
E S R O H E T A O M D A A M N
I A L B E R T I O P M W U D I
F W W E V S T U S D J E E N A
P I P E L I N E N L S H U D L
O M X I B T C A A U J C B S P
R W A I I Y L T M K X T U D G
O N H E C N I V O R P A F Y L
D X S E T P R X J R U K F O O
E F Y R A R B I L I I S A L B
O I V C O T C O R N W A L L E
S Y A W H G I H O G O S O Y I
```

A ballad is a poem or song that tells a story. Though the origins of ballads can be traced back to the 13th century, they did not catch the public's interest until about the 18th century. "The American Songbag," by poet Carl Sandburg, is a 20th-century collection of folk songs and ballads.

- ☐ AMERICAN
- ☐ CHORAL
- ☐ COMPOSED
- ☐ DANISH
- ☐ DRAMATIC
- ☐ ENGLISH
- ☐ EXPRESSIVE
- ☐ FOLK song
- ☐ GERMAN
- ☐ HEROIC
- ☐ HISTORICAL
- ☐ LITERARY
- ☐ LYRICS
- ☐ MINSTREL
- ☐ MUSIC
- ☐ NARRATE
- ☐ PHRASE
- ☐ POETRY
- ☐ RECITE
- ☐ ROMANTIC
- ☐ RUSSIAN
- ☐ SIMPLE
- ☐ SING

- ☐ SITUATION
- ☐ SOLO
- ☐ SPANISH
- ☐ STANZA
- ☐ STORY
- ☐ STYLE

- ☐ SUSPENSE
- ☐ THEME
- ☐ TRADITION
- ☐ VERSE
- ☐ VERSION
- ☐ VOCAL

```
T D E S O P M O C V D D O K N
H N L S V E R L R S T A N Z A
E A Y G N I S E A U D N R S H
M M T P O E T R Y R S I Z I S
E R S R F M P T E L O S U T I
N E X P R E S S I V E H I U L
O G Y G O H L N U F I X C A G
I D R A M A T I C S A K P T N
T L T M A U N M T H I H L I E
I N Y E N T U O V E R S I O N
D L R R T S R E T A R R A N F
A P A I I I Z H S I N A P S S
R G F C C C C E E C I O R E H
T S P A O G S E L P M I S Y Y
L V L N K V O Y R O T S O L O
```

Only one word list for two diagrams! You must discover in which diagram each word is hidden.

- ☐ ABACA
- ☐ ALIVE
- ☐ ANGEL
- ☐ ANGORA
- ☐ ASLEEP
- ☐ COMMON
- ☐ CORONET
- ☐ EASTER
- ☐ ESSENCE
- ☐ FRIEND
- ☐ ICING
- ☐ IRISH
- ☐ LEGALIZE
- ☐ LUCKY
- ☐ MARGIN
- ☐ NORMAL
- ☐ PILOT
- ☐ RESIN
- ☐ ROUTER
- ☐ SECANT
- ☐ SECOND
- ☐ SENATE
- ☐ STORE
- ☐ STREAMER
- ☐ TAILED
- ☐ TENANT
- ☐ TORNADO
- ☐ WORLD

WORD SEEK 19

```
T O V Y Y A N L L M D E
S D S K T N E U D Y R T
E Y O C Y G M T Z I D E
C V P U A E W T M K L R
O V I L M L C N H V R T
N S I L I C I N G S O E
D Z M R A G T R E L W N
E Y R O R T E N I S E R
S E C A N T H P K S S D
L A M R O N N E A H H E
```

WORD SEEK 20

```
F E E N I P A F M D N D
D A A U T O T C P E E E
E S R T M T E N A N T L
T T T O G O G T S B L I
E E O R G R D T T C A A
C R L T E N O R O C S T
U D N T E A A M R L T E
D D U I O D M R E E E M
T O R M F O S E N A T E
R F E O N G P N R L F P
```

The 5-letter words below are found in the diagram in a V shape pointing left, right, up, and down. The key to finding them all is just around the corner!

- ☑ ABOUT
- ☐ ALOHA
- ☐ ARROW
- ☐ BARGE
- ☐ BRACE
- ☐ CHEER
- ☐ CRASH
- ☐ CRUST
- ☐ DATED
- ☐ DROOP
- ☐ EAGLE
- ☐ FACTS
- ☐ FLEET
- ☐ GLASS
- ☐ HAPPY
- ☐ HARSH
- ☐ HEART
- ☐ ISSUE
- ☐ LAUGH
- ☐ MARCH
- ☐ MARRY
- ☐ OCCUR
- ☐ ORDER
- ☐ PARTY
- ☐ PAUSE
- ☐ PRICE

- ☐ PRUNE
- ☐ RAISE
- ☐ RANCH
- ☐ SHOUT
- ☐ SPOON
- ☐ START
- ☐ TEETH

- ☐ TRIAL
- ☐ TRUST
- ☐ ULTRA
- ☐ UTTER
- ☐ WATER
- ☐ WASTE
- ☐ YOUTH

```
R L S T D S L E D I A P H T C
T Y L S R E O A N R R E R C O
E U F A A A T M T U C I H L N
O L O L U E A S A E T T A A S
U H G G E R U U A H E L R L P
S A H E A H R R S S O A I S I
E T R H A T C Y T R H C Y R H
C H A B T B O U P Y E A A B P
G R R R I U O Q R P O S O A X
T E O C R C P R A R P O R P S
T W D E C A U H D E N I P T S
E T G S J U I E C W W A C D Y
N R U S S K R I A R U T Z A C
F E A T T I S C A R E S A F F
M W O B L E E M H R B E E W G
```

23

You can create original stationery, mailing labels, and even wallpaper with homemade ink stamps. Just cut a design into a potato, sponge, or oblong pencil eraser to use as your stamp and get started on your first ink-stamp project right away!

- ☐ ADDRESS book
- ☐ ARTIST'S knife
- ☐ BASKET weave patterns
- ☐ BOOK COVERS
- ☐ BORDERS
- ☐ BRANCHING patterns
- ☐ CANISTERS
- ☐ CERAMIC tiles
- ☐ CIRCLE
- ☐ CLUSTERS
- ☐ COASTERS
- ☐ DARK
- ☐ DESIGN units
- ☐ DIAMOND network
- ☐ ERASER prints
- ☐ FABRICS
- ☐ FLORAL patterns
- ☐ GEOMETRIC patterns

- ☐ GIFT BOXES
- ☐ GIFT-WRAP
- ☐ GREETING cards
- ☐ GROUPING
- ☐ HALF-DROP network
- ☐ HEXAGON network
- ☐ HOBBY
- ☐ INKS
- ☐ INTERLACING
- ☐ INVISIBLE network
- ☐ LATTICE
- ☐ MAILING labels
- ☐ OCTAGON
- ☐ OGEE network
- ☐ PATTERNS
- ☐ PLATES
- ☐ PORTFOLIOS
- ☐ POTHOLDERS

- ☐ PRINTING blocks
- ☐ RAZOR blade
- ☐ RECIPE cards
- ☐ RECTANGLE
- ☐ REFLECTING patterns
- ☐ ROTATING patterns
- ☐ RULER
- ☐ SCALE network
- ☐ SHADING
- ☐ SHELF liner
- ☐ SPONGE prints
- ☐ SQUARE
- ☐ STAMPS
- ☐ STATIONERY
- ☐ STENCILS
- ☐ TRIANGLE network
- ☐ WALLPAPER
- ☐ WEDGE-shaped

```
C G G C V A B O R D E R S F L E H S
Q Z S L V P F A B R I C S M L A E U
Y S R E D L O H T O P E E C L G G Q
B G E O M E T R I C X V R F W N N Z
E G V G N I T A T O R I D E I G O C
O R O R R H D S B F C R D C A U P Y
V O C O Q E S T I N O G A X E H S B
C Z K U P K F N S P E L S Q U A R E
G A O P N I C L R R R H I Y V A E A
W R O I G N I T E E R G G O N P T R
Q T B N G C E P T C T S P C S R S U
D I Q G N C A N S T T T H L I I A E
L S S E I P I G I A K I A A A N O L
A T T T L F N S N N N U N P D T C A
R S T L I B T C A G M G O G R I E C
O A A C A A I W C L L C T R E N N S
L W Z S M M S S R E T S U L C G H G
F T K P A W R D I A M O N D I G O M
N E S R E L U R G V P O O U P A B C
T R E S A R E O G C N G I S E D B M
R C P M M D N S T A T I O N E R Y Z
```

William Wordsworth was born on April 7, 1770, in Cumberland, England. His poems, which reflect the idea that truth can be found only in nature and innocence, made him one of the great British poets of the Romantic era. Listed below are titles of Wordsworth poems.

- ☐ ALICE Fell
- ☐ AN EVENING Walk
- ☐ BORDERERS, The
- ☐ BROTHERS, The
- ☐ DESCRIP-TIVE Sketches
- ☐ ELEGIAC Stanzas
- ☐ EXCURSION, The
- ☐ GUILT and Sorrow
- ☐ IT IS A BEAUTEOUS Evening
- ☐ I WANDERED Lonely as a Cloud
- ☐ LONDON
- ☐ MICHAEL
- ☐ MUTABILITY
- ☐ MY HEART Leaps Up
- ☐ ODE TO Duty
- ☐ PETER BELL
- ☐ PRELUDE, The

- ☐ RECLUSE, The
- ☐ RESOLUTION and Independence
- ☐ SCORN Not the Sonnet
- ☐ SIMON Lee
- ☐ SOLITARY Reaper, The

- ☐ SURPRISED by Joy
- ☐ THE WORLD Is Too Much With Us
- ☐ TINTERN Abbey
- ☐ WAGONER, The
- ☐ WHITE DOE of Rylstone, The

```
G O T C P N R E T N I T G X E
N D B H W E G I O B T U I C P
I E C D E N T I V M I S I O H
N T I N O W T E U L S L Y X E
E O R M O U O T R U A E R T X
V V I A L D A R R B B S A M O
E S I O E B N P L H E U T I V
N R S T I H R O R D A L I M E
A E I L P I Y E L U U C L I X
R H I P S I N M N W T E O C G
W T V E B O R D E R E R S H U
Y O D W G P B C S G O B W A I
T R R A R N O I S R U C X E L
Y B W C A I G E L E S P S L T
X P R E L U D E R E D N A W I
```

Elvis Presley's first major hit song was "Heartbreak Hotel," which premiered in January 1956. Seven months later, "Don't Be Cruel" topped the charts at number one for an incredible eleven weeks!

- ☐ ALL SHOOK Up
- ☐ ASK ME
- ☐ BLUE Suede Shoes
- ☐ BURNING Love
- ☐ DON'T BE Cruel
- ☐ FLAMING Star
- ☐ GOOD Luck Charm
- ☐ GUITAR Man
- ☐ HEART-BREAK Hotel
- ☐ HOUND Dog
- ☐ HURT
- ☐ I'M YOURS
- ☐ IT'S NOW or Never
- ☐ JAILHOUSE Rock
- ☐ LITTLE Sister
- ☐ LONELY Man
- ☐ LOVE Me Tender
- ☐ LOVING You

- ☐ MOODY Blue
- ☐ MY BABY Left Me
- ☐ MY BOY
- ☐ MY WAY
- ☐ ONE NIGHT
- ☐ POOR BOY
- ☐ RETURN to Sender
- ☐ SHE'S NOT You
- ☐ STUCK on You

- ☐ SURRENDER
- ☐ SUSPICIOUS Minds
- ☐ TEDDY Bear
- ☐ TELL ME Why
- ☐ TOO MUCH
- ☐ TREAT Me Nice
- ☐ U.S. MALE
- ☐ VIVA Las Vegas

```
E J P S R U O Y M I J G Y V F
W W O T K S G N O O U L B L B
G F O U E M L L E T E F A K Y
Y P R C S A G T O N A M B A G
A K B K L L A N O V I C Y E B
W N O H J E S L I N I G M R B
Y J Y O R E H V G N A N H B I
M A P T H C L C N P R M G T R
K I V S U S P I C I O U S R U
N L G M R E L A T O I N B A L
R H O B T B U L D T O D S E S
U O L R F T G Y A W L K O H G
T U H O U N D R G I M E V O L
E S M Y B O Y D D E T N N G G
R E P R E D N E R R U S M M M
```

When I was in elementary school, I couldn't wait for November because November meant book fair time. If your school or organization is looking for an educational fundraiser, contact the chamber of commerce in your town for more information regarding mobile book fairs.

☐ ALMANAC
☐ ANNUAL
☐ ATLAS
☐ BOOKS
☐ BOXES
☐ BROWSE
☐ CHARITY
☐ CHILDREN'S books
☐ DICTION-ARY
☐ DONATED
☐ FAIR
☐ FUND-raiser
☐ GUIDE
☐ LIBRARY
☐ LINE
☐ MUSIC
☐ NOVEL
☐ PAPERBACK
☐ PILES
☐ POETRY
☐ POLITICS
☐ PURCHASE
☐ REFERENCE

☐ SCHOOL
☐ SCIENCE
☐ SETS
☐ SHELF
☐ SPORTS
☐ STACK

☐ STORY
☐ TABLES
☐ TEXT
☐ TRIVIA
☐ USED
☐ VOLUNTEERS

```
I B L P O L I T I C S T R R V
Y C H A R I T Y G Y C E E V R
S L N P U W C U V R I F X X B
T E Y E W N I O B A E Y P O T
A V L R K D N O Y R N R U S B
C O F B E D O A E B C T R N U
K N L A A K I N S I E E C E S
M R E C S T C C A L E O H R E
P U H K S E H A T T I P A D D
D U S T R O P S N I E N S L L
I V O I O D N U F A O D E I I
R R G L C F L L K S M N N H T
Y I E S W O R B E X M L A C G
R C A I V I R T S A L T A R B
I P H F O E S E L I P R I P Y
```

Victorian clothing, ranging from billowing crinolines to sleek bustles, was the style of the 1800s. It was during this time that Paris designers introduced the first suits for women.

- ☐ BUSTLE
- ☐ CAPE
- ☐ CORSET
- ☐ COTTON
- ☐ CRINOLINE
- ☐ DRESS
- ☐ DUSTER
- ☐ FABRIC
- ☐ FASHION
- ☐ FRAME
- ☐ FRINGE
- ☐ GARMENT
- ☐ HISTORY
- ☐ HOOKS
- ☐ HOUSECOAT
- ☐ JACKET
- ☐ KNIT
- ☐ LACE
- ☐ LAYERS
- ☐ OUTFIT
- ☐ PAISLEY
- ☐ PAST
- ☐ PETTICOAT
- ☐ PROPER

- ☐ QUILTED
- ☐ RIGID
- ☐ SHAWL
- ☐ SILK
- ☐ SKIRT
- ☐ SLEEVE
- ☐ STIFF

- ☐ TEXTURE
- ☐ TRIM
- ☐ WAIST
- ☐ WEAR
- ☐ WHALEBONE
- ☐ WOVEN
- ☐ WRAPPER

```
W W L S H I K L P R E P O R P
H O T J H U C X A N D Q T K B
A B V Y R O T S I H U I H G E
L A Y E R S U L S I N C G U M
E N S S N E O S L K C Q A I A
B S E P O N R T E X T U R E R
O T W L I G E A Y C Y T M G F
N D W R H D N O T T O C E N U
E W C R S O K C S Q P A N I D
D V B S A E U I C A P E T R W
W T E L F P L T S I A W E F S
L R R E W K P T F S R T K K W
D T X I L A C E S I S B C E S
Y H O O K S H P R U T R A T W
S F F I T S G S D Y B R J F W
```

The 5-letter words below are found in the diagram in a V shape pointing left, right, up, and down. The key to finding them all is just around the corner!

☑ ALARM ☐ OFFER ☐ SNAKE
☐ AMAZE ☐ OUTER ☐ SWING
☐ BELLE ☐ PAINT ☐ TEACH
☐ BERET ☐ PRESS ☐ TWIST
☐ CHASE ☐ RAISE ☐ VAGUE
☐ CHIEF ☐ RELAX ☐ WHEEL
☐ CYCLE ☐ SCARF ☐ YUCCA
☐ DEBUT
☐ DRESS
☐ ESSAY
☐ EVENT
☐ EXPEL
☐ FLARE
☐ FOUND
☐ GAUZE
☐ GROOM
☐ HANDY
☐ HOLLY
☐ HOUSE
☐ IMAGE
☐ JELLY
☐ KNIFE
☐ LEARN
☐ LIGHT
☐ MAJOR
☐ METAL

```
Y G E R N F K O E S E L S T S
C L E A E L R K C R I S P A C
F T L I F B A A D G E U S H Y
D O B L H O A N W I H Q A R O
H E A J M C U C S L A T O S M
E O L R Y B Z E C L V R I O E
H U U C E A X U A A G F J N M
I S G L J Z Y M R R E A P O K
E A B E L L A N H W M L Y A R
V E L Y S E E K H A R D N E I
L L T L V S N E U E N E L N G
F E A E Y G E T F S T T T A D
C D P T A R N A W F S U U E X
G X E C P H M I G I O Q B Z H
E M H J I I V T X E S W P Y E
```

Cooperstown, New York, was chosen as the site for the National Baseball Hall of Fame and Museum because, according to legend, it was there that Abner Doubleday invented the game in 1839. The museum opened 100 years later.

- ☐ ARTICLES
- ☐ ATHLETES
- ☐ AUTOGRAPHS
- ☐ BASES
- ☐ BATS
- ☐ CAPS
- ☐ CLOSETS
- ☐ COOPERS-TOWN
- ☐ CROWDS
- ☐ DISPLAYS
- ☐ DONATED
- ☐ FANS
- ☐ GAMES
- ☐ GREATS
- ☐ HONOR
- ☐ ITEMS
- ☐ JACKETS
- ☐ JERSEYS
- ☐ MASK
- ☐ MEMENTOS
- ☐ NAMES
- ☐ NUMBERS
- ☐ OBJECTS

- ☐ PANTS
- ☐ PHOTOGRAPHS
- ☐ PICTURES
- ☐ PLACE
- ☐ PLAYERS
- ☐ RACKS
- ☐ RARE

- ☐ RINGS
- ☐ SEATS
- ☐ SHOES
- ☐ SIGNATURES
- ☐ TEAMS
- ☐ UMPIRES
- ☐ WORTHY

```
P F C J R I N G S M A S K B S
E R A R S M A E T W S E A H D
K R O N O H D S C R B T O S O
S I H S S W R T E C S E M A N
I T E H Y E D B J R S L P W A
G E P P Y H M S B F U H O A T
N M E A W U T A O A O T P R E
A S L R N E S R G T S A C T D
T P E G S T Y Y O R N E O I J
U L Y O S Y S G E W E E S C P
R A L T T W R P S S T A M L U
E C A U I A O T A K R A T E B
S E P A P O E J A C K E T S M
S H M H C E H W D A H U J D O
D I S P L A Y S E R I P M U Y
```

The word LEGEND is hidden in the diagram only once. It will read in a straight line forward, backward, up, down, or diagonally.

```
D D G E N G L D G G L D
L E N D N D D L N L N E
G G D G D N N N D L L E
N G D D G D L E D L N D
E G G N L D L G G G L E
E E D E G N L G D E N L
D G D N N E G D L E L L
E D D E G D G G L L L G
G N G G E D E G L N G N
L N E E G G L L L G L G
```

Can you find the word LEGEND hidden in this diagram 17 times? Its letters read in a straight line forward, backward, up, down, and diagonally.

```
L L L D D N E G E L D E
E G E N D N E G E L N E
G G G G L N L G G L E G
E D E E E E E N E D G L
N D N L G N G G N L E E
D E D E D N D E E L L G
N N N G G G G G N L D E
N D L E G E N D N D D N
N G D N L E L E G E N D
L G G D N E G E L D N G
```

And now, here are a few words about television's wise, and sometimes wacky, patriarchs!

- ☐ ACTOR
- ☐ ADDAMS, Gomez
- ☐ ADVICE
- ☐ ANDERSON, Jim
- ☐ BIRTH
- ☐ BRADFORD, Tom
- ☐ BRADY, Mike
- ☐ BUNKER, Archie
- ☐ CHILDREN
- ☐ CLEAVER, Ward
- ☐ CUNNING-HAM, Howard
- ☐ DADDY
- ☐ DOUGLAS, Steve
- ☐ EVANS, James
- ☐ FATHER
- ☐ FLINTSTONE, Fred
- ☐ HUSBAND
- ☐ HUXTABLE, Cliff

- ☐ JETSON, George
- ☐ JONES, Sam
- ☐ KEATON, Steve
- ☐ MUNSTER, Herman
- ☐ RICARDO, Ricky
- ☐ ROLES
- ☐ RUBBLE, Barney
- ☐ SANFORD, Fred

- ☐ SEAVER, Jason
- ☐ SERIES
- ☐ SOLVE
- ☐ STEPHENS, Darren
- ☐ TAYLOR, Andy
- ☐ WALTON, John
- ☐ WEDDING
- ☐ WIFE
- ☐ WILLIAMS, Danny

```
T C B I R T H S R O L Y A T H
J C V W I F E U D A N E C C B
H U S B A N D R X S E I R E S
M N N D O D A R E T S N U M G
A N C J A C R E H T A F B F S
W I L L I A M S E E N B B E D
N N S R E P V P C N F L L R W
O G N M N A H I O O O O E E E
S H O S A E V S N T R T D V B
T A T F N D R E Y S D D A A U
E M L S A E D D R T I N G E N
J B A G D V M A L N S J P S K
C J W N U L U D G I X Y D N E
B R A D F O R D E L H M G E R
Y D A R B S D Y C F A C T O R
```

If you're in the mood for some French food after your Word Seek tour of France, don't be fooled by French fries. Their name refers to "frenching," a method of cutting the potatoes into narrow strips, not their country of origin—they are American!

☐ BROWN
☐ CHIPS
☐ COOK
☐ CRISP
☐ CURLY fries
☐ DEEP-FRY
☐ DINER
☐ FAST-FOOD
☐ FISH
☐ FORK
☐ FRIED
☐ FROZEN
☐ FRYER
☐ GOLDEN
☐ HAMBURGER
☐ KETCHUP
☐ LUNCH
☐ MENU
☐ ORDER
☐ PEPPER
☐ PLATE
☐ POTATO
☐ RES-
  TAURANT

☐ SALT
☐ SEAFOOD
☐ SHOESTRING
☐ SIDE DISH
☐ SLICE
☐ SNACK
☐ SPICY

☐ STEAK fries
☐ TAKEOUT
☐ THICK
☐ THIN
☐ TOPPING
☐ VEGETABLE
  OIL

```
K E C B F R Y E R D R T B K K
H I F F F H R R L F E C I L S
T P K R O F C G F N P S I A S
T U Y O I C D N N P P O L H C
M H O Z T E T E U I E T O Z S
B C I E G P D Y H L P E H L O
S T N N K L I C B D S P D H C
K E I C O A F A S T F O O D O
A K I G D T T I R P O T A T O
E H S I D E D I S F I W T U K
T N N O G M N I A H K C A N S
S E W E R G R E D R O U Y E Z
R O V O F C S Z C S N R L M Z
Y T N A R U A T S E R L U B I
R W H A M B U R G E R Y K K B
```

The Garden Club of America, formed in 1913, is a national association of garden clubs dedicated to the advancement of gardening in America. It is a volunteer and nonprofit organization, and annually awards over $200,000 in scholarships.

☐ ANNUAL
☐ ARBORETUM
☐ BIENNIAL
☐ BLOSSOM
☐ BONSAI
☐ BULBS
☐ COLD frame
☐ COMPOST
☐ CULTIVATE
☐ FERTILIZER
☐ FLORIST
☐ FLOWER
☐ FRUIT
☐ GRAFTING
☐ GRASS
☐ HERBS
☐ HOTBED
☐ LAWN
☐ MULCH
☐ NURSERY
☐ PEAT moss
☐ PERENNIAL
☐ PLANT
☐ POLLEN

☐ PRUNE
☐ RHIZOME
☐ SEED
☐ SHRUB
☐ SOIL

☐ TREE
☐ TUBER
☐ VEGETABLE
☐ WATER
☐ WEED

```
H B G S E E D D N R R P E A T
O L R Y M G N D N Z N E T N M
T O E M O F R U I T L S B N C
B S W S B T R A R H N V F U S
E S O B T S N C F P S W L A T
D O L P E I F E B T O T E L P
F M F R M R E Z I L I T R E F
V U Y H C O L D M V L N R L D
C T B I N L C A A R P E G A R
T E B Z P F L T W L N L M I U
G R U O Y G E U A N E L U N Y
L O E M M M R N I U I O L N Y
I B V E G E T A B L E P C E I
T R E T A W L N S B R E H I H
I A S N O B U R H S B L U B H
```

You'll be hard put to find a puzzle with as soft a side as this one. Hidden in the diagram are words of at least 4 letters that can all follow SOFT. We have looped one word for you and provided the first letters of those remaining.

Word list on page 254

B ALL _____   S _____   S _____
B _____   S _____   S _____
B _____   S _____   T _____
C _____   S _____   W _____
C _____   S _____   W _____
D _____   S _____   W _____
F _____
F _____
G _____
H _____
H _____
H _____
L _____
L _____
L _____
L _____
P _____
P _____
P _____
R _____
S _____
S _____

```
H B F D P P G I L U R P W C L
B T O P S S S K A E E L H S I
W O C I P A C E D H N T R U N
W N U V L K L L E S V S C L E
K A S N K E U A P P S N B G K
B S K E D O D O P C D P S R O
L G T N H E L C U T O U C H P
D F L S D I T L P S O V I H S
W O W N E W P O A R G S E S S
S P A L A T E L O B I K N R G
O H R T U F D O S F N W C L W
E C E R I P N R H I I W E O A
A R E L O S R C R S A E B C R
I P R W L A N D I N G K E B W
G C I T B D E T R A E H I D H
```

This quotation is from Franklin Pierce Adams. The words in the diagram are grouped together as they are shown in the list.

- ☐ HEALTH
- ☐ IS THE
- ☐ THING
- ☐ THAT MAKES
- ☐ YOU
- ☐ FEEL THAT
- ☐ NOW IS
- ☐ THE BEST
- ☐ TIME OF
- ☐ THE YEAR.

```
K K H R A K R N O W I S
F L G T B E A M U S R S
E H N R L T E O T R A E
S B I M K A Y H M T S A
T A H T L E E F M H K Y
I F T M L B H H Y E B K
M R H M E F T Y K B Y R
E F T H A T M A K E S T
O F E K H E H M S S T E
F K Y F H F B K B T S B
```

This Biblical quotation is taken from Isaiah 65:24. The words in the diagram are grouped together as they are shown in the list.

- ☐ AND IT SHALL
- ☐ COME
- ☐ TO PASS,
- ☐ THAT BEFORE
- ☐ THEY CALL,
- ☐ I WILL ANSWER;
- ☐ AND WHILE
- ☐ THEY ARE
- ☐ YET SPEAKING,
- ☐ I WILL HEAR.

```
A R T H A T B E F O R E
N T A H D N L E F R L C
D W H E I I R M D A K M
I S E E H A H O R T E O
T Y M W Y L B C O F A B
S I D E R C L P Y H L C
H N H K E A A I P W T L
A T R L T S T L W S H Y
L R E W S N A L L I W I
L Y E T S P E A K I N G
```

The word POETIC is hidden in the diagram only once. It will read in a straight line forward, backward, up, down, or diagonally.

```
E E T I E C C P C T T I
O E P E I O O I I E I O
T I E T C O E C T O T E
T O E P C O I T I I O E
P O E O T P E O O P C O
P P T C P P I E P C C E
C O C E O E I I C P E C
O P T C P O P E I I C I
O I T T P P O O I C O T
P E I T E C T O O I P O
```

Can you find the word POETIC hidden in this diagram 16 times? Its letters read in a straight line forward, backward, up, down, and diagonally.

```
P C I C T P C I T E O P
O C I I I E O I I P P I
E E I T P P O E T I C I
T C P T E C P P T E T C
I C I O E O P O C I O I
C C I T E O P E I O C P
T T T T E T P T T I O E
C C I T T O I I E C O P
P C I T E O P C O I C C
P C I C I T E O P E I T
```

I once mistakenly inserted my library card into a bank cash machine.
I was able to withdraw money, but I could only keep it for two weeks.

- ☐ ACCOUNT
- ☐ AMOUNT
- ☐ BALANCE
- ☐ BANK
- ☐ BORROW
- ☐ CANCEL
- ☐ CAPITAL
- ☐ CASH
- ☐ CHECK
- ☐ CURRENCY
- ☐ DEPOSIT
- ☐ DRAW
- ☐ EARN
- ☐ ENDORSE
- ☐ ESCROW
- ☐ FINANCE
- ☐ FUNDS
- ☐ INSURED
- ☐ INTEREST
- ☐ INVEST
- ☐ LEND

- ☐ LIEN
- ☐ LOAN
- ☐ MONEY
- ☐ MORTGAGE
- ☐ PAYMENT
- ☐ PERCENT
- ☐ POINTS

- ☐ PRIME
- ☐ RATE
- ☐ REPAY
- ☐ SAVINGS
- ☐ TELLER
- ☐ VAULT
- ☐ WINDOW

```
N B L Y E N E I L E N D I W V
M L C R N M T L L N V N V O V
T A C G I S D N U F S Y M R A
P F R R K N Y D E U G L W C U
N I P E C W V T R M W L T S L
T N O B E O A E Y L Y O C E T
I A I V H R D C S A M A C U T
S N N Y C R A N W T P N P N R
O C T N U O M A C I A E U F E
P E S E R B B L T C N O R S L
E S M O R T G A G E C D R E L
D Y E O E E L B N C F O O I E
S A V I N G S L A K D R A W T
S H S A C E Y T N N R A E U E
T Y M U Y P Y P E R C E N T S
```

The United States Air Force Academy in Colorado Springs, Colorado, is an agency of the Department of the Air Force. Authorization for the academy was granted by Congress in 1954 and it began admitting women students in 1976.

☐ ACADEMY
☐ ATHLETICS
☐ BAND
☐ CADETS
☐ CAMPUS
☐ CAREERS
☐ CHAPEL
☐ CLASSES
☐ COLORADO Springs, Colo.
☐ ETHICS
☐ FACULTY
☐ FAIRCHILD Hall
☐ FALCONS
☐ GOALS
☐ HONOR code
☐ LEAVE
☐ LIBRARY
☐ LOWRY Air Force Base
☐ MILITARY training
☐ MITCHELL Hall

☐ OFFICERS
☐ PARADES
☐ PILOTS
☐ PINE Valley
☐ PLANES
☐ PLEBE system
☐ PRIDE

☐ REVEILLE
☐ ROCKY Mountains
☐ SIJAN Hall
☐ STUDY
☐ UNIFORMS
☐ UPPER classmen

```
E K W B N R E P P U N F E A H
N W M F A L C O N S A N S P C
I S K Y R A T I L I M R R O H
P L A N E S F Y R Y E I D B A
L A S O R O C C S E D A R A P
E O E T R E H I R E R S A N E
B G S M U I V A T O J C K D L
E C S G L D C E L E A V E L O
F P A D A P Y O I D L I B I F
B A L M I T C H E L L H D B F
M D C L P A V M R T L I T R I
E L O U D U Y L J O H E D A C
V T C E L A S K W I N I U R E
S P T A T T G R M B U O C Y R
R S I J A N Y K C O R J H S S
```

All Air Force cadets follow a curriculum that includes military training, academics, and physical education. All cadets, even those who do not plan to pursue a career in flying, are required to take aviation and navigation courses.

- ☐ AERIAL
- ☐ AIRFIELD
- ☐ ASCEND
- ☐ BASE
- ☐ CLASS
- ☐ COMPUTER
- ☐ CONTROLS
- ☐ COURSE
- ☐ DIVE
- ☐ FLIGHT
- ☐ FORMA-TION
- ☐ INSTRUC-TOR
- ☐ JETS
- ☐ LANDING
- ☐ LEARN
- ☐ MANEU-VERS
- ☐ NAVIGATE
- ☐ PILOT
- ☐ PLANE
- ☐ RADAR
- ☐ RADIO
- ☐ ROLL
- ☐ RUNWAY
- ☐ SAFETY
- ☐ SOLO
- ☐ STUDENT
- ☐ STUDY
- ☐ SYSTEMS
- ☐ TACTICS
- ☐ TAXI
- ☐ TEST
- ☐ TOWER
- ☐ TRAINING
- ☐ WINGS

```
E N A V I G A T E N S L R F T
T N B O U D T L O V N V P N R
L E A R N S S A L C I J E T S
A M S L O R T N O C I D R T M
I R E T P R R M S X U L U A N
R C T O L I P M A T A A N C O
E R O T C U R T S N I E W T I
A T D U T P R A D R U I A I T
F A H E R A P I F V N S Y C A
F S R G I S N I E G A I R S M
A C R N I G E R S F O I D A R
Y E I A H L S M E T S Y S Y O
M N U G D L F T W W U W P F F
G D O Y L A Y F P Y O D H E A
W A D G T G R O L L L T Y V U
```

Before you can loop the words in the list below, you must first fill in the circles in the diagram with the missing vowels A, E, I, O, and U. We have filled in one word for you.

- ☑ AFTER
- ☐ ALIKE
- ☐ BANDI-
  COOT
- ☐ BOOTEE
- ☐ CARED
- ☐ CIRCUS
- ☐ DIXIE
- ☐ DRAPES
- ☐ ENAMEL
- ☐ ENCORE
- ☐ FAKE
- ☐ FLOAT
- ☐ GIVEN
- ☐ HEAP
- ☐ HERM
- ☐ HOAX
- ☐ IGLOO
- ☐ IMPART
- ☐ INDEX
- ☐ INVADE
- ☐ JASMINE
- ☐ KIT BAG
- ☐ LENTIL
- ☐ MILKER
- ☐ NOVEL
- ☐ OBVIOUS

- ☐ ORNATE
- ☐ PAVED
- ☐ PILEUP
- ☐ POUT
- ☐ PROPJET
- ☐ RIDGE
- ☐ RIDING

- ☐ SNAKE
- ☐ SNARE
- ☐ STAGE
- ☐ THANK
- ☐ TIDAL
- ☐ VERBAL
- ☐ VERGE

```
R L H X ○ ○ L G ○ F P S P S N
F S N ○ K ○ K ○ L ○ J X ○ N S
V ○ D L N V ○ ○ R N ○ T ○ ○ ○
○ N K D ○ B ○ D G G S ○ H R ○
R ○ H ○ H T ○ J ○ N M ○ D ○ ○
G V C V T X V ○ B V ○ P ○ G V
○ ○ N ○ M ○ L T T L N D X D B
S L X P R ○ J ○ ○ ○ ○ ○ ○ ○ ○
P T ○ B N H ○ P K N ○ N ○ R T
P H ○ D T C V M ○ A D T T G D
M L ○ G ○ R M C F R ○ K L ○ M
X X X D ○ T ○ T ○ H P D C V L
N ○ N C ○ R E P ○ L ○ ○ P ○ B
X ○ ○ H ○ R ○ C M S K R M N F
B V K D T S ○ C R ○ C H M X R
```

Before you can loop the words in the list below, you must first fill in the circles in the diagram with the missing vowels A, E, I, O, and U. We have filled in one entry for you.

☑ ADVISE   ☐ PREPARE   ☐ SIEGE

☐ ANGER   ☐ RACKET   ☐ SIESTA

☐ AUDIT   ☐ RITE   ☐ SPHERE

☐ AUSTERE   ☐ ROUND   ☐ SUNSET

☐ BAGEL   ☐ SAFE   ☐ SURF

☐ BEAUTY   ☐ SCOUT   ☐ SURGE

☐ BENEFIT   ☐ SIDE   ☐ TONGUE

☐ BOUND

☐ BREAK

☐ BUNT

☐ CELERY

☐ CEREAL

☐ CREATE

☐ DOOR

☐ GRATE

☐ HEAVY

☐ HEIGHT

☐ HEIST

☐ HUNGER

☐ IRON

☐ LASER

☐ LEAF

☐ LEVER

☐ MATE

☐ MEANT

☐ PAIL

```
R C M S R M T S B K P F ◯ ◯ L
◯ S C ◯ ◯ T N ◯ ◯ M P R H G M
V B F S T H B F G C ◯ R B H C
◯ H K A F ◯ ◯ ◯ R R G R ◯ F V
L Y ◯ R D D N ◯ ◯ ◯ F B ◯ ◯ H
◯ T T ◯ ◯ V D G S ◯ R ◯ ◯ N D
G ◯ ◯ S G P I L ◯ T N ◯ B B S
◯ ◯ S ◯ F H L S ◯ ◯ ◯ N T Y ◯
B ◯ N ◯ F ◯ T ◯ E T R D R L R
R B ◯ G C ◯ R ◯ ◯ L S ◯ ◯ ◯ F
◯ ◯ S ◯ R ◯ P ◯ R P L ◯ G ◯ H
◯ L T ◯ K C ◯ R H ◯ T N ◯ N ◯
K P B ◯ T H G ◯ C ◯ ◯ M T S ◯
B G N R M ◯ R P R H H L N N V
F T L ◯ S ◯ R G F G F D K R Y
```

You'll benefit more from the alphabet than the TV listings as you solve this puzzle because all of the television programs below have titles that begin with A.

- [ ] ABOUT Faces
- [ ] ACAPULCO
- [ ] ACCUSED
- [ ] ACE Crawford, Private Eye
- [ ] ADAM-12
- [ ] ADVENTURE
- [ ] AFTERMASH
- [ ] AIRWOLF
- [ ] A.K.A. Pablo
- [ ] ALF
- [ ] ALIAS Smith and Jones
- [ ] ALICE
- [ ] ALKALI Ike
- [ ] ALOHA Paradise
- [ ] ALVIN and the Chipmunks
- [ ] AMANDA'S
- [ ] AMAZING Stories
- [ ] ANDY'S Gang
- [ ] ANGEL
- [ ] ANGIE
- [ ] ANIMAL World
- [ ] ANNIE Oakley
- [ ] APPLE'S Way
- [ ] ARCHER

- [ ] ARCHIE Bunker's Place
- [ ] ARNIE
- [ ] ARREST and Trial
- [ ] ATOM Squad
- [ ] AUTOMAN
- [ ] American BANDSTAND
- [ ] All My CHILDREN

- [ ] All in the FAMILY
- [ ] All That GLITTERS
- [ ] At the MOVIES
- [ ] America's Funniest Home VIDEOS
- [ ] Away WE GO
- [ ] Another WORLD

```
N C D S G N I V L A T O M S K
O S A I L A M F L A N E E Y W
C I R V W O A A A N N I E D F
L H N V V M R D L R O W M N E
U D I I I R A N S R C V H A V
P Y E L E D L A A L O H A F L
A S Y S D F I T D Y P U I T B
C B T W U R C S N A T C S E O
A M S N W C E D A O M E R R B
P K K O W R C N M M I I E M A
P A L L E G N A A G A F T A E
L F B H G D N B N A H Z T S A
E A C O O G I A L K A L I H L
S R C D U E R V G A H M L N U
A D V E N T U R E Y Y V G U G
```

Don't touch that dial! Now that you've gotten through television's A-list, try your hand at television's B-list.

- ☐ Broken ARROW
- ☐ BAA BAA Black Sheep
- ☐ BAFFLE
- ☐ BALL Four
- ☐ BANACEK
- ☐ BARETTA
- ☐ BARNEY Miller
- ☐ BATMAN
- ☐ BEACON Hill
- ☐ B.J. and the BEAR
- ☐ BEAT the Clock
- ☐ BENSON
- ☐ BEST Sellers
- ☐ BEULAH
- ☐ BEWITCHED
- ☐ Buffalo BILL
- ☐ BLANSKY'S Beauties
- ☐ BLIND Date
- ☐ BLONDIE
- ☐ BLUE Thunder
- ☐ BONANZA
- ☐ BOSOM Buddies
- ☐ BOSS Lady

- ☐ BOTH Sides
- ☐ BRET Maverick
- ☐ BRIDE and Groom
- ☐ BRONCO
- ☐ BRONK
- ☐ BUCK Rogers
- ☐ Bringing Up BUDDY

- ☐ BULLSEYE
- ☐ BY-LINE
- ☐ Ben CASEY
- ☐ Bachelor FATHER
- ☐ Barnaby JONES
- ☐ Breakfast PARTY

```
M Y R N B L K I D B W B O S S
B D R O S J B Y E S A C B Y Y
Z I S S O L N T Z L B A B T K
B O D N U B E E S R K U B R S
M A E E B E D D O L L N R A N
T S T B H A D N I L B A O P A
E P T M H C C S S R E L O R L
S D T U A O T E B B B H T O B
N K C U B N Y I H A L U E B Y
B S E I D E K F W R R C L U L
R Z L C R B A N A E M N A D I
E L F F A B B E S T B T E D N
T T B L O N D I E T H S Y Y E
A M L B O N A N Z A P E Z B C
K T A T T A E B H W O R R A K
```

Monaco, located on the French Riviera, is one of the smallest countries in the world. Known as a principality (ruled by a prince), the country's monarchs have included Prince Rainier III and Princess Grace, former film actress Grace Kelly. The principality has no income tax, making it a favorite haven of Europe's jet set.

- ☐ AUTO races
- ☐ BEACHES
- ☐ CASINOS
- ☐ CATHE- DRAL
- ☐ CLIFFS
- ☐ COUNTRY
- ☐ FLOWER gardens
- ☐ FONT- VIEILLE
- ☐ FRENCH Riviera
- ☐ GAMBLING
- ☐ GRAND Prix
- ☐ HOTELS
- ☐ LA CON- DAMINE
- ☐ LITTLE rain
- ☐ LOUIS (II) Stadium
- ☐ MEDITER- RANEAN
- ☐ MILD winter
- ☐ MONACO (capital)
- ☐ MONE- GASQUES
- ☐ MONTE Carlo

- ☐ MT. AGEL
- ☐ NATIONAL Council
- ☐ OPERA house
- ☐ PALACE
- ☐ PORT
- ☐ POSTAGE stamps

- ☐ PRINCE
- ☐ RESORT
- ☐ ROYAL family
- ☐ SHOPS
- ☐ SMALL
- ☐ TOURISM
- ☐ TOWNS

```
C A T H E D R A L I T T L E G
O D H C N E R F O H M R R E F
U N M E I P M F C C O O C G G
N A F Y M T E C A L A P N A A
T R O Y A L D S N V E N M T Y
R G R G D S I U O L L B A S E
Y Y E T N N T A M O L H S O M
N L F L O W E R P I I B H P G
H A G S C U R E N R E S O R T
V O T U A D R G M A I A P D O
T V T I L A A I C N V N S Y W
M P H E O E N H S I T N C A N
S M A L L N E Q F M N S I E S
L S E U Q S A G E N O M I L D
H E H P R T N L S F F I L C C
```

Instead of reading in a straight line, each word has one bend in it. One word has been looped for you.

- ☐ AMIDSHIPS
- ☐ BALANCE
- ☐ BOUNTY
- ☐ BRAND
- ☐ CARIBOU
- ☐ CYMBALS
- ☐ DOCKET
- ☐ ELBOW
- ☐ ESTIMATE
- ☐ FLYLEAF
- ☐ GELATIN
- ☐ GROOVE
- ☐ HIGHLIGHT
- ☐ INDENT
- ☐ INTERCEPT
- ☐ JUICE
- ☐ KNIGHTLY
- ☐ LOCKSMITH
- ☐ MAGNET
- ☐ MAINSAIL

- ☐ NATIONS
- ☐ OYSTER
- ☐ PRINT
- ☐ RIVERINE
- ☐ ROYALTY
- ☐ SPOUT
- ☐ STALK
- ☐ SYSTEMS

- ☐ THRIFTY
- ☐ TIEPINS
- ☐ TINSEL
- ☐ UPHILL
- ☐ VITAMIN
- ☐ VOYAGE
- ☐ WEDLOCK
- ☑ ZIGZAG

```
W O B J V C E P T W N G A M L
S O L S K I R K T I N M S P I
U T E O N Z T E M E S J A H A
M N A T I O S A T O E B S I S
K O T L F O J T T N L D N G N
N Y K Y Z U O B I N I D O H M
I S L L R I N E R M E Y T L A
G T O E N O G Z A G A H J I Y
H E V A G D S M C O R T H G O
G I R F W A Y O V I C O E Z R
R B J E E O S D F Y Y S O T T
K H D U C N T P M T K M U V E
C L A T I N E B R C Y I O U K
O B E P I M A A O I N T P X C
T I E G S L P L L L I H S D O
```

The FBI is a branch of the Justice Department. Organized in 1908 by Attorney General Charles J. Bonaparte as the Bureau of Investigation, the group dealt with offenses such as illegal land sales and business practices. Congress gave the bureau its present name in 1935.

- ☐ ACADEMY
- ☐ AGENT
- ☐ BUREAU
- ☐ CAPTURE
- ☐ CASE
- ☐ CHECK
- ☐ CLUES
- ☐ COMPUTERS
- ☐ CRIMES
- ☐ DIRECTOR
- ☐ ENFORCE
- ☐ EVIDENCE
- ☐ EXAMINE
- ☐ FEDERAL
- ☐ FILES
- ☐ GATHER
- ☐ GOVERN-MENT
- ☐ HELP
- ☐ INTELLI-GENCE
- ☐ INVESTIGA-TION
- ☐ JUSTICE
- ☐ LABORATORY
- ☐ LAW
- ☐ LEADS
- ☐ NATION
- ☐ OFFICES
- ☐ PROBE
- ☐ REPORT
- ☐ SECURITY
- ☐ SERVE
- ☐ TRAINING
- ☐ WASHINGTON, (D.C.)

```
G S E U L C H E C K M C I C B
N H N B E O V R K A T N C A D
I O O G O V E R N M E N T S R
N U I I C R A N R V O E E E U
I W T T N C P E I T P C H G L
A C A X A T I D G M U T L S A
R R N D R G E N S R A E G R B
T I E O A N I L I G A X O E O
I M P X C H F T L D U T E T R
Y E A E S D Y I S I C H I U A
R S U A E R U B L E G R L P T
P E W C A P T U R E V E I M O
L R A M O F F I C E S N N O R
E V L A R E D E F Y H L I C Y
H E J U S T I C E C R O F N E
```

Solve this puzzle by seeking numbers instead of letters.

☐ 04812   ☐ 29287   ☐ 51609   ☐ 79115
☐ 05005   ☐ 29558   ☐ 52823   ☐ 79319
☐ 06153   ☐ 36346   ☐ 58150   ☐ 83489
☐ 06450   ☐ 36469   ☐ 72456   ☐ 86059
☐ 06586   ☐ 37282   ☐ 75998   ☐ 87211
☐ 07769   ☐ 37443   ☐ 76950   ☐ 87597
☐ 07798   ☐ 40161   ☐ 77083   ☐ 90920
☐ 16175   ☐ 50972   ☐ 78449   ☐ 98537
☐ 19231
☐ 19554
☐ 20262
☐ 20505
☐ 20970
☐ 23603
☐ 24315
☐ 29058

```
4 1 8 9 3 3 6 7 9 5 7 8 2 2 0
0 4 2 8 5 8 6 9 0 9 2 0 2 7 5
1 9 3 1 3 0 2 8 1 4 5 3 8 8 6
5 6 8 4 0 1 6 1 1 3 2 9 1 4 7
0 2 8 3 5 6 5 8 9 8 9 5 2 4 0
0 9 5 5 1 4 4 5 2 5 0 7 7 9 8
5 6 8 6 6 6 2 5 7 5 5 8 6 1 1
0 7 3 3 4 0 7 9 0 2 0 4 8 1 2
9 7 7 8 3 5 8 2 1 4 6 3 0 8 2
7 0 2 5 6 9 1 6 4 3 1 2 2 9 2
2 3 6 0 3 6 1 5 6 3 5 7 0 0 6
7 1 4 1 0 7 1 8 8 0 3 5 5 2 3
9 3 6 0 5 3 2 0 5 8 8 3 5 8 4
1 1 8 3 4 4 7 3 5 8 9 3 0 2 0
6 2 9 2 8 7 8 9 8 7 2 3 0 2 6
```

Rudolf Nureyev was the lead male dancer with Moscow's Kirov Ballet in 1961 when he defected to the West. He is credited with breaking down the barrier between ballet and modern dance.

- AMERICAN Ballet Theater
- AUDIENCE
- AUSTRIAN citizen
- BRITISH Royal Ballet
- CAREER
- CAVALIER
- CELEBRITY
- CLASSIC dancer
- DEFECTOR
- DIRECTOR
- EXOTIC
- EXPERT
- FAME
- GRACE
- INTENSITY
- JUMPS
- KIROV Ballet
- "LA CORSAIRE"
- LEAD
- "LUCIFER"
- NEW YORK
- ORCHESTRA
- OVATION
- PARIS
- PERFORM
- "PHAEDRA'S Dream"
- POLITICAL asylum
- RENOWN
- SOVIET Union
- SPINS
- STAR
- "THE KING and I"

```
N J X S U D C I S S A L C A C
T P O L I T I C A L G R A C E
M C P H A E D R A S E N V P L
W R A T S C T R E P X E A N E
U Y O R R S O M Y C O W L S B
S S F F E H A R S K T Y I C R
A T N H R E P O S X I O E H I
L U C I F E R T E A C R R E T
N R S W P S P C M G I K O U Y
O S Y T I S N E T N I R W V S
I Y O R R E R F L I W L E O P
T E A G I I O E E K F O V I M
A P M D C G A D D E I I N M U
V X U A E D M N U H E J C E J
O A N P F X H S I T I R B Y R
```

TOKYO'S TERROR

Movie monster Godzilla, the terror of Tokyo, made his first screen appearance in 1954. Godzilla is known as Gojira in Japan. His name is a combination of "go" from "gorilla" and "jira" from "kujira," the Japanese word for "whale."

- ☐ BATTLE
- ☐ BEAST
- ☐ BUILDINGS
- ☐ BULK
- ☐ CITY
- ☐ CREATURE
- ☐ CRUSH
- ☐ DAMAGE
- ☐ DEMOLISH
- ☐ DESTRUC-TIVE
- ☐ DINOSAUR
- ☐ DUEL
- ☐ FANS
- ☐ FIRE-BREATHING
- ☐ GOD-ZILLA
- ☐ GROWL
- ☐ HUGE
- ☐ JAPAN
- ☐ LOUD
- ☐ MAMMOTH
- ☐ MONSTER
- ☐ MOTHRA
- ☐ MOVIES

- ☐ MUTATED
- ☐ REPTILIAN
- ☐ RUIN
- ☐ SCARY
- ☐ SCREECH
- ☐ SETS
- ☐ SHATTER

- ☐ SPECIAL effects
- ☐ STOMP
- ☐ STRUGGLE
- ☐ TAIL
- ☐ TALL
- ☐ TOKYO
- ☐ VOICE

```
Y L C F T H S U R C B U L K I
C I V M D C R E A T U R E B F
W Y N H O Y P W P E I R J E J
T C T S S T R U G G L E Y A M
C E J I I P H A G U D J P S U
S T G L C T M R C H I A F T T
M C I O O A O O A S N M R B A
C A R M D W U E T A G R U B T
N L M E L Z N Y S S S E A R E
T A A D E V I T C U R T S E D
M T U I K C E L I A T T O T Y
R O N B C S H R L L F A N S Z
L K F I R E B R E A T H I N G
C Y P K U A P U R R T S D O T
V O I C E R D S E I V O M M T
```

Writing contests are sometimes sponsored by magazines and newspapers. Winners often have their entries published, or receive a prize of a free subscription. Get into the proper mood to try your hand at creative writing by solving this puzzle about writing contests.

☐ APPLY
☐ ARTICLE
☐ AWARD
☐ BOOK
☐ CATEGORY
☐ CERTIFICATE
☐ COMPETE
☐ CREATE
☐ EDITOR
☐ ENTRY
☐ ESSAY
☐ FEE
☐ FICTION
☐ FIRST place
☐ FORMAT
☐ HONOR-
  ABLE
  mention
☐ JOURNALIST
☐ JUDGE
☐ LITERARY
☐ MAGAZINE
☐ MANU-
  SCRIPT
☐ PARAGRAPH
☐ POETRY

☐ PRIZE
☐ PUBLISH
☐ QUALIFY
☐ REVIEW
☐ RULES
☐ SCREENPLAY

☐ SENTENCE
☐ STORY
☐ SYNOPSIS
☐ THEME
☐ TYPE
☐ WINNER

```
M B Y N G K G T D T Y W P W J
T A M R O F S E P Y L P P A U
W T G O T R C I D F Y C F K D
Q E B A I N R R W I N N E R G
E J I F Z C E U E L T H E M E
S P O V S I E L B A R O N O H
S Y S U E H N C N U T V R K S
A R N C R R P E N Q K E Y A I
Y A O O V N L A S E L U R W L
M R I M P U A J R S T T O A B
V E T P Y S Y L T G I N G R U
Y T C E R T I F I C A T E D P
H I I T O I U S L S K R T S T
F L F E T P Z E P Y T N A Z T
U D C K S T Z E W K M W C P M
```

Before you can loop the words in the list below, you must first fill in the circles in the diagram with the missing vowels A, E, I, O, and U. We have filled in one entry for you.

☑ ALIAS
☐ AXIS
☐ AXLE
☐ BALLAD
☐ BANJO
☐ BAWDY
☐ BELLOW
☐ BELOW
☐ CAUTIOUS
☐ CELLAR
☐ CELLO
☐ CREAMY
☐ CREATE
☐ CREEK
☐ DECIDE
☐ DEVIOUS
☐ ELBOW
☐ ELEGANT
☐ EMPTY
☐ FIGURE
☐ FINGER
☐ FOLLOW
☐ FOOT
☐ GAUGE
☐ GENIUS
☐ GIGGLE

☐ GULLY
☐ HIDE
☐ JEALOUS
☐ JURY
☐ NARROW
☐ PATENT
☐ PORTION

☐ QUEST
☐ RIPPLE
☐ SIPHON
☐ SLIM
☐ SUPER
☐ TICKLE
☐ TOUCAN

```
J O R Y M O O R C K K O O R C
O C B O J O O L O O S K O N T
T N O G O L O N K P O L X O O
O O L O Q S P M O C L L X L O
O H L O T O F T P O O N B D F
R P O G W O O G C T O T O O P
C O D P N N O S G O Y V L S W
P S D G T O O O T K O L P W C
M J O R A G L R S O O F P O H
R R C V O L O G O W O S O R F
O D O H Y P I S G G O C R R C
G Y D W O B O A S O O L O O K
L B O L O W X S S F G F L N H
L M B M C O D N W D O L L O C
C Q V G S L O M G N O J N O B
```

Super Vee cars are named for their souped-up Volkswagen engines. They race on oval asphalt tracks or road-racing courses at speeds up to 160 mph. Super Vee racing is popular in the United States as a steppingstone for rookie drivers who hope to move up to Formula One or Indy car racing. Zip around the diagram as you solve this puzzle about auto racing.

☐ CHAMPION
☐ CHARLOTTE
☐ CLASSES
☐ COCKPIT
☐ CREW
☐ DANGER
☐ DAYTONA
☐ DRAG races
☐ DRIVER
☐ ESS TURN
☐ FENCING
☐ FORMULA One
☐ FUEL cell
☐ FUSELAGE
☐ GRAND Prix
☐ HAIRPIN
☐ HELMET
☐ INDIANAPO-LIS
☐ LAPS
☐ MECHANIC
☐ METHANOL
☐ NURBUR-GRING
☐ OFF-ROAD

☐ OPEN wheels
☐ OVAL tracks
☐ OWNER
☐ PITS
☐ PURSE
☐ RALLIES

☐ ROLL BAR
☐ SIDEPODS
☐ SPORT
☐ SPRINT car
☐ SUPER VEE
☐ WINGS

```
A L A V O S H T D R A G H H G
E Y L N G N I R G R U B R U N
T S U P S P I D A Y T O N A I
D K M S K V D P E L A P S N C
W E R C E O K L R P L P D P N
I N O R W Y E D I I O I D U E
S C F N M I V T A R A D E R F
C E E V E B N R T N I H S S E
H R S Y C F E G A O G L C E F
A T S S H R P P S B L E V R D
M E T H A N O L R E L R R N A
P M U Y N L V F U S E L A G E
I L R N I N C F T P B R O H E
O E N S C G C I U B G O Y R C
N H T N I R P S D A O R F F O
```

The West Indies, sometimes called the Antilles, are a long chain of islands that separate the Caribbean Sea from the rest of the Atlantic Ocean. They are the peaks of an underwater mountain chain often called the Caribbean Andes. In prehistoric times this chain linked North and South America.

☐ ANTIGUA
☐ ATLANTIC Ocean
☐ BAHAMAS
☐ BARBADOS
☐ BEACH
☐ CACAO
☐ CAYMAN Islands
☐ CITIES
☐ COFFEE
☐ CORAL
☐ CUBA
☐ FARMS
☐ FISHING
☐ FRUIT
☐ GREATER Antilles
☐ GRENADA
☐ HAITI
☐ HAVANA
☐ ISLANDS
☐ JAMAICA

☐ LESSER Antilles
☐ NASSAU
☐ PEAKS
☐ PUERTO Rico
☐ RESORTS
☐ SAN JUAN

☐ SANTO Domingo
☐ ST. LUCIA
☐ SUGAR
☐ TOURIST
☐ TROPICAL
☐ VIRGIN Islands

```
B T N U V B G R E A T E R P B
C D Y B H S T R O S E R P E B
C U J A A A S O I Y E L G A E
T U G R U U I R A U A B C K E
I L B B G F U T C C A A U S F
U C M A I O P I I H C A E B F
R O R D T Y S P A I S E F V O
F R E O N L O M M S E I T I C
R A J S A R A D A N E R G R R
N L R N T S D N J P V L H G D
A E D M G D J O T R E U P I J
M S M I S U P I F I S H I N G
Y S E Y A A S T L U C I A M D
A E A N A V A H E V A M H M U
C R T C A C A O T N A S T L M
```

Letter A is both out in front and bringing up the rear in this puzzle whose hidden words of 4 or more letters begin and end with A. One entry has been looped to start your list.   Word list on page 259

A <u>B A C</u> A   A_____A   A_____A   A_____A

A_____A   A_____A   A_____A   A_____A

A_____A   A_____A   A_____A   A_____A

A_____A   A_____A   A_____A   A_____A

A_____A   A_____A   A_____A   A_____A

A_____A   A_____A   A_____A   A_____A

A_____A

A_____A

A_____A

A_____A

A_____A

A_____A

A_____A

A_____A

A_____A

A_____A

A_____A

A_____A

```
A A A D N O C A N A R O G N A
A L B E R T A L G E B R A Z A
A O C A R N T U B O O A A A R
C H Z N T A N A S P R L G N A
A A B E O M A R A T E A L M B
C T N R N S L G C A R B D U I
I N T A I C T E A F L A F L A
A A A A Q T A N B G S M L A R
K A U I A U A T A L B A N I A
S A N S R L A I A M E R I C A
A G F O T E P N S U S L M G L
L C R R Z R G A G E M F E S P
A A M B I I I L C B N N I R H
A R O M A C R A A A D M Z K A
Z A D A M R A A U A R I A S D
```

Each of the names of famous people hidden below is unusual because the last name can commonly be used as a first name.

□ ALLEN, Steve
□ ARNOLD, Benedict
□ ARTHUR, Bea
□ CLARK, Dick
□ CONRAD, Robert
□ DOUGLAS, Kirk
□ FRANCIS, Connie
□ GREGORY, Dick
□ HENRY, Patrick
□ HOWARD, Ken
□ HUMPH-REY, Hubert
□ IRVING, Washington
□ JOEL, Billy
□ JOHN, Elton
□ JULIA, Raul
□ KEITH, Brian
□ LAWRENCE, Vicki
□ MARSHALL, Penny

□ MARTIN, Steve
□ MEREDITH, Burgess
□ MICHAEL, George
□ MILTON, John
□ MURRAY, Bill
□ NELSON, Willie
□ PEARL, Minnie
□ ROSE, Pete

□ ROSS, Diana
□ RUSSELL, Kurt
□ RYAN, Meg
□ SCOTT, George (C.)
□ SIMON, Neil
□ STEWART, James
□ TAYLOR, James
□ THOMAS, Marlo
□ WALLACE, Mike

```
V Y I P F G U J K C V V C L R
T L I R H J U L I A L L E N I
T L I I N I D M U R R A Y F N
R A W S S O R H R U H T R A U
A H A H U H T V G C Y N Y K V
W S L G K T U L I C R R H E H
E R L L M V C M I N O V C O Y
T A A P E A R L P M G N W G J
S M C V R S A S J H E A R M L
Y G E N E L S O N R R C O A G
H R O N D Y V U W D G E L R D
I L N S I C N A R F E E Y T N
D N N E T L L E O J C G A I Y
K E I T H O M A S C O T T N W
N O M I S D E P E N E K D E A
```

Instead of reading in a straight line, each word has one bend in it. One word has been looped for you.

- ☐ ADMIRALTY
- ☐ ARABIAN
- ☐ BLUNDER
- ☐ CHITCHAT
- ☐ COUNTER
- ☐ DIMPLE
- ☐ DREAMS
- ☐ DRY DOCK
- ☐ EARLDOM
- ☐ EXCURSION
- ☐ FIDDLE
- ☐ FOREST
- ☐ GALWAY
- ☐ GOBBLER
- ☐ HELICOPTER
- ☐ INDIGO
- ☐ JUMP JET
- ☐ KINGDOM
- ☐ LYRIC
- ☐ MYSTIC
- ☐ NATION
- ☐ OVERSEE

- ☐ PICKLE
- ☐ PYTHON
- ☐ RADIANT
- ☐ RETAIL
- ☐ SERGEANT
- ☐ TANDEM
- ☐ TOPNOTCH

- ☐ UNBOLT
- ☐ UNBUNDLE
- ☐ VARNISH
- ☐ WIND CHILL
- ☐ WIZARD
- ☐ YAMMER
- ☑ ZIGZAG

```
W G E L D M N O V H I L L F O
T H K D E J U D C E E S V R D
C A I D L K B D L L R A E I N
M F N T H O N R P E D S G R I
L O G Y C I U A G M T O E C G
R I D P W H X Z I W I H M E V
A Y A W L A A R Z Z C D A L N
D R H T N G C T A T C N L M O
N I E S A J O X O L T I Y D I
A R A T I W U N T O T S R G S
I D I N P N P M L C T Y O T R
B O R Z T O I R P I D B L U N
N A H E L I C T E J B O C B D
V R R Z A S K E W L B X C X E
E M M A Y M L Z U N E O Y K R
```

ZIGZAG FANS! *You'll enjoy our special collections packed with dozens of engaging Zigzag puzzles. See page 93 to order.*

You don't have to wander over hill and dale to find the items for this scavenger hunt because each can be found in the diagram. As is true of all scavenger hunts, some items are easier to find than others!

☐ BANANA peel
☐ BLUE PENCIL
☐ BOLT
☐ BREAD crumbs
☐ BROWN bag
☐ CANDY
☐ CEREAL box-top
☐ CHALK
☐ CLIP
☐ COAT HANGER
☐ COMICS
☐ EGG CARTON
☐ GOLF TEE
☐ GUM
☐ INDEX CARD
☐ LUMP SUGAR
☐ NAIL
☐ ONE-CENT stamp
☐ ORANGE
☐ POEM

☐ POTATO chip
☐ RED APPLE
☐ SAFETY pin
☐ SALT
☐ SCREW
☐ SHOEHORN
☐ STAPLE
☐ STRING

☐ TEA LEAF
☐ THUMBTACK
☐ TICKET stub
☐ TISSUE
☐ USED ENVELOPE
☐ WALNUT
☐ WIRE

```
G S Y M U C O M I C S W A W P
E T L T S I T R K U S E I I W
W R A I E L P P A D E R L F I
I I E C D F Y V O N E C E N T
N N R G E N A I L N G S D H A
D G E H N G F S R L I E U W B
T N C P V A G O I H X M F O R
I N T V E O H C S C B H T T O
C S H L L E N T A T U N L A W
K C A F O E T R A R A N A T N
E E T H P B D C N O T P S O E
T E S E E B K L A H C O L P D
E E U S S I T M N N W E N E O
S L U M P S U G A R D M R O K
B R E A D G M B B K T Y E D O
```

Actress Meryl Streep is best known for her powerful film roles, but she began her professional training at age 12 as an operatic singer. In 1990 she got the chance to use her voice training when she sang "I'm Checkin' Out" in her film "Postcards from the Edge."

- ☐ ACTRESS
- ☐ AWARDS
- ☐ BLOND
- ☐ BROADWAY
- ☐ COMEDY
- ☐ "DEER Hunter, The"
- ☐ DRAMA
- ☐ EMMY
- ☐ "FALLING in Love"
- ☐ FANS
- ☐ "HEART-BURN"
- ☐ "HOLO-CAUST"
- ☐ "IRON-WEED"
- ☐ "JULIA"
- ☐ "KRAMER vs. Kramer"
- ☐ MINI-series
- ☐ OSCAR
- ☐ "OUT of Africa"
- ☐ "PLENTY"
- ☐ POPULAR
- ☐ PRETTY

- ☐ SCREEN
- ☐ "SHE-DEVIL"
- ☐ "SILKWOOD"
- ☐ "SOPHIE'S Choice"
- ☐ STAGE

- ☐ STAR
- ☐ "STILL of the Night"
- ☐ THEATER
- ☐ VASSAR
- ☐ YALE

```
A T H E A T E R A S S A V S H
B F L L I T S J B L O N D E S
N O M N L I A U W N A J A I H
P F W P O P U L A R S R P H E
K S A K D U Y I L C T C I P D
E C N L H A M A R B O E W O E
O G Y A L E M E U M U L O S V
B Y A C F I E R E M A W O W I
M A R T V N N D P W K U C H L
M W E R S T Y G A L T L R E R
K D E E W N O R I S E E B A A
Y A D S J F D S R N M N M N O
F O V S B S W A C A I A T F D
P R E T T Y T F R A R M D Y H
K B P H D S M K H D R K N I B
```

First loop in the diagram all the words listed below. Then read the leftover letters from left to right, top to bottom, to discover the Wizard's Words.

Wizard Words on page 261

☐ BLISS
☐ BRIGHT
☐ BROAD
☐ CHEERFUL
☐ CONTENT
☐ DELIGHT
☐ EMOTION
☐ ENJOY
☐ EXPRESS
☐ FACE
☐ FEELING
☐ FINE
☐ GLAD
☐ GLEE
☐ GREAT
☐ GRIN
☐ HAPPY
☐ HUMOROUS
☐ JOLLY
☐ JOVIAL
☐ JOYFUL
☐ LAUGH
☐ LIPS

☐ LUCKY
☐ MERRY
☐ MOUTH
☐ OPEN
☐ PEACE
☐ PLEASANT
☐ PLEASE

☐ PRIDE
☐ SHINE
☐ SPIRIT
☐ TEETH
☐ TERRIFIC
☐ WIDE
☐ WONDERFUL

```
T H E N T N A S A E L P I C O
P E A C E T I E L U F Y O J P
R H T H H I E R F A C E N G E
I A T S S E F R G B O U N T N
D W E U A S E B R I G H T I R
E E I O O D E R N I A L G A F
S E M R N M L R F P F A Y M I
Y L L O J S I L P U E I K I S
R G W M T P N Y L X L V C T T
R B H U A I G T E E E O U A O
E L W H L R O N A E N J L E B
M I A I S I I N S T Z J E R F
I S P U D T T T E E T H O G S
E S V E G E E N I H S A R Y Y
D E L I G H T G L A D B O D Y
```

Solve this puzzle by seeking numbers instead of letters.

☐ 01571   ☐ 57518   ☐ 76711   ☐ 86262
☐ 04565   ☐ 58336   ☐ 77474   ☐ 90573
☐ 05624   ☐ 58916   ☐ 78399   ☐ 91096
☐ 15567   ☐ 59246   ☐ 79048   ☐ 91616
☐ 18602   ☐ 59609   ☐ 79888   ☐ 93854
☐ 28448   ☐ 67795   ☐ 81449   ☐ 96195
☐ 29577   ☐ 70555   ☐ 82460   ☐ 98609
☐ 30097   ☐ 70904   ☐ 83481   ☐ 99941
☐ 30195
☐ 32621
☐ 36500
☐ 40138
☐ 40484
☐ 41277
☐ 42846
☐ 48989

```
4 4 2 6 7 7 6 6 6 0 7 9 0 0 9
1 5 5 6 7 9 4 1 7 7 9 0 0 3 3
3 5 9 6 3 8 6 2 6 3 7 5 0 9 8
0 5 2 7 2 2 3 1 4 1 8 1 6 3 5
8 6 0 4 7 2 6 9 9 7 9 9 4 9 4
6 5 6 2 6 6 4 2 9 5 4 8 2 9 7
1 4 8 7 7 1 6 6 1 7 1 7 8 5 5
8 0 1 9 1 4 3 8 0 0 1 5 7 1 6
1 8 0 0 1 3 2 5 0 2 9 5 7 7 4
9 8 2 4 2 6 5 0 5 4 1 2 2 0 0
7 8 9 8 2 5 9 0 6 8 5 0 1 2 9
0 9 0 6 8 9 9 0 3 9 3 0 4 0 0
9 7 8 1 4 4 9 1 1 8 9 3 6 0 2
0 6 0 0 4 8 0 2 0 9 2 9 6 0 0
4 3 1 4 8 4 0 4 4 0 5 5 3 7 3
```

Everyone has their own little pet peeves. Can you spot any of yours among those listed below?

- ☐ ANSWER-ING machines
- ☐ BARKING
- ☐ BOREDOM
- ☐ BOSS
- ☐ BRIGHT lights
- ☐ BUZZING
- ☐ CLOUDY days
- ☐ CLUTTER
- ☐ COLD coffee
- ☐ COM-PUTERS
- ☐ CROWDS
- ☐ DRIPS
- ☐ DUST
- ☐ FLIES
- ☐ GOSSIP
- ☐ HEAT
- ☐ HICCUPS
- ☐ HUMIDITY
- ☐ HUMMING
- ☐ INSOMNIA
- ☐ LOUD MUSIC
- ☐ MISTAKES
- ☐ NAGGING
- ☐ PETS
- ☐ RAIN
- ☐ RERUNS
- ☐ RUSH HOUR
- ☐ SCHOOL
- ☐ SHOPPING
- ☐ SIRENS
- ☐ SNOW
- ☐ SUSPENSE
- ☐ TRAFFIC
- ☐ WAITING
- ☐ WORK

```
S N E R I S S P U C C I H S C
L C S U S P E N S E H N R R K
O I H E B A R K I N G S U E I
U M M O I W B F A A I O T T H
D S S G O L O O N T H M G U R
M S P N T L F N R H S N M P G
U G N I P P O H S E I I W M R
S N N T R T S U D Z D A M O E
I I C I T D R G Z I S O S C R
C M I A R C L U T T E R M S U
L M A W A E B Y E T H R S D N
O U A S F G W P P Z A G L W S
U H N W F G O S S I P O I O I
D O G N I G G A N N C W O R K
Y S K Z C E A S T A E H F C B
```

There are several thousand kinds of worms, from parasitic types to simple earthworms. Size is relative, since many species can stretch to unusually great lengths. For example, bootlace worms are normally 6½ feet long, but scientists measured one worm that was stretched to nearly 90 feet!

- BODY
- BOOTLACE worm
- BURROW
- CLAM-WORM
- CRAWL
- EARTH-WORM
- FLAT-WORMS
- FLUKE
- LARGE
- LONG
- NIGHT crawler
- NO LEGS
- OCEAN
- PARA-PODIA
- PINK ribbon worm
- PLANARI-AN
- PLANTS
- RIBBON worms
- ROUND-WORMS

- SAND
- SEGMENTED worms
- SETAE (bristles)
- SLENDER
- SMALL

- SOFT
- SOIL
- TENTACLES
- TUBE
- VINEGAR eel
- WATER

```
V R D W Y S W M I O A D A P U
E I P S E G M E N T E D S A N
R B N L I O S R E D N E L S W
Y B D E A P I N K K T D M W D
V O T G G N T S I A U A T O T
O N U R M A A M E G L L D L H
A B B A C R R R V L H A F O L
S G E L O N O O I P V T O C C
V T E S M R O W T A L F L E M
L S O Y C P A D H B N A O A E
W F S R D T C N L T M T N N I
T D A F E O H U Y W R S G T Y
S W O R R U B O O T L A C E S
L A I D O P A R A P W N E N W
F B F H R C M L A V K D M F P
```

Zoo is short for zoological garden. The first in the country, the Philadelphia Zoological Garden, opened on July 1, 1874.

- ☐ ANIMALS
- ☐ APES
- ☐ AQUARIUM
- ☐ AVIARY
- ☐ BEAR
- ☐ BIG CATS
- ☐ BIRDS
- ☐ BUCK
- ☐ CHIMPS
- ☐ DEER
- ☐ DUCK pond
- ☐ ELEPHANT
- ☐ EXHIBIT
- ☐ EXOTIC animals
- ☐ FEEDING times
- ☐ FELINES
- ☐ HABITAT
- ☐ HIPPO
- ☐ HYENA
- ☐ MAMMALS
- ☐ MONKEY house
- ☐ PARROTS
- ☐ PEANUTS
- ☐ PENGUIN
- ☐ PENS
- ☐ PICNIC area
- ☐ REPTILES
- ☐ RHEA
- ☐ SHOWS
- ☐ SIMIANS
- ☐ SNAKES
- ☐ STAG
- ☐ TIGER
- ☐ TRAINER
- ☐ VISITORS
- ☐ ZOOKEEPER

```
K S S T A C G I B K R Z Y K S
P F E E D I N G C E R H E A H
O K N U L V K U G A T S K V O
P H I C T I B I H X E E N G W
P Y L P H S T H P A R R O T S
I E E A N I X P Q E C K M Q S
H N F A Z T M U E I N I A Y L
S A K A V O A P N R S G S R A
T E B I X R O C S L E I U A M
S X L I I S I K A S M E W I I
R O Q U T P K M E I L R D V N
A T M N K A M R A E S U A A A
B I R D S A T N A H P E L E T
K C U D M C S T U N A E P G B
X G S K O I T R A I N E R A Y
```

Graphology is the study of handwriting to obtain information about a person's character. Official licensing in the field exists in Europe, and several universities there offer graphology courses. However, in the United States it carries less credibility and is taught only in a few universities, one of which is the New School for Social Research in New York City.

- ☐ ANALYSIS
- ☐ ANGLE
- ☐ CHARAC-TER
- ☐ CLOSE
- ☐ CURVY
- ☐ DOTS
- ☐ EXAMINE
- ☐ FORMS
- ☐ HAND-WRITING
- ☐ LARGE
- ☐ LEARN
- ☐ LETTERS
- ☐ LEVEL
- ☐ LINES
- ☐ LIST
- ☐ MARK
- ☐ MIND
- ☐ NAME
- ☐ NEAT
- ☐ NOTE
- ☐ PENS
- ☐ PERSONAL-ITY
- ☐ REVEAL
- ☐ SAMPLE
- ☐ SHAPE

- ☐ SHORT
- ☐ SHOW
- ☐ SIGNATURE
- ☐ SIGNS
- ☐ SLANT
- ☐ SLOPPY

- ☐ STUDY
- ☐ STYLE
- ☐ TINY
- ☐ TRAITS
- ☐ WIDE
- ☐ WRITE

```
E M R E L C L O S E M A N G W
C L F H L X T I N Y Y F E T M
E U G K C Y G S N P D P O S C
X O R N V N T I W O U Y L I H
A A L V A F L S R E T T E L A
M C V T Y S E Y E I S E V N R
I P U M P F A L L A E V E R A
N R C Y P P R A P A D S L S C
E S M R O F N N M N I N N P T
G P L G L O S A A I W G X T E
R D I S S S A H S Y I P R A R
A M N R H L Y F O S S A E E M
L T E I H A N D W R I T I N G
L P S P M N P V O T T S O I S
W E W R I T E E S H O W G D G
```

TWO FOR ONE

Only one word list for two diagrams! You must discover in which diagram each word is hidden.

☐ APPLE
☐ ARENA
☐ ATLAS
☐ BLAMED
☐ CEDAR
☐ COMMERCE
☐ CONDUCT
☐ IRATE
☐ LUCID
☐ MEMBER
☐ MOLASSES
☐ NEATEST
☐ OCCUR
☐ OPTION
☐ PARADISE
☐ PATRON
☐ PILOT
☐ PLENTY
☐ POINTER
☐ PRECEPT
☐ RESPITE
☐ RESTORE
☐ SEWED
☐ SPLINTER
☐ SUEDE
☐ TESTER
☐ UTTER
☐ VITAL

WORD SEEK 67

```
L Y V R O C S E L A I R
D Y E E P O L A T I V E
P O I N T E R C R C D C
L I S N I I U T A E O I
E M L O O D P D U M N S
N C R O N R U S M Y M A
T V U O T V T E E V O L
Y C C D Y E R A N R L T
A N C D T C C A P Y I A
E U O D E T P E C E R P
```

WORD SEEK 68

```
L A R P C E A P P L E L
M D D E M A L B W W T T
P O D D T E S T E R A S
A A L B B N R M W D R E
R U O A O E I I S E I T
A T B B S A D L B W U A
D T P T T S U M P E N E
I E O L N C E M A S T N
S R T I I M L S T L T L
E O T D C D U N A P C L
```

Cuff links were in limited use in 18th-century Europe but came into their own in the mid-19th century when the modern shirt-sleeve cuff evolved. They were used by both men and women to fasten heavily starched shirt cuffs that were difficult to secure with simple buttons.

☐ ART DECO
☐ COIN motif
☐ COLORFUL
☐ DECORA-
  TIVE
☐ DESIGN
☐ ENAMEL
☐ ENGRAVED
☐ FAMILY
  crest
☐ FANCY
☐ FASHION
☐ FASTENER
☐ FLOWERS
☐ GEO-
  METRIC
☐ GOLD
☐ HINGED
☐ INSIGNIA
☐ INTAGLIOS
☐ JEWELS
☐ KNOT motif
☐ LEVERS
☐ METAL
  chain
☐ PAIR
☐ PEARLS
☐ PLAIN

☐ PLATINUM
☐ REGIMENTAL colors
☐ SCHOOL seal
☐ SHAPES
☐ SHIRTS
☐ SILVER

☐ SMALL
☐ STYLES
☐ SWIVELS
☐ UNIQUE
☐ WEAR
☐ WRIST

```
L I N T A G L I O S F A N C Y
J C O T A L Y I F A S H I O N
E N Y V E A T S I A K R A L G
K V N W N U H S F J T A L O I
S A I N G I S N I E E E P R S
E R O T R A W D M R S W E F E
L S E T A R S O K S W G E U D
Y C S V V R E M U N I T A L P
T H R N E G O N A M V L O C S
S O I W D L I C E L E G V D L
H O O J K Q P N E T L A T E M
C L M S U V T R Q D S A M G R
F K S E P A H S I W T A C N U
F A M I L Y W T D A N R F I A
L H R N G S L R A E P Q A H Y
```

We're sure that this list will catch your eye because each of the words below is associated with bright things that are eye-catching.

- ☐ BEAM
- ☐ BLARE
- ☐ BLAZE
- ☐ BRIGHT
- ☐ BRILLIANT
- ☐ FLAME
- ☐ FLARE
- ☐ FLASH
- ☐ FLICKER
- ☐ FLUTTER
- ☐ GLARE
- ☐ GLEAM
- ☐ GLIMMER
- ☐ GLINT
- ☐ GLISTEN
- ☐ GLITTER
- ☐ GLOSS
- ☐ GLOW
- ☐ INTENSE
- ☐ LAMBENCY
- ☐ LIGHT
- ☐ LUCENT
- ☐ LUSTER
- ☐ RADIANCE
- ☐ RAY
- ☐ REFLECT
- ☐ SCINTILLA
- ☐ SHADOW
- ☐ SHEEN
- ☐ SHIMMER
- ☐ SHINE
- ☐ SPARK
- ☐ SPLENDOR
- ☐ TWINKLE
- ☐ VIVID

```
B G G I E F K L F L A M E E B
L B L T H G I R B L I H P F F
A G O A W O L G S H I N E L I
Z L S P R I E R A L B C K A W
E I S P L E N D O R A G K R B
F S T C I M F K I L U S T E R
C T N H A F E L L C S Y G M R
E E S E G B L I E E C T T M L
C N B H T I T U Z C T I N I O
N E T R A N L V T N T L I L D
A E G N I D I R E T T I L G M
I H T C M V O C M A E L G R G
D S S R I C U W S P A R K A A
A Y F D C L L A M B E N C Y E
R E M M I H S A L F F Z W K L
```

In sports, gloves are worn for various reasons. Hockey and lacrosse players wear gloves to protect their hands, baseball players use a glove as an aid to catch the ball, and golfers wear a glove to give them a secure grip on the club.

☐ ADAPT
☐ AUTO-
   GRAPH
☐ BRAND
☐ CATCHER
☐ CORD
☐ CUSHION
☐ FASTEN
☐ FIELDER
☐ FINGERS
☐ FIRM
☐ FLEXIBLE
☐ FORM
☐ KNOT
☐ LACES
☐ LEATHER
☐ LEFT-
   handed
☐ LIMBER
☐ MITT
☐ MODEL
☐ PADDED
☐ PALM
☐ PLAYER
☐ PLAYS
☐ POCKET

☐ POUND
☐ RIGHT-handed
☐ SEWN
☐ SHAPE
☐ SIGNED
☐ SIZE

☐ SOFT
☐ STIFF
☐ STUFFING
☐ THUMB
☐ TIED
☐ WORN

```
L B M U H T I L M R G C C O D
O C A T C H E R N N I C U T Y
Y L P U C A I K I H F G S K T
X D F P T F N F C A O I H A L
I N R H O O F C B O G C I T R
N A E C T U G O E N P S O F T
E R B L T S N R E W O R N S A
Y B M S B T F D A L F X F I I
P D I K C I D T B P A L M Z P
P D L B N F X E D S H A P E S
L B A G D F R E D L E I F C E
A L E D O M O F L D E T S L W
Y R E Y A L P R E F A S T E N
S E C A L P U I M H L P B I R
H Y I D A I T F E L O S X U M
```

There are two main groups of rodeo events: rough stock, where an animal must be ridden for a specific number of seconds, and timed events, which are judged according to how quickly contestants complete a required task. Most rodeos have three rough stock and five timed events.

☐ ANNOUNCER
☐ ARENA
☐ BANDANA
☐ BAREBACK
☐ BARREL
☐ BRAHMA
☐ BRAND
☐ BRONCO
☐ BUCKING
☐ BUCKLE
☐ BULLDOG
☐ CALF
☐ CATCHER
☐ CHAPS
☐ CHUTE
☐ CLOWN
☐ CORRAL
☐ COWBOY
☐ COWGIRL
☐ GATE
☐ GOAT
☐ HAT
☐ HEREFORD
☐ HORN
☐ HORSES

☐ JEANS
☐ LARIAT
☐ MONEY
☐ MUSTANG
☐ PRIZE
☐ RACE
☐ REINS

☐ ROPER
☐ ROPING
☐ SADDLE
☐ SPURS
☐ STEER
☐ TEAM
☐ WESTERN

```
C H A P S E G A T E L K C U B
F R O P E R Z O L N F N B P A
C S C M S M Y I A E R L R M R
B R K S R Y L B R E Y O A I E
E U O T O G G N I P O R H C B
T P L B H J G N A T S U M R A
U S W L B L S N T N G L A E C
H O B B D H N W I D A N W L K
C W R W A O Y O G K D D R D N
O E O T U R G L M O C F N D U
W S N N E G R C J O A U S A S
G T C A T C H E R E N T B S B
I E O Y Y E A R L A E E Y L Y
R R A R E N A R T E A M Y G N
L N S K S L H E R E F O R D J
```

The most common crab sold in eastern North American markets is the blue crab. When these crabs shed their shells and the new ones have not yet hardened, they are sold as soft-shelled crabs.

- ☐ ABDOMEN
- ☐ ANTENNA
- ☐ BEACH
- ☐ BLUE crab
- ☐ CAMOU-FLAGE
- ☐ CARAPACE
- ☐ CHELIPED
- ☐ CLAW
- ☐ CRUS-TACEAN
- ☐ DECAPODS
- ☐ DUNGE-NESS crab
- ☐ FIDDLER crab
- ☐ GIANT crab
- ☐ GILLS
- ☐ HARD shell
- ☐ HEAD
- ☐ HERMIT crab
- ☐ HORSE-SHOE crab
- ☐ JAWS
- ☐ LAND crab
- ☐ LEGS

- ☐ MOLTING
- ☐ NETS
- ☐ OCEAN
- ☐ PEA crab
- ☐ PINCER
- ☐ ROCK crab
- ☐ SAND

- ☐ SCAVENGER
- ☐ SCURRY
- ☐ SHORE
- ☐ SOFT-shell crab
- ☐ SPIDER crab
- ☐ TRAPS
- ☐ ZOEA

```
E T D Y R U O I O K O W A L C
Y S N L E M B P O Z G N T H T
K D A A D M V A N S N H E A D
M O L T I N G N B E L L V D V
H P H C P G E O T D I L S U U
O A E P S T C N L P O A I N I
R C R U S T A C E A N M N G C
S E M O U C P D G D T Z E E K
E D I F C Z A N S S T F O N U
S H T I R K R V A C P F O E F
H N C D S T A T E E J A W S A
O C H D E H C P I N C E R S K
E G A L F U O M A C G O H T P
V D R E V S A R M B T E U L B
B C D R B P O F E S C U R R Y
```

Small pitch pines cover over 12,000 acres of the Pine Barrens, a national reserve of more than one million acres at the bottom half of New Jersey. A variety of the pines found in North America and Europe are named in the list below.

- ☐ ALEPPO
- ☐ AROLLA
- ☐ AUSTRIAN
- ☐ BEACH
- ☐ BHUTAN
- ☐ BIG-CONE
- ☐ BISHOP
- ☐ BLACK
- ☐ CHILE
- ☐ CHINESE
- ☐ CLUSTER
- ☐ COW'S tail
- ☐ CRIMEAN
- ☐ DAVID'S
- ☐ DIGGER
- ☐ HOLFORD'S
- ☐ JACK
- ☐ JAPANESE black
- ☐ KING William
- ☐ KNOBCONE
- ☐ LIMBER

- ☐ LONGLEAF
- ☐ MARITIME
- ☐ MEXICAN nut
- ☐ MONTEREY
- ☐ NORTHERN pitch
- ☐ PITCH
- ☐ POND
- ☐ SCOTCH

- ☐ SCRUB
- ☐ SHORE
- ☐ SLASH
- ☐ SUGAR
- ☐ SWISS stone
- ☐ UMBRELLA
- ☐ WHITE
- ☐ YELLOW

```
S L A S H K C L O N G L E A F
W D W X E L I H C W H N S S D
K O I T M S I A V P O N D H G
C N I V J L U M E C L L D O C
B H U T A N X G B N F N L R H
W M M R P D P O A E O A C E R
P D B O A G N I K R R C B G Y
N S R E N K R C T O D I G G P
R W E W E T N H L C S X E I S
E T L N S A E L K H H E V D B
T M L U E R A R O C C M S E S
S A A M N O P P E L A T F H W
U G I J I A G O V Y E J O D I
L R Y O H C K C A L B U R C S
C O X F C E M I T I R A M S S
```

Gold was deposited about 190 million years ago during the formation of California's Sierra Nevada mountains. Molten metal flowed upward in veins and either pooled in pure pockets or streaked along the rocks, which eroded into the gravel that was swept down the Yuba River. The gold was washed up along the way.

- ☐ BONANZA
- ☐ BOOM towns
- ☐ CALIFOR-NIA
- ☐ CAMPS
- ☐ CLAIMS
- ☐ CRADLE
- ☐ CREEK
- ☐ DUST
- ☐ FEVER
- ☐ FLAKES
- ☐ FORTY-niners
- ☐ FRENZY
- ☐ GOLD fields
- ☐ HISTORY
- ☐ HOPES
- ☐ LAND
- ☐ MINERS
- ☐ NEWS
- ☐ NUGGETS
- ☐ PANNING
- ☐ PROFIT
- ☐ RIVERBANK
- ☐ ROCKER

- ☐ SAWMILL
- ☐ SEEKERS
- ☐ STREAM
- ☐ SUTTER'S Mill
- ☐ TRADING post
- ☐ TROUGH

- ☐ VALUE
- ☐ WASH bowl
- ☐ WATER wheel
- ☐ WEALTH
- ☐ WEST
- ☐ WORK

```
Z F V W W N Y U F L N K T M P
U V A E N F L A K E S I A G A
D D L S E P O H W T F E V E R
R S U T T E R S E O R D E L R
W R E K C O R G R T E Y L A I
O G A E D V G P S A P I D N V
R S O Z K U T V I P M S A D E
K W H L N E S N Y W M I R P R
E G N I D A R T A K B A C G B
E L W V S O N S B F U N C N A
R I E T F T H O U R R H C I N
C L A I M S O O B E P E Y N K
V M L G U M S R E N I M T N Z
M A T F F O R T Y Z O D U A N
C U H G U O R T M Y U W D P W
```

Methods of construction have constantly improved over time. The 120-foot-tall Taj Mahal took about 20 years to complete in the early 1600s, while today a modern skyscraper can be built in a year or two.

☐ ARCHWAY ☐ PAINT ☐ SILL
☐ BOARD ☐ PLANE ☐ SLATE
☐ BRICK ☐ PLASTER ☐ STEEL
☐ DOOR ☐ POST ☐ STONE
☐ DOWEL ☐ RISER ☐ STUD
☐ DRAIN ☐ ROOF ☐ WALL
☐ DRILL ☐ SCAFFOLD ☐ WOOD
☐ FLOOR
☐ FORM
☐ FRAME
☐ GRADE
☐ GROUND
☐ HAMMER
☐ HARD-
　　WARE
☐ HOUSE
☐ LABOR
☐ LADDER
☐ LATH
☐ LEVEL
☐ LUMBER
☐ MILLWORK
☐ MORTAR
☐ NAILS
☐ NEWEL

```
C W P E H E D P T F B I R S T
F L L A T H N E L B F O O R W
W M D U T S A O O A O N K C A
B R I C K W O A T D N E W E L
H I I V G R R P K S L E E P L
K T D K R D O W E L G T M N E
D R G H A E E W E S U O H W E
N V L A D D E R L D P A I N T
O F E M E R A A N L N L W Y S
I O V M O W I U A A I U R A L
E R E E D R O S A B A M O W A
W M L R H R T L E O R B M H T
O L A E G E I A L R D E U C E
O H D R R C E L R I R R Y R Y
D L O F F A C S L C S L I A N
```

Instead of reading in a straight line, each word has one bend in it. One word has been looped for you.

- ☐ AQUA-PLANE
- ☐ BALCONY
- ☐ BALLAD
- ☐ CARPET
- ☐ CREATE
- ☐ DECIPHER
- ☐ DRAGON-FLY
- ☐ ESCORT
- ☐ FLOWERY
- ☐ FLYWHEEL
- ☐ GUIDE-BOOK
- ☐ HARD-WARE
- ☐ IMPOSTOR
- ☐ JACKET
- ☐ KITCHEN
- ☐ LEDGE
- ☐ LILAC
- ☐ LIVESTOCK
- ☐ MARIGOLD
- ☐ NOODLES

- ☐ ORATION
- ☐ OUTING
- ☐ POSTMAN
- ☐ PROPHET
- ☐ RIFLEMAN
- ☐ SAILING
- ☐ SANDAL
- ☐ TUMBLERS

- ☐ UNIVERSE
- ☐ UPBEAT
- ☐ VERANDA
- ☐ WINDMILL
- ☐ WISHFUL
- ☐ WORKHORSE
- ☐ YUKON
- ☑ ZIGZAG

```
L I A K I T C O T Q C D A L L
W A W R E H R B Y A U E I J A
P O D P E A M I L L E B P U B
C A R N W D T D F I P O S T G
T E A K A S R I N L Z O E M O
U T H C H B Z A O I E K C A J
M A R O U G A Z G N W M C N T
B E R O N L I N G E P W A O L
L S E S C O I O W I S H F U T
E R S O P O L A C N R R E I S
W U N O H D B E S D E A E R E
H Y R T E L D O N R W Q M V V
E P L O T E K U Y A O U T I I
E G V F T S O P M I L A H N L
L E D E R A N D A W F P U G E
```

In Alaska snowmobiles have become common among Eskimos living in towns with heavy snowfall. They are used instead of dog teams to pull traditional-style sleds.

☐ BATTERY
☐ BELT
☐ BRAKE
☐ CAPACITY
☐ CAR-
   BURETOR
☐ CHOKE
☐ CLUTCH
☐ COLD
☐ CONSOLE
☐ DASH-
   BOARD
☐ ENGINE
☐ FAST
☐ FRAME
☐ FUEL
   TANK
☐ GLOVES
☐ GOGGLES
☐ HANDLE-
   BARS
☐ HELMET
☐ LIGHT
☐ MUFFLER
☐ PISTON

☐ SAFETY
☐ SEAT
☐ SIZE
☐ SKIS
☐ SNOW
☐ SPEED
☐ SPORT

☐ SPROCKET
☐ STARTER
☐ STYLE
☐ THROTTLE
☐ TRACK
☐ WINDSHIELD
☐ WINTER

```
R U S P O R T Y E B Y E W Z D
M S T E M L E H A M K K T S R
F E T Z L C D T L C A A S E A
R V O Y R O T E R U B R A C O
G O G G L E S H E A G B F U B
W L S N R E H N R P T S E H H
Y G C Y A P P Z O O S S T A S
D K B T H C T U L C T M Y N A
W I N D S H I E L D U T O D D
T I E A H L S Z K F I W L L H
G H N O T S I P F C K K O E V
E W G T P L Z L A H O C P B B
K E I I E R E P H O A R A A N
O D N U L R A U H K D M P R I
M U E K T C N R F E S K I S T
```

Solve this puzzle by seeking numbers instead of letters.

☐ 15544   ☐ 58863   ☐ 69610   ☐ 81466
☐ 18602   ☐ 59246   ☐ 70439   ☐ 86262
☐ 22778   ☐ 59609   ☐ 70555   ☐ 93854
☐ 28956   ☐ 61393   ☐ 71481   ☐ 96195
☐ 28967   ☐ 61919   ☐ 74635   ☐ 98609
☐ 34773   ☐ 63437   ☐ 77474   ☐ 99373
☐ 37899   ☐ 69299   ☐ 78449   ☐ 99677
☐ 37961   ☐ 69448   ☐ 81449   ☐ 99941
☐ 39047
☐ 47998
☐ 49438
☐ 50609
☐ 51374
☐ 54401
☐ 57952
☐ 58453

```
2 6 7 3 4 3 6 2 7 7 8 5 7 3 9
1 6 5 9 0 7 6 5 5 6 2 0 6 8 1
5 8 8 5 0 4 4 8 0 5 2 6 6 0 6
5 2 8 0 7 2 1 7 9 6 9 0 6 9 5
5 1 4 3 5 4 8 5 7 2 9 9 9 4 1
8 9 1 9 8 2 0 9 9 2 3 6 7 4 1
5 5 4 4 0 1 6 9 6 7 7 9 0 1 8
6 5 9 8 4 1 9 2 3 7 9 3 7 8 7
2 5 5 6 9 0 5 9 6 8 0 6 6 5 5
6 8 5 1 1 9 9 8 7 8 4 4 9 6 9
2 8 9 5 7 7 5 3 7 1 8 2 3 6 6
8 6 7 5 0 3 7 9 6 1 3 9 3 9 1
7 3 5 4 6 7 0 3 7 5 4 5 8 3 9
3 4 2 4 4 8 6 7 8 1 9 8 5 5 5
4 2 7 3 8 1 0 2 2 5 4 9 1 1 7
```

"Who steals my purse steals trash," wrote Shakespeare in "Othello."
The words below are all associated with handbags.

- ☐ ANTIQUE
- ☐ APPLIQUE
- ☐ BEAD
- ☐ CLASP
- ☐ CLOSURE
- ☐ CLUTCH
- ☐ COMPARTMENT
- ☐ DESIGN
- ☐ DRAW-STRING
- ☐ EMBROI-DERY
- ☐ EVENING
- ☐ FABRIC
- ☐ FANCY
- ☐ FLAP
- ☐ FLAT
- ☐ FORMAL
- ☐ FRAME
- ☐ FRINGE
- ☐ HANDLE
- ☐ KNIT
- ☐ LEATHER

- ☐ LINING
- ☐ MESH
- ☐ NARROW
- ☐ PLAIN
- ☐ POCKET
- ☐ PRACTICAL
- ☐ SHOULDER

- ☐ SNAP
- ☐ STRAP
- ☐ STRAW
- ☐ TASSEL
- ☐ VELVET
- ☐ WIDE
- ☐ ZIPPER

```
C V Y Z I P P E R U S O L C S
H C D C U B V O R Z T A R H T
A P Y T N E M T R A P M O C R
M P E S N A P P L I Q U E T A
E Y G I K D F F C R L W M U P
V D N N A P D C S D O B B L H
F G I O I P I T E R E Z R C U
L T R W H R R R R R D S O U R
A E F P B A T A P E S U I P D
P K S A W E N S C H N A D G M
R C F S V C P D W T Q L E N N
H O C L A S P P L A I N R I A
G P E A N T I Q U E R C Y N H
A V M W U U P S V L Z D A I E
L S H S E M A R F O R M A L P
```

A good golf swing doesn't depend on luck. It is cultivated and requires proper body coordination. This includes a proper stance to maintain balance; a wide stance for long-distance shots and a narrower one for shorter shots.

- ☐ AIMING
- ☐ ARMS
- ☐ BACK
- ☐ BALANCE
- ☐ BEND
- ☐ CENTER
- ☐ CONCEN-TRATE
- ☐ CONTACT
- ☐ CONTROL
- ☐ CURVE
- ☐ DISTANCE
- ☐ EVEN
- ☐ EXPERT
- ☐ EXTEND
- ☐ EYES
- ☐ FAIRWAY shot
- ☐ FEET
- ☐ FOCUS
- ☐ FOLLOW-through
- ☐ GRIP
- ☐ HANDS
- ☐ HIPS
- ☐ HOLD
- ☐ LEGS
- ☐ LEVEL
- ☐ MOTION
- ☐ POSTURE
- ☐ POWER
- ☐ PUTT
- ☐ SHIFT
- ☐ SHOULDERS
- ☐ SMOOTH
- ☐ STEADY
- ☐ STRIKE
- ☐ STROKE
- ☐ SWING
- ☐ TEE SHOT
- ☐ TWIST

```
W N B A C K W S I L T Y W S T
V R H B R D R P T G W Y G P W
N O I T O M V I E O O E V I I
R T S S O F S R E D L U O H S
E E O T W O A G F K L E B T T
W T T H A I M I N G O O R F E
O U Y N S S N S R P F R H I A
P E C P E E D G T W C B T H D
X C C O N C E N T R A T E S Y
N N O S N C U T A L I Y X G E
H A N T O T U R A H E K P V B
K T T U K T R N V S B C E S Y
W S A R S U C O F E E N R S A
T I C E L E V E L D N E T X E
C D T N R U A S P M D P S E R
```

Swimmer Duke Kahanamoku won his first Olympic gold medal in the 100-meter freestyle at the 1912 Summer Games. Two more golds and a silver during his career made him the first world-famous Olympic swimmer. He was also the hero and mentor of 1932 gold medalist Buster Crabbe. Here is a list of 1912 Olympic gold medalists.

- ADAMS, Platt
- ADLERZ, Erik
- AHLGREN, Anders
- ANSPACH, Paul
- BABCOCK, Harry
- BATHE, Walter
- BONDE, Carle
- BRAGLIA, Alberto
- CARIOU, Jean
- CARLBERT, Wilhelm
- COLAS, Paul
- CRAIG, Ralph Cook
- DURACK, Fanny
- GRANAM, James
- GUNTHER, Paul
- HEBNER, Harry
- JACKSON, Arnold
- KAHANA-MOKU, Duke Paoa
- KELLY, Frederick
- LANE, Alfred
- LEMMING, Erik
- LEWIS, Rudolph
- LUNDEBERG, Ake
- MACARTHUR, Kenneth
- MCGRATH, Matthew
- NADI, Nedo
- NORDLANDER, Axel
- PROKOPP, Sandor
- REIDPATH, Charles
- RICHARDS, Alma
- ROSE, Ralph
- SAARELA, Yrjo
- SWANN, Alfred
- TAIPALE, Annas
- VARE, Eemil

```
T W S U T T O N I D P D R K C
E W W A H E B N E R R B T A R
I D A N B R P S U J O Z I T A
H A N S P A C H J K K S A C I
J G N O D V T H A Y O I E E G
O W U L B R S H T A P D I E R
H K E N A L A Y E A P L L Y E
V R C C T N A H L G R E N L B
Z N A O A H R E C A W G K E E
R M O M C R E U O I R A C M D
D C O S S B L R S L R I A M N
U K D M K A A B Z G D N R I U
U S A L O C S B E A A B U N L
H D R E D N A L D R O N D G U
A A K E L L Y J G B T K C Z G
```

"Venezuela" is Spanish for "little Venice." It was named by Spanish explorers who, upon their arrival, saw a village built on wooden poles above Lake Maracaibo's shallow waters. The village reminded the explorers of Venice, Italy.

- ☐ ACARIGUA
- ☐ ANACO
- ☐ ANDEAN Highlands
- ☐ ANGEL Falls
- ☐ ATLANTIC Ocean
- ☐ BARINAS
- ☐ BARQUISI-METO
- ☐ BASEBALL
- ☐ BOLIVAR, Simon
- ☐ CAFE
- ☐ CARACAS
- ☐ CARIBBEAN Sea
- ☐ CATTLE
- ☐ CIUDAD Guayana
- ☐ EL TIGRE
- ☐ GUIANA Highlands
- ☐ GULF of Venezuela
- ☐ HALLACA
- ☐ JOROPO
- ☐ LAKE Maracaibo

- ☐ "LITTLE Venice"
- ☐ LLANOS
- ☐ MARACAIBO
- ☐ MARACAS
- ☐ MARACAY
- ☐ MERIDA
- ☐ ORINOCO River
- ☐ PETARE

- ☐ PICO Bolivar
- ☐ PRESIDENT
- ☐ RANCHOS
- ☐ RESORTS
- ☐ RODEO
- ☐ SALSA
- ☐ SOCCER
- ☐ VALENCIA

```
P J S O C C E R O C I P B H J
R O F T I A S C V E B E U O C
E B R U R N A A V A D I R E M
S I D I B O L I V A R O O K J
I A R Y N E S L B S P T R N I
D C L A N O A E A O E G A S A
E A C C N K C C R M L E Y O C
N R I A E C A O I G D L F N S
T A T R R R H S N N I T O A M
L M N A A I I O A N P T C L C
I V A M H U B A S E B A L L D
T A L G Q F V B T A R C C E D
T B T R L U A A E A N G E L J
L L A U G I R A C A L L A H M
E B G G Y E G U I A N A C O H
```

The 5-letter words below are found in the diagram in a V shape pointing left, right, up, and down. The key to finding them all is just around the corner!

☑ ALLOW   ☐ OCCUR   ☐ SUAVE
☐ ALTER   ☐ PASTA   ☐ TEASE
☐ BADGE   ☐ PUNCH   ☐ THUMB
☐ BASTE   ☐ RAISE   ☐ UNTIL
☐ BOUND   ☐ RIDGE   ☐ WASTE
☐ CANDY   ☐ SATIN   ☐ WRITE
☐ CHECK   ☐ SLACK   ☐ YACHT
☐ CHINA
☐ DEBUT
☐ DOUGH
☐ ELBOW
☐ FEAST
☐ FOUND
☐ GABLE
☐ GIANT
☐ GUSTO
☐ HITCH
☐ HUNCH
☐ IDYLL
☐ JELLY
☐ LEVEE
☐ LUNAR
☐ MAJOR
☐ MONEY
☐ OASIS

```
G E C A O C A M P E Z C T S H
D A L H C S N N C D H N B C R
Y S J H T K U K A E A C N A U
F E I O L L B G U R G I J U D
L H E N E I Y N B F T A G O P
E L J V A G T A B S M A U T R
E T Y I A X D E A U T H S G V
C S S B Y K D P S W T A D I H
K A I D L N A A J T O G I I S
B A N T U E W S H T E L H H R
R S S L T O L R E I L C A Q E
W A L N P H B R I A T A L V U
L Y E M O Q U T U C B N A A E
O Y D F U M E N C O U L C U N
N T R I B V D O W H F R E H S
```

This puzzle is a double treat! First find the underlined words from the recipe hidden in the diagram. Then clip the recipe to prepare this gourmet-style plum almond tart to add an extra touch of elegance to your next dinner party.

PLUM ALMOND TART

8 ounces almond paste
3 tablespoons sugar
5 tablespoons soft butter
3 eggs
3 tablespoons flour
1/2 teaspoon grated lemon rind
1 9-inch unbaked tart shell
8 to 12 friar or Italian plums (depending on size), halved and pitted

Beat the almond paste until soft, then slowly add the sugar and the butter. Lightly beat in the eggs until they are incorporated. Add the flour and the grated lemon rind. Spread the mixture in the tart shell and arrange the plum halves, pitted side down, in a circular pattern to cover the filling. Bake at 350 degrees for 30 minutes, until the crust is golden. Serves 6.

```
F E L S I Z E Z B H G I N H R X B Y U W
N I D Y L W O L S S O N A W U V S I D E
E N L L D I B U O E N C D N O M L A I Y
G C E L V T G U F K V O G O L D E N G P
G H I M I A A H T W K R O O F R V N I L
S D N I R N R E T T A P E P P L I T N U
G E E X E D G O K L E O T S S D T T A M
E H T T H N B M U A Y R K A N E A T F P
T D S U A V B C U N B A K E D V L R M Y
A A U R N R R E V O C T P T W L I B K E
P X R E F I G D A I L E M O N A A K A H
L A C T C E M F K T D D S V R H N F D T
```

Locate and loop in the diagram only those words shown underlined in this poem.

MY STAR

All <u>that</u> I <u>know</u>
Of a <u>certain</u> <u>star</u>
Is, it can <u>throw</u>
(Like the <u>angled</u> <u>spar</u>)
Now a dart of red,
Now a dart of <u>blue</u>;
<u>Till</u> my <u>friends</u> <u>have</u> <u>said</u>
<u>They</u> <u>would</u> <u>fain</u> see, too,
My star that <u>dartles</u> the red and the blue!
<u>Then</u> it stops like a <u>bird</u>; like a <u>flower</u>, <u>hangs</u> <u>furled</u>:
They <u>must</u> <u>solace</u> <u>themselves</u> <u>with</u> the <u>Saturn</u> <u>above</u> it.
What <u>matter</u> to me if <u>their</u> star is a <u>world</u>?
<u>Mine</u> has <u>opened</u> its <u>soul</u> to me; <u>therefore</u> I <u>love</u> it.

        —Robert Browning

```
C O M C S N F L T F K D Y V T O G H I E
M E N D L R O W V I A S K E K O T P C E
F U R L E D Y L P R B B P R C V R A L W
F L U T O L H S T W O U O O E D L U O W
U B T K A V G L G O V D L F T O O R C F
V A A N R I E N I N E H T E S S H G F H
M U S T D S N S A K A T Y R A T S O L E
B L P S E V L E S M E H T E A H R L O C
L I A A N B M G N L E V A H H A I H W G
B F R I E N D S M I R M W T E T P N E S
L U A D P E N N U F M T P G K I I G R W
P F M D O L N F I W M W V I T G R W Y E
```

This puzzle is a double treat! First find the underlined words from the recipe hidden in the diagram. Then clip the recipe to prepare this classic fresh lemon tart dessert.

FRESH LEMON TART

1 10-<u>inch</u> unbaked <u>tart</u> <u>shell</u>

5 <u>eggs</u>

5 <u>small</u> or <u>medium</u> lemons, <u>grated</u> <u>zest</u> and <u>juice</u>

1 cup <u>sugar</u>

4 <u>tablespoons</u> <u>unsalted</u> <u>butter</u>, <u>melted</u>

5 paper-thin <u>lemon</u> slices

2 tablespoons apricot preserves

1 tablespoon <u>water</u>

<u>Bake</u> shell for 10 minutes at 350 degrees. In a bowl, <u>lightly</u> <u>beat</u> the eggs and add the lemon zest and juice, sugar, and butter. Mix <u>well</u> and <u>pour</u> into the <u>cooled</u> tart shell. Bake for 30 to 35 <u>minutes</u> at 350 <u>degrees</u>, <u>until</u> set. When the tart is cool, arrange the lemon <u>slices</u> over the top and <u>brush</u> with a glaze <u>made</u> by <u>melting</u> the apricot preserves with the water over low heat until the preserves have <u>dissolved</u>. <u>Serves</u> 6 to 8.

```
P R P S S M W Z P R D E B V R Y Z H B H
C R E T A W E B R E B E N L U U M I H N
G Z S M A L L D T T A B L E S P O O N S
R E I P O I L L I T N U A O N H D P O L
Z I Y C G V A L I U T S B U O E E W M R
T B T H G S E K A B M U S S M C V L E R
W Z T S N N K S E E R G E D I I L O L E
A L W U R B I D L I T A R T N U O Z G D
Y R B R G N A T Z I Y R V A U J S G I R
N D T B C M E L L J C R E R T I S R D V
E R W H J D I O W E M E S E E E I J V C
B T S B E S O Z Y M M W S V S Z D D J K
```

Granny Smith apples are named after Maria Ann Smith of New South Wales, who grew the first of the apples from the seeds of rotting apples that she found in a gin barrel in 1869.

☐ APPLESAUCE
☐ BUSHELS
☐ CANNED
☐ CHINA
☐ CIDER
☐ CORTLAND
☐ CRAB APPLE
☐ DELICIOUS
☐ DRIED
☐ FLAVOR
☐ FLESH
☐ FRANCE
☐ FROZEN
☐ GRANNY Smith
☐ GREEN
☐ ITALY
☐ JELLY
☐ JONATHAN
☐ MCINTOSH

☐ POLAND
☐ POME
☐ ROME Beauty
☐ ROOTSTOCK
☐ SKIN
☐ SPAIN
☐ SWEET
☐ TART

☐ TEXTURE
☐ TURKEY
☐ VARIETIES
☐ VINEGAR
☐ VITAMINS
☐ WINESAP
☐ YELLOW
☐ YORK Imperial

```
B J H S E L F E C N A R F M R
O O W F W T Y T M D U O I C D
D N O K C E U N R O N V R I H
D A L L G R E E N S P A I N U
K T L B K X D T L A B L L T V
V H E E V I N E G A R F D O E
S A Y C C V H G P O Y G E S P
E N R B U S I P O A L Y L H W
R I O I U A L T Y N L Z I B D
B H M B E E S X A A E N C E N
X C E R U T X E T M J Z I V B
V Y X P O T I I L M I R O K T
J M O C A N N E D P D N U R S
T G K R W I N E S A P D S Z F
B P T W K B C O R T L A N D T
```

APPLE JELLY

Little Golden Books were introduced in 1942 as inexpensive (25 cents), sturdy books designed to be handled by children without adult supervision. The first book in the popular series was Janette Sebring Lowrey's modern-day classic, "The Poky Little Puppy," which is also number one on the list of the ten best-selling Little Golden Books of all time.

☐ AFFORDABLE
☐ "BABY'S Book"
☐ "BEDTIME Stories"
☐ BOOKS
☐ BUGS Bunny
☐ CAPTAIN Kangaroo
☐ CHILDREN
☐ COPIES
☐ COVER
☐ DAFFY Duck
☐ DONALD Duck
☐ FAVORITE
☐ GARFIELD
☐ HANSEL and Gretel
☐ HOWDY Doody
☐ ILLUSTRA-TIONS
☐ KIDS
☐ "LITTLE Red Hen, The"
☐ LOWREY, Janette Sebring
☐ MICKEY Mouse
☐ MISS Piggy

☐ "MOTHER Goose"
☐ MUPPETS
☐ "NURSERY Songs"
☐ PAGES
☐ "PINOCCHIO"
☐ "POKY Little Puppy, The"
☐ "PRAYERS for Children"
☐ READ

☐ "SCUFFY the Tugboat"
☐ SERIES
☐ "SNOW White and the Seven Dwarfs"
☐ STORIES
☐ TENGGREN, Gustaf
☐ "THREE Bears, The"
☐ TITLES

```
S M I C K E Y R E S R U N O A
E P I R S E R I E S K P R F U
G E S M N P Y I R M L O F M N
A Y R D O V R P F I I O O E F
P P F H I O D A E R R T R B N
C M N F T K V L Y D H G D Y R
G L F S A O I D A E G S D E N
C O V E R D D B R N R W G M B
T W L I T T L E E F O S I U A
V R T P S E E T S H W D C P B
P E A O U O I H C C O N I P Y
O Y K C L T F S S W U H V E S
K C H I L D R E N S O F E T G
Y L L E I C A P T A I N F S C
L E S N A H G T A U D M S Y F
```

Superman was a superhero of the '40s who found his way to television in "The Adventures of Superman." Though the first group of 26 Superman episodes were made in 1951, the series did not air on local television stations until 1952.

☐ ABILITIES
☐ CLARK Kent
☐ COATES, Phyllis
☐ COMIC books
☐ CRIMINALS
☐ DAILY Planet, The
☐ DANGER
☐ EDITOR
☐ EPISODE
☐ "FASTER than a speeding bullet"
☐ FLIES
☐ HAMILTON, John
☐ HERO
☐ INSPECTOR Henderson
☐ JIMMY Olsen
☐ JOR-EL (father)
☐ KAL-EL (name)
☐ KRYPTON
☐ LARA (mother)

☐ LARSON, Jack
☐ LOIS Lane
☐ MAN OF steel
☐ METROPOLIS
☐ MOVIE
☐ NEILL, Noel
☐ NEWSPAPER
☐ PERRY White
☐ RADIO series

☐ REEVES, George
☐ REPORTER
☐ RESCUE
☐ SHAYNE Robert
☐ SMALLVILLE, (U.S.A.)
☐ SUPER
☐ TV SHOW
☐ X-RAY vision

```
V A S S H L H C L A R K L P B
E E L F U G O R C S N R H E Y
D T D C H P C I M O C Y A R X
O S H A Y N E W S P A P E R R
S L A N I M I R C B M T H Y C
I S M R L L A F I W R O E C N
P H I E E L Y L N O E N U S H
E A L L K U I I P H G I W O E
N A T R O T C E P S N I V P R
K S O E I P R S N V A B P O O
R F N E D M O E E T D R T G M
E O S V A A B R T R J I M M Y
B N L E R O J K T S D O S N J
P A V S A T K E R E A M I G C
S M A L L V I L L E M F M B J
```

Dietary fiber is also called roughage. It is the part of whole grains, vegetables, fruits, beans, nuts, and seeds that humans cannot digest. Two types of fiber are soluble (dissolving in water), such as oatmeal, and insoluble, such as bran cereals. Here is a list of some high-fiber foods.

- ☐ APPLE
- ☐ APRICOT
- ☐ BEET ROOT
- ☐ BRAN cereal
- ☐ BROCCOLI
- ☐ BRUSSELS sprouts
- ☐ CABBAGE
- ☐ CARROT
- ☐ CAULI-FLOWER
- ☐ CITRUS fruit
- ☐ CUCUMBER
- ☐ EGGPLANT
- ☐ FIGS
- ☐ GREEN BEANS
- ☐ GREEN PEPPER
- ☐ KIDNEY beans
- ☐ LENTILS
- ☐ LIMA beans
- ☐ MUSTARD greens
- ☐ NECTARINE

- ☐ OATMEAL
- ☐ PEAR
- ☐ PEAS
- ☐ POTATO
- ☐ PRUNE
- ☐ RADISH
- ☐ RAISINS

- ☐ RASPBERRY
- ☐ SQUASH
- ☐ STRAWBERRY
- ☐ WAX beans
- ☐ WHOLE GRAIN
- ☐ WHOLE WHEAT flour

```
N L E N T I L S Q U A S H T H
P C R X E H C L A E M T A O B
S N A E B N E E R G P T M O E
R W S U P F U S L E S S U R B
C E P N L P G R A W W T S T R
A L B I I I E S P H M R T E T
B P E M F S F P O O I A A E T
B P R S U Y I L N L X W R B N
A A R I E C E A O E R B D T A
G X Y N C G U C R W E E O B L
E Y D W R O C C P H E R U K P
L I M A M O T C M E R R G W G
K C I T R U S C E A A Y M Y G
O N M B R A N E C T A R I N E
S X R A D I S H M O T A T O P
```

Before you can loop the words in the list below, you must first fill in the circles in the diagram with the missing vowels A, E, I, O, and U. We have filled in one word for you.

☑ AGENDA
☐ ANGEL
☐ BASTION
☐ BRACE
☐ BUBBLE
☐ CASTLE
☐ CONTROL
☐ CURSE
☐ DEFINE
☐ DILUTE
☐ ELECT
☐ FEATHER
☐ GENDER
☐ HAVEN
☐ HEDGE
☐ HOUSE
☐ JACKAL
☐ LATENT
☐ LOCALE
☐ NARROW
☐ NOTICE
☐ ORIENT
☐ PERSON
☐ PILLOW

☐ POUND
☐ RAISE
☐ RESIN
☐ RUSTLE
☐ SAUCER
☐ SHOOT
☐ SOLID
☐ TALON

☐ THESIS
☐ UNFURL
☐ UPHELD
☐ VALET
☐ VEHICLE
☐ WHOSE
☐ WRITE
☐ ZIRCON

```
B O L B B O B T N O H O V O N
C S B B S H P W N C G R S O K
P O O C O R B H O O Z D L V J
V O R C O G O R O H T O O F T
H H O O O S S L F L T A B H Z
L K S N H O T O L O D F L O Z
B O D O D S O L O N F O R L S
K O O S O O O T E L N C T O T
R T W R F S N G O W O L L O P
N O S O R A D H N T C V S V
K R L P O H R O T W O G O O S
T W B R H T R R C H C F L L S
S N O V W H O S O O O B O O O
J O C K O L W V L F R D T D L
H S D B V O N G O L T N T F K
```

LOOKING FOR MISSING VOWELS? You'll find them in each of our special collections packed with 55 entertaining Missing Vowels puzzles! To order, see page 93.

Transistors, invented in 1947, are the devices used in electronic equipment to control the flow of current. Though they perform a big job, typical transistors are about the size of an eraser on a pencil!

- ☐ AMPLIFY
- ☐ BARDEEN, John
- ☐ BASE
- ☐ BRATTAIN, Walter
- ☐ CASE
- ☐ CHANNEL
- ☐ CHIP
- ☐ CIRCUIT
- ☐ COLLECTOR
- ☐ COMPACT
- ☐ COMPUTER
- ☐ CONTACTS
- ☐ CONTROL
- ☐ COVERING
- ☐ CRYSTALS
- ☐ CURRENT
- ☐ DEVICE
- ☐ ELEC- TRONIC
- ☐ ELECTRONS

- ☐ EMITTER
- ☐ FLOW
- ☐ GATE
- ☐ JUNCTIONS
- ☐ LAYERS
- ☐ NOBEL Prize
- ☐ POWER
- ☐ RADIO

- ☐ SHOCKLEY, William
- ☐ SILICON
- ☐ SMALL
- ☐ THEORY
- ☐ THIN
- ☐ TINY
- ☐ VOLTAGE
- ☐ WIRES

```
U W S T I O A N U E C S L J N
H S I L I C O N T R O L C I N
N N B D Y O I Y N W N A H A O
Y B A R D E E N I A T T A R B
F R S P W L J E O P A S N J E
L H E E K Y G U V R C Y N V L
L Y C C R A L S N K T R E F E
A K O O T I P N C C S C L K E
M H E L M O W O T S T O E C V
S H O L W P M R S N W I I L P
T V H E M P A T A R E V O F E
C I R C U I T C O V E R I N G
H R E T T I M E T D S Y R E S
I V E O Y F I L P M A P A U B
P R U R G A T E T C C L H L C
```

"What a Bargain!
I solved every puzzle on every page of this puzzle book!"

That's what solvers tell us about our special 64-page collections. Each collection is filled with one type of puzzle – you get a whole book of the puzzles you like best!

These collections are sold only through the mail, and only by Penny Press. Circle the volumes you want on the order form below, and mail with your payment today!

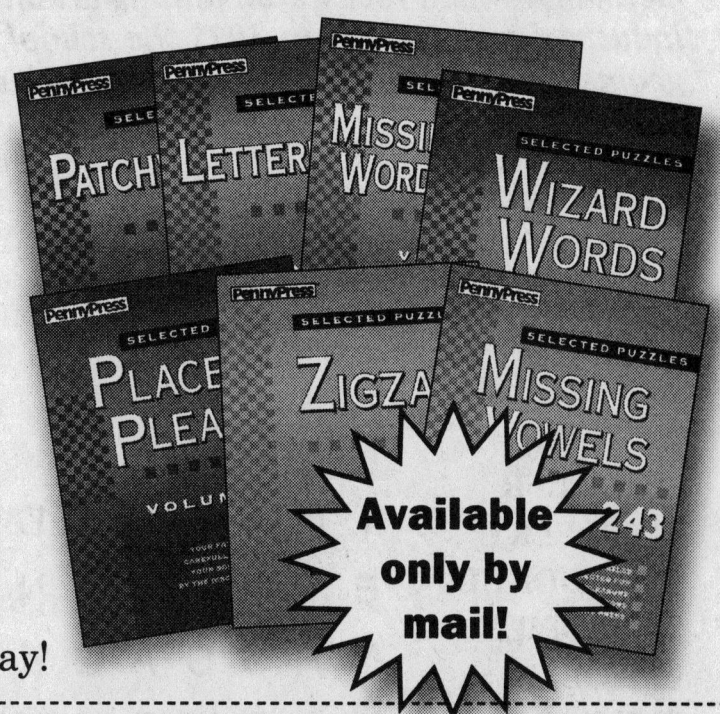

Available only by mail!

Walter Gropius influenced modern architecture as both an architect and a teacher. In 1919 he founded the Bauhaus design school in Weimar, Germany, which focused on uniting art and architecture with modern industrial technology. In 1925 the school moved to Dessau into the geometric concrete and glass structures designed by Gropius.

- ☐ ABRAMO-VITZ
- ☐ BACON
- ☐ BREUER
- ☐ BURNHAM
- ☐ CRAM
- ☐ FULLER
- ☐ GILBERT
- ☐ GOODHUE
- ☐ GROPIUS
- ☐ HOBAN
- ☐ HOOD
- ☐ HUNT
- ☐ JENNEY
- ☐ JOHNSON
- ☐ KAHN
- ☐ LATROBE
- ☐ LESCAZE
- ☐ MCKIM
- ☐ MIES van der Rohe
- ☐ MILLS
- ☐ NEUTRA
- ☐ OBATA
- ☐ PEI
- ☐ POPE
- ☐ ROCHE
- ☐ ROGERS
- ☐ ROOT
- ☐ RUDOLPH
- ☐ SKIDMORE
- ☐ STEIN
- ☐ STONE
- ☐ SULLIVAN
- ☐ UPJOHN
- ☐ WALKER
- ☐ WANK
- ☐ WHITE
- ☐ WRIGHT

```
T N T Y I H D M A R C S Z G U
E T R M R S N R C W A L K E R
N P S O A G K O E K C L I Z L
H A O W C H K I C U I I J A E
A T B P J H N J D A E M T C S
K O H O O D E R B M B R E S U
U P J O H N C R U T O U B E L
S T E I N P A B R B H R R L L
T F W E S M L E E D N O E J I
O H Y A O K B O O N E G L A V
N U G V N L J O D F U E L T A
E N I I I K G B M U T R U I N
R T L G R O P I U S R S F V M
Z E T I H W E E A T A B O K B
J T K W J S Z Z I T E I B T P
```

Because the Great Chicago Fire destroyed much of the city in 1871, Chicago became the center of modern architecture in the United States during the late 1800s and early 1900s as the rebuilding efforts gave architects an opportunity to test new ideas. Familiarize yourself with the terms used by architects with this architecturally oriented puzzle.

- ☐ ABACUS
- ☐ ABODE
- ☐ ABUTMENT
- ☐ ACROPOLIS
- ☐ APSE
- ☐ ARCADE
- ☐ ARCH
- ☐ ASHLAR
- ☐ ATRIUM
- ☐ ATTIC
- ☐ BAROQUE
- ☐ BASE
- ☐ BASILICA
- ☐ BUTTRESS
- ☐ CLOISTER
- ☐ COLUMN
- ☐ CORNICE
- ☐ DOME
- ☐ FACADE
- ☐ FLYING buttress
- ☐ FRIEZE
- ☐ GOTHIC
- ☐ IONIC order
- ☐ LINTEL
- ☐ LOGGIA
- ☐ NAVE

- ☐ ORDER
- ☐ PIER
- ☐ POST
- ☐ PYRAMID
- ☐ RELIEF
- ☐ ROCOCO

- ☐ SHAFT
- ☐ SPIRE
- ☐ TUDOR
- ☐ TURRET
- ☐ TUSCAN order
- ☐ VAULT

```
F R E L I E F A C A D E S P A
F L R I Y N A C S U T E N A Z
D P Y T U D O R L E B F T P U
E R E I P R Q O G A D R A M A
A E V A N L G P U B I A B H E
H E A I M G C O L U M N C S S
Q Z C C I M I L M T A P A R A
C E G A I N N I E M R B O S A
A I T O I L O S Z E Y E H S Y
S R L E T N I L T N P L D E T
P F H A R H D S V T A H U R U
I D O P B R I A A R C H H T O
R O C O C O U C H B C I T T A
E M P A L L D T B A B A C U S
T E Q C T G F E U Q O R A B C
```

"I before E" is the grammatical rule of thumb. But to all rules there are exceptions, and we have listed some exceptions to this one below.

- ☐ AWEIGH
- ☐ BEIGE
- ☐ CEILING
- ☐ CONCEIT
- ☐ COUNTER-
  FEIT
- ☐ DECEIT
- ☐ DEIGN
- ☐ DEITY
- ☐ EIGHTY
- ☐ FEIGN
- ☐ FEISTY
- ☐ FOREIGN
- ☐ GEIGER
  counter
- ☐ HEIFER
- ☐ HEIGHT
- ☐ HEIRLOOM
- ☐ HEIRS
- ☐ HEIST
- ☐ LEISURE
- ☐ NEIGHBOR
- ☐ NEITHER
- ☐ PERCEIVE
- ☐ RECEIPT

- ☐ RECEIVE
- ☐ REIGNED
- ☐ REINDEER
- ☐ REINS
- ☐ SEINE
- ☐ SEISMIC
- ☐ SEIZE

- ☐ SKEIN
- ☐ SLEIGH
- ☐ STEIN
- ☐ THEIR
- ☐ VEIN
- ☐ WEIGHT
- ☐ WEIRD

```
T R I F O P D T N T D N N V S
W W N I E K S S E I N E R E K
D E S Y T I E D I S I S I Y M
M I O T E U R D T G R Z Y G K
O R E H W E V E H I E G G R N
O D L G G A I B E V I E C E R
L B C I W N O H R D G O N F Y
R E E E A R N R C E N V E I N
I G I L Y G P E R C E I V E R
E G W S I T N O E E D F E H E
H Y O E U O S I N I C F S R I
T D R F I R T I L T F E I G N
P O B E I G E S E I S M I C S
F T H G I E H P W F E G H P S
A T I E F R E T N U O C M G T
```

Although nachos sound like a Mexican dish, they actually have an American heritage, believed to have originated in El Paso, Texas.

- AVOCADO dip
- BITS
- CHEDDAR
- CHEESE
- CHICKEN
- CHILES
- CHIPS
- CRISPY
- DELICIOUS
- DINNER
- FLAVOR
- GOLDEN
- GOOD
- GRATED
- GUACA-MOLE
- JALAPENO
- KIND
- LAYERS
- LETTUCE
- MAKE
- MEAT
- MELT
- MEXICAN
- OLIVES
- ONIONS
- PEPPERS
- PLATTER
- REFRIED beans
- SALSA
- SAVOR
- SHREDDED
- SNACK
- SOUR cream
- SPREAD
- TEXAS
- TOMATOES
- TORTILLA
- TRAY
- TYPE

```
R R G L D O N I O N S A L S A
D B S D S E E S E E H C N U H
P H C A E F P K C S R S R O I
J S V H L I C Y U F E A E I O
M O N A I I R O T O D V D C B
R Y V A H P J F T D D A I I K
E O P C C Y S A E M E A T L U
R T R S Y K M H L R D S U E O
N R C Y I O C P P A E S O D S
S A X E T R L S E V P N D U G
M Y C G U A C A M O L E N P R
A L L I T R O T S C T D N I K
K N S T X L I E G A V L C O D
E P E P P E R S R D O O E M O
S R E Y A L M G D O O G H M S
```

Album quilts were popular among Colonial quilters in the 1800s. Many featured verses, quotations, and the quilters' signatures in needlework or ink. Album quilts were often presented as gifts to a guest of honor at a quilting bee. Some names of quilt patterns are featured in the list.

☐ ALBUM patch

☐ ARABIAN star

☐ AUTUMN leaf

☐ BASKET

☐ BLAZING star

☐ BLUE blazes

☐ BRICK wall

☐ BROWN goose

☐ CHARTER oak

☐ CHICAGO star

☐ CHINESE puzzle

☐ CIRCULAR saw

☐ COWBOY'S star

☐ CRAZY Ann

☐ DOUBLE tulip

☐ DUCK paddle

☐ DUSTY miller

☐ DUTCH mill

☐ EAGLE

☐ FALLING timbers

☐ FERRIS wheel

☐ FLOCK of geese

☐ FLYING clouds

☐ FOOL'S puzzle

☐ FRAMED roses

☐ GARDEN wreath

☐ GRANDMA'S tulip

☐ GREEK cross

☐ HANDY Andy

☐ HEXAGON patch

☐ HONEY bee

☐ LAUREL wreath

☐ LEMON star

☐ MAPLE leaf

☐ MEADOW lily

☐ MEXICAN star

☐ MORNING star

☐ NELSON'S victory

☐ ORIOLE window

☐ PANDORA'S box

☐ PINE tree

☐ PINK rose

☐ PONTIAC star

☐ ROMAN stripe

☐ ROSE wreath

☐ SHADOW star

☐ SINGLE tulip

☐ SNOWBALL

☐ SPICE pinks

☐ SPIDER web

☐ STEEPLE chase

☐ SUGAR loaf

☐ THISTLES

☐ TIGER lily

☐ TOBACCO leaf

☐ TURKEY track

☐ WILD rose

☐ WINGED square

☐ WOOD'S lily

```
Y S T R M E P Y L D G Y U E I H O O
S D O O W D L I W C E P U R B M T A
P Z A S K U T G N I L L A F X T G C
I O R E E O E K A E B L R Y I W M G
D F N E L P A M M E U Z A N O U L P
E F G T B G A O O C O U B B B W S O
R F L I I L N D R Z D R I L W L C L
B P S O G A C I H C O G A I O O H B
I X U O C A C C S W K U N O W W N A
S B R I C K F R N E R G F B E X N S
B N X W N C Z P E E E P O L C B M K
M E A D O W A R L D L Y P L Y F N E
M O R N I N G B S F S E L T S I H T
G Z E Y D N A H O K E K O K P C N I
K N T O I E A E N T C R A A T T C G
L R R Z O D M X S P H U R U Y S K E
M A A G O R B A G E O T D I T K S R
S L H W O A I G R A N D M A S N U Y
B G C P I G Y O H F E I H A U Y B F
L A A U T U M N L U Y E H C D U N H
X Z S S C S P I C E L K Z C R A Z Y
```

The popular garden flower the dahlia comes in many different shapes and sizes. For example, cactus dahlias have double blossoms with long, twisted petals. No matter what the type, all the dahlias listed below are lovely to behold.

- ☐ AMBAS-SADOR
- ☐ AMELIA Earhart
- ☐ ATOM
- ☐ BABY Royal
- ☐ BETTE Davis
- ☐ BISHOP of Llandaff
- ☐ BLUE Train
- ☐ BRUCE Carlton
- ☐ BUCKEYE King
- ☐ CALI-FORNIA Idol
- ☐ CAVAL-CADE
- ☐ CLARA Cardar
- ☐ EAGLE Rock Fantasy
- ☐ EDITH Meuller
- ☐ EDNA Ferber
- ☐ FOREST Fire
- ☐ FORT Monmouth
- ☐ GOLDEN Standard
- ☐ HONEY
- ☐ INDIANA Moon

- ☐ JANE Cowl
- ☐ JERSEY'S Beauty
- ☐ KENTUCKY Red
- ☐ LORD of Autumn
- ☐ MAN O'WAR
- ☐ MARY Ellen
- ☐ PERSIMMON
- ☐ PURPLE Wonder

- ☐ RAPTURE
- ☐ ROBERT Emmitt
- ☐ ROCKLEY Moon
- ☐ SNOWCLAD
- ☐ THOMAS (A.) Edison
- ☐ WHITE Wonder
- ☐ YELLOW Gem

```
T P D Y J A N E U L B E T T E
V F B L E R U T P A R A K L K
A A O O R E O M M T U M G A M
B D E R S B D B T P C A M W A
G U B D E D A I E J E N H I N
W B C I Y S A U T R V I N N O
V B I K S M T R S H T R G O W
E D N A E H L N O E O N V M A
P E D L H Y O N O F E M F M R
U O I F N W E P I D N E A I A
R A A A C Y E L L O W W S S L
P W N L P P A O K N M V A R C
L R A F F C G Y K C U T N E K
E D A C L A V A C F O R T P J
L J U W N I U V K M A R Y L K
```

The 5-letter words below are found in the diagram in a V shape pointing left, right, up, and down. The key to finding them all is just around the corner!

- ☑ AERIE
- ☐ ARBOR
- ☐ BERET
- ☐ BRIDE
- ☐ CHANT
- ☐ CRATE
- ☐ DEPTH
- ☐ DROVE
- ☐ ELITE
- ☐ EVENT
- ☐ FEINT
- ☐ FLOAT
- ☐ FRUIT
- ☐ GLOSS
- ☐ GUSTO
- ☐ HOUSE
- ☐ INGOT
- ☐ JUDGE
- ☐ LEMON
- ☐ MONEY
- ☐ MONTH
- ☐ NEVER
- ☐ NORTH
- ☐ PAINT
- ☐ PLANT
- ☐ REACH

- ☐ ROUND
- ☐ ROUTE
- ☐ SCALE
- ☐ SQUAB
- ☐ SWAMP
- ☐ THINK
- ☐ TRUST

- ☐ USUAL
- ☐ WAFER
- ☐ WRITE
- ☐ XEBEC
- ☐ YEARN
- ☐ YOUTH
- ☐ ZOOMS

```
C T E G Z E Y U L M H G S F S
E L N O V H R O I T E W Y Q Q
I D O E L F K O U T A E U U U
F T T M J A E S U I A M U A I
B A E I S A U I N E A R P S B
S H R H H G N T R D T P N J T
U Q O C N T O T H X E B A P R
O U D I A O N T E O E L R C S
N N S R L X R N T R E B O I S
U O R E E O E S Z C D L D A K
R O M B E V J V U R F E L A T
B O R W E T H U O G H M P S M
N R F E X C I A D I L T S O W
T E A A A R L G N A H O N O Z
R V Y Y W P E K Y T T T X N V
```

Unlike other fish, sharks do not have bones. Their skeletons are made from cartilage, much like the cartilage found in our ears and nose.

☐ ANGEL shark
☐ BASKING shark
☐ BULL shark
☐ CAR-NIVORES
☐ CARTILAGE
☐ CAUDAL fin
☐ DEPTHS
☐ DORSAL fin
☐ FISH
☐ GILLS
☐ GRACEFUL
☐ HABITAT
☐ HAMMER-HEAD shark
☐ JAWS
☐ MAKO shark
☐ MOUTH
☐ NURSE shark
☐ OCEAN
☐ PECTORAL fin
☐ POWERFUL

☐ PUPS
☐ ROUGH skin
☐ SENSES
☐ SIZE
☐ SPECIES
☐ SURFACE
☐ SWIFT
☐ SWIM

☐ TAIL
☐ TEETH
☐ THRESHER shark
☐ WARM seas
☐ WATER
☐ WHALE shark
☐ WHITE shark

```
L F S H H S E T T N N E T R P
J L H P P G E S A A Z B T U O
A A U G K K I E R I S C Z W D
W P M B U G C L S U R F A C E
S P E C T O R A L S N R P A P
E G A L I T R A C S M O F R T
S C I L I A T V C K W B A N H
N R H A M M E R H E A D N I S
E E O S M D U H R S F H G V I
S H C R F O A F K H T U E O F
W S A O E B U I W R E A L R E
I E U D I L N T S P E C I E S
F R D T K G A W H V T T U S N
T H A I H K I H I K H M A K O
W T L F A M S E W E T I H W C
```

Big Bend National Park is located on the border of Texas and Mexico. Open year round, the park, known as the last great wilderness region of Texas, encompasses an area equal to Rhode Island. Its name is from the U-shaped bend of the Rio Grande, which snakes along the park's southern reaches.

- [ ] BLUE Creek Ranch
- [ ] BOOT Canyon
- [ ] BURRO Mesa
- [ ] CACTUS
- [ ] CANYONS
- [ ] CASTOLON
- [ ] CHISOS Basin
- [ ] COLORFUL
- [ ] DAGGER Flat
- [ ] DOMIN-GUEZ Mt.
- [ ] EMORY Peak
- [ ] ERNST Basin
- [ ] FISH
- [ ] FLOWERS
- [ ] GLENN Spring
- [ ] GRASS-LAND
- [ ] JUNIPER Canyon
- [ ] LAGUNA Meadow
- [ ] LOST Mine Peak
- [ ] MAVERICK

- [ ] MESA De Anguila
- [ ] MOUNTAINS
- [ ] MULE Ears Peaks
- [ ] OAK CREEK
- [ ] OCOTILLO
- [ ] PENA Mt.
- [ ] PLANTS

- [ ] RIO GRANDE River
- [ ] SCENIC
- [ ] SERENE
- [ ] TALLEY Mt.
- [ ] TEXAS
- [ ] WILDLIFE
- [ ] YUCCAS

```
L S A C C U Y R O M E W L D D
R N J G U E N E R E S J C E A
O O N B L O C T G S K U D C I
M L F L O W E R S C E N I C M
F O A T E X A S I N A I N U A
T T U E M S S R J R R P L P Y
S S N N S W E N G D E E S A P
W A O L T V M O O S H R U N B
I C A L A A I M L Y T J T U M
L N K M D R I O F L N N C G A
D N C B A N O N H I I A A A N
L Y R L G C H I S O S T C L E
I C E U G L E N N K M H O D P
F J E E E C L U F R O L O C J
E Z K O R R U B O O T M T N O
```

Pleats, also called plaits, add a touch of detail to many items of apparel. When they were at the height of fashion there was such a demand for perfect pleats that a machine called the Centennial Plaiter was invented in 1876 to create them.

- ☐ ACCOR-
    DION pleat
- ☐ APPAREL
- ☐ BOX pleat
- ☐ CASUAL
- ☐ CENTER
- ☐ CLOTHES
- ☐ COLORS
- ☐ EDGE
- ☐ FABRIC
- ☐ FASHION
- ☐ FOLD
- ☐ FORMS
- ☐ FULL
- ☐ GARMENT
- ☐ LENGTH
- ☐ LONG
- ☐ NARROW
- ☐ OUTFIT
- ☐ PLAIDS
- ☐ PRESSED
- ☐ RAYON
- ☐ ROWS
- ☐ SHORTS

- ☐ SKIRT
- ☐ SLIM
- ☐ STRIPES
- ☐ STYLES
- ☐ TARTAN
- ☐ THREADS
- ☐ TREND

- ☐ UNIFORM
- ☐ VARIETY
- ☐ VERTICAL
- ☐ WARDROBE
- ☐ WAVY
- ☐ WEAR
- ☐ WIDE

```
T R I K S P U P W E C Y V A W
H P H L E V L N L L A U S A C
L D I A P A H A O L E N G T H
M M O F I R C T I G U I O M B
N O Y A R I H R G D S F P W S
Y I H B T E I A D A S O T O T
C W D R S T I T A E R R C R R
G O E I D Y O C D P E M W R O
F V L C A L C I I N P S E A H
Y E F O E O W R D W F A A N S
T O W P R E S S E D G E R S T
F O L D H S W O R T R K Y E Y
W V I P T I F T U O N G N O L
B O X I W A R D R O B E W E E
N O I H S A F B I F B Y C L S
```

"Tin lizzie" is a nickname for the sturdy, plain, Model T Ford and a term that refers to any ramshackle vehicle.

- ☐ CAMPER
- ☐ CHROME
- ☐ COMPACT
- ☐ COUPE
- ☐ CRUISE control
- ☐ DESIGN
- ☐ DIESEL
- ☐ DUNE buggy
- ☐ ECONOMY
- ☐ ENGINE
- ☐ FUEL
- ☐ GASOLINE
- ☐ HOT ROD
- ☐ IGNITION
- ☐ IMPORT
- ☐ JEEP
- ☐ LIMOUSINE

- ☐ LUXURY
- ☐ MAKE
- ☐ MID-SIZE
- ☐ MINIVAN
- ☐ MODEL
- ☐ MOTOR home
- ☐ PHAETON
- ☐ ROADSTER

- ☐ SEDAN
- ☐ SPORTS car
- ☐ STATION wagon
- ☐ STYLE
- ☐ TIRES
- ☐ TRAILER
- ☐ TRUCK
- ☐ WHEELS

```
E L S Y H P E E J S T R O P S
M T E M O R H C T C A P M O C
I M D O U N L R P L P H V O A
N L A N L U A E E E R O T O M
I O N O P I G A S O L I N E P
V T T C L Y M N C E A I L W E
A W H E E L S O O P I Y W E R
N A R E A I S I U U T D E E D
D O R T O H N T P S C R T S I
V D I L R E P A E Z I S D I M
M U O T U U A T Y N D N D U P
O N P M I X C S I A G I E R O
D E S I G N U K O R M I C C R
E K A M C S G R F U E L N X T
L T V O I G C I Y Z D S N E N
```

How super can supermarkets be if the wheels on their shopping carts don't point in the same direction?

- ☐ AISLES
- ☐ BAKERY
- ☐ BOXES
- ☐ BREAD
- ☐ BUTCHER
- ☐ CAKE
- ☐ CANNED goods
- ☐ CART
- ☐ CASES
- ☐ CASHIER
- ☐ CEREAL
- ☐ CHECK-OUT
- ☐ CLERK
- ☐ COFFEE
- ☐ DELI
- ☐ DESSERTS
- ☐ DISPLAY
- ☐ DRINKS
- ☐ FLOUR
- ☐ FROZEN foods
- ☐ FRUIT
- ☐ ICE CREAM

- ☐ JAMS
- ☐ MEAT
- ☐ MILK
- ☐ PASTA
- ☐ PASTRY
- ☐ PIES
- ☐ PIZZA
- ☐ PRODUCE

- ☐ SACKS
- ☐ SAUCES
- ☐ SCALES
- ☐ SIGNS
- ☐ SPECIALS
- ☐ STAMPS
- ☐ STOCK
- ☐ SUGAR

```
K S E X O B M S B Z O G R D F
D L D N A U Z H P R S U R U M
M L I G T T B H C M O P Y D D
T A E M S C A A C L A S S D A
P I Z Z A H K L F S E T S D E
H I O S P E E O T L B A S E R
H C E Z D R R R A G U S F N B
T S E S K E Y C B C D F G N F
U I P R E F S I E I O U Y A R
O S U D E L I S S C S T T C O
K C S R R A S P E C I A L S Z
C F A E F I L I P R O D U C E
E C C I G A N P A O T R A C N
H I K N Y X B K C O T S M A J
C A S H I E R I S D P C C Y B
```

Bali, one of the Lesser Sunda Islands, is part of the Republic of Indonesia. The influence of Bali's ancient culture is evidenced in the devotion to the three main Hindu gods of life. Every village has temples to honor Brahma, the god of fire, Vishnu, the god of water, and Shiva, the god of air.

- ☐ ANCIENT
- ☐ CATTLE
- ☐ COCONUTS
- ☐ COFFEE
- ☐ CULTURE
- ☐ CUSTOMS
- ☐ DANCE
- ☐ DENPASAR
- ☐ FARMERS
- ☐ FARMS
- ☐ FAUNA
- ☐ FESTIVALS
- ☐ FLORA
- ☐ FRUIT
- ☐ GIANJAR
- ☐ GREEN
- ☐ HINDUISM
- ☐ INDONESIA
- ☐ ISLAND
- ☐ JAVA
- ☐ JUNGLE

- ☐ MARKETS
- ☐ MOUNTAINS
- ☐ MT. AGUNG
- ☐ MT. BATUKAU
- ☐ MUSIC
- ☐ RAIN
- ☐ RICE

- ☐ SINGARADJA
- ☐ TEAK
- ☐ TEMPLES
- ☐ TIGERS
- ☐ UBUD
- ☐ VILLAGES
- ☐ VOLCANOES

```
N D P B M M U S I C O F F E E
E S E G A L L I V A N U A F L
E R U N P M E A D O F S R U T
R L U M P C O G R E E U M N T
G S B T N A I U S O I J E H A
V I U A L A S T N T L I R I C
J N D H N U I A M T C F S N R
G G N J G V C T R N A F T D J
N A A E A L B R A I N I U U A
U R L L O A I S E N O D N I V
G A S V T E M P L E S G O S A
A D I U C H K B J B L E C M I
T J K I N A T I G E R S O R F
M A R K E T S M O T S U C A R
U U V T A K H G K D K K O F M
```

Instead of reading in a straight line, each word has one bend in it.
One word has been looped for you.

- ☐ ARMY ANT
- ☐ BABY TALK
- ☐ BONNET
- ☐ CASTANETS
- ☐ DUST
   STORM
- ☐ DYNAMITE
- ☐ EDITOR
- ☐ FAUCET
- ☐ FOX TROT
- ☐ GIGANTIC
- ☐ HAMMER
- ☐ INTERPRET
- ☐ JUNIOR
- ☐ KEYPAD
- ☐ LONGSHIP
- ☐ MARKET
- ☐ OCELOT
- ☐ OIL FIELD

- ☐ PINCH
- ☐ PRIMITIVE
- ☐ RAINY
- ☐ RAISIN
- ☐ RHYMES
- ☐ ROLLING PIN
- ☐ STAGE
- ☐ STAMP
- ☐ STORY

- ☐ STREETS
- ☐ TRAIL
- ☐ TYPHOON
- ☐ UMBRELLA
- ☐ VESSEL
- ☐ WHIRLPOOL
- ☐ WOOLEN
- ☐ YOSEMITE
- ☑ ZIGZAG

```
O H A B S L R I H W X J A S T
S C M E P T P R I M I F X R A
T T M Y M A E O A R T N A Y M
R E E T S Y D R O Z I I O U P
T K R N Z N H T P L V S L T C
E G D R A I S R E R E S S E L
N N S N I T G Z T M E J T P Z
N O B H S T S Z I W T T G I K
E L E U I Y T A C C N N E N L
L C D K A P A G E O I L P K A
O B O I R H O O N L F T R I T
T L E N T A F C L I M A N Y D
R O I N U O L O E T M C B A I
W O R J X Y R L B E H A G I G
J W S T O R D H E R B M U N T
```

Despite their similarities, a tern is easily distinguished from a gull by its long wings, forked tail, and slow, bouncing, butterflylike flight.

- ☐ AQUATIC
- ☐ ARCTIC tern
- ☐ BLACK crest
- ☐ CASPIAN tern
- ☐ COMMON tern
- ☐ DISTANCE
- ☐ FAIRY tern
- ☐ FISH
- ☐ FLIGHT
- ☐ FORKED tail
- ☐ GRACEFUL
- ☐ GREY
- ☐ GULL-BILLED tern
- ☐ HATCH
- ☐ LAKES
- ☐ LEAST tern
- ☐ MARSHES
- ☐ MIGRATE
- ☐ NEST
- ☐ PLUMES
- ☐ POINTED bills
- ☐ PROTECTED
- ☐ RANGE
- ☐ RIVERS
- ☐ ROYAL tern
- ☐ SEABIRD
- ☐ SEACOASTS
- ☐ SEA SWALLOW
- ☐ SOOTY tern
- ☐ SPECIES
- ☐ SWIFT
- ☐ TAIL
- ☐ WATER
- ☐ WEBBED feet
- ☐ WHITE
- ☐ WINGS

```
F S K N H P G K U U P P O T Y
W F E C I T C R A K L M S F N
E C I M A Y R I A F B A O I A
B W D U U L S E I C E P S W I
B H G U L L B I L L E D C S P
E I Y I A A P S A I R F S Q S
D T K K Q K H Y E I A E U T A
E E E B U R O S B H A T S L C
T S T L A R F A I S S A S F V
C M M N T L E W W F O R K E D
E O G D I S T A N C E G A K N
T E M G C O L T A V U I R M L
O W H M I L P E I U S M C E H
R T Y T O O S R H A T C H Y Y
P E Y W I N G S Y H S I R C B
```

Pyramids were a common sight in the ancient Egyptian capital of Memphis, and one can be seen today in Memphis, Tennessee. In November 1992, construction was completed on The Pyramid, a 32-story, $70-million stainless-steel arena, located in downtown Memphis.

- ☐ AESTHETIC
- ☐ ANGLES
- ☐ APEX
- ☐ ARENA
- ☐ BASKETBALL
- ☐ BEALE Street
- ☐ CITY
- ☐ CONCRETE
- ☐ CORNERS
- ☐ CROWD
- ☐ DOWN-TOWN
- ☐ GIANT
- ☐ GLASS
- ☐ GLOW
- ☐ HIGH
- ☐ LANDMARK
- ☐ MEMPHIS
- ☐ METRO-POLITAN
- ☐ MISSIS-SIPPI River
- ☐ PEOPLE
- ☐ POINT
- ☐ PROMINENT
- ☐ SEATS
- ☐ SHAPE
- ☐ SHELBY County
- ☐ SILVER
- ☐ SITE
- ☐ SKYLINE
- ☐ STEEL
- ☐ STEEP
- ☐ STRUCTURE
- ☐ TALL
- ☐ TENNESSEE
- ☐ TICKETS
- ☐ TRIANGULAR

```
S X O E T E R C N O C U E N C
W I P P I S S I S S I M G Y E
T M H S K I T T H R X P S L M
L N G P T L T E N N E S S E E
L D I E M V X H E E A N T O Y
A T H O U E S T T L W R R A T
B L R N P R M S G A O A U O I
T W A A W Y P E O P L E C P C
E R H N E O B A O U G L T P K
K S S E D N T L G S K A U W E
S R P R O M I N E N T E R N T
A O L A X T A L W H X B E S S
B N T N A I G R Y O S H A X S
P K T N R N P O K K D W O R C
L V S T A E S P T X S W E O R
```

The first known pyramid was built around 2650 B.C. for King Zoser. It was built by Imhotep, a great architect, and still stands at the site of the ancient city of Memphis.

☐ AFRICA
☐ ANCIENT
☐ AZTEC empire
☐ BASE
☐ BRICK
☐ CAIRO
☐ CENTRAL America
☐ CHAMBERS
☐ CHOLULA
☐ EGYPT
☐ FAMOUS
☐ FLAT
☐ GIZA
☐ GREAT Pyramid
☐ HISTORY
☐ KINGS
☐ LIMESTONE
☐ MAYAS
☐ MEXICO
☐ MOCHICA Indians

☐ MOUNDS of earth
☐ NILE River
☐ PERU
☐ PHARAOHS
☐ PLATFORMS
☐ PRESERVED
☐ PYRAMID of the Sun

☐ RUINS
☐ SLOPE
☐ SOUTH America
☐ STEPPED
☐ TEMPLES
☐ TEOTIHUACAN
☐ TERRACED
☐ TOLTEC Indians

```
O C V F G K C E T L O T H V F
R M L T C G R U I N S D S T D
T A C I H C O M K B E Y M P I
T E R R A C E D A V R O R Y M
E B M M M S P N R O U I O G A
O A A P T N C E T N R F F E R
T Z C O L I S S D R S I T N Y
I T N I E E I S H O A R A H P
H E E N R H S T R M A L L C X
U C T P T F R E G E S F P I L
A K A U O T A P I X B A S E B
C H O L U L A P Z I E M Y F R
A S H U R L S E A C C O A A G
N N I L E C U D R O F U T H M
B A L H P N K I N G S S L A C
```

Don't blink or you'll miss the hidden words of at least 5 letters that all contain GL. One word has been looped to start your list.

Word list on page 267

A <u>NGLE</u> _____   J _____   S _____

B _____   J _____   S _____

B _____   J _____   T _____

B _____   J _____   T _____

B _____   N _____   T _____

D _____   R _____   W _____

E _____   R _____   W _____

E _____

```
O J U G G L E E E N G L I S H
G                V G U O A L R T V H N I S W T
G                S M A G G L A S S O A V D H C
G                S J R N A T L C T E L G G O T
G                I I A T E L G N I R G G G J M
G                S R I H O L R B N E A G O L N
G                W E G V A S U R G U R G L E E
G                C T L M A E B E L J G E G N G
G                J N O G L E L L E L L L I L L
G                T U O G A E L G E G E N U G E
G                R M N E L E L G N I S T C L C
G                O A S G D T A I G A T N G O T
H                D I N A L I J W V O T U I B I
I                D A L C D E L G N U B B V E R
                 G G I W J S G G N S V M C S R
```

112

The word CAMEO is hidden in the diagram only once. It will read in a straight line forward, backward, up, down, or diagonally.

```
O C C M C O O A M O C A
C E C A A E M O A A C O
M A E O A C M C M M C E
M M E M E A A A E A E A
M M O C C O E M E C M O
O E E O E O O C E A A A
E M M M A O O O E A A M
O C A M E E A A C A O A
O E C A M A C O M O E C
C A O O A A C E A M O A
```

Can you find the word CAMEO hidden in this diagram 26 times? Its letters read in a straight line forward, backward, up, down, and diagonally.

```
A M A C A M E O E M A C
C O M O O O M O E M A C
C E A E E E A O E M A C
C M C M C C M O C M A C
O A A A A A C A E O A C
O C M C M M M O C M O C
E A A E E E E O E E A E
M E C M O O O O M M E C
A C A M E O A A E O A O
C C A M E O C O E M A C
```

Chemistry is the scientific study of the substances that make up the universe and the characteristics and interactions of those substances. Fire was the first chemical reaction that humans learned to produce and control.

- ☐ ACID
- ☐ ALCHEMY
- ☐ ALCOHOL
- ☐ ALKALI
- ☐ ALLOY
- ☐ ATOM
- ☐ BASE
- ☐ BOND
- ☐ CARBIDE
- ☐ CENTRI-FUGE
- ☐ CRYSTAL
- ☐ DENSITY
- ☐ ELECTRON
- ☐ EMULSION
- ☐ FLUID
- ☐ FLUX
- ☐ FREEZING point
- ☐ HALOGEN
- ☐ ISOTOPE

- ☐ METAL
- ☐ MOLE
- ☐ NEUTRON
- ☐ NITRATE
- ☐ NOBEL prizes
- ☐ OXIDE
- ☐ POLYMER
- ☐ PRESSURE

- ☐ SOLUTION
- ☐ SOLVENT
- ☐ SULFATE
- ☐ SULFIDE
- ☐ VALENCE
- ☐ VAPOR
- ☐ VISCOSITY
- ☐ WATER

```
N Y O L V I E A A E X A R M X
M O T A A T S O L U T I O N R
S Y P I A T D O E K N B P O Y
A U O F S C S V T I A N A I Y
L R L L G O E Y A O O L V S F
D U Y F L D C N R R P E I L E
S V M V I A P S T C D E G U M
F A E B M D R C I R C N V M D
T N R N O B E L N V I A O E O
T A U E L L S R F Z L F N B X
C P X G E K S L E E X S U G I
B E N O R T U E N T I O W G D
D I U L F X R C S T A C I D E
M E T A L F E A Y T M W H T D
K L O H O C L A L C H E M Y O
```

The Renaissance was a time of great intellectual activity and revival of art that took place in Europe from the 14th to the 17th centuries, furthering the transition from the medieval to the modern world. The names of those who made great strides during the Renaissance are included in the list.

- ☐ ALBERTI
- ☐ ARIOSTO
- ☐ BELLINI
- ☐ BRAMANTE
- ☐ BRUNO
- ☐ CAMPIN
- ☐ CELLINI
- ☐ DA VINCI
- ☐ DU BELLAY
- ☐ DURER
- ☐ ERASMUS
- ☐ GHIBERTI
- ☐ GIOTTO
- ☐ HOLBEIN
- ☐ JONES
- ☐ LIPPI
- ☐ MARLOWE
- ☐ MAROT
- ☐ MASACCIO
- ☐ MICHEL-ANGELO

- ☐ MORE
- ☐ PETRARCH
- ☐ PISANO
- ☐ RABELAIS
- ☐ RAPHAEL
- ☐ RONSARD
- ☐ SHAKESPEARE

- ☐ SPENSER
- ☐ TASSO
- ☐ TITIAN
- ☐ UCCELLO
- ☐ VAN EYCK
- ☐ VEGA
- ☐ WYATT

```
A C E L L I N I L L E B O J K
S E N O J M U Y M R E R U D C
I P M I C H E L A N G E L O U
A E E P T D D E S L A G G C W
L T W N I R P K A D L I C V Y
E R O M S S E T C J P E T W A
B A L L E E A B C P L R B I T
A R R K M R R N I L O A T U T
R C A N I E B L O H L S O I D
B H M M I T V A H B G M R R H
S R A R A P H A E L U U A N I
V P U S V N M R A T R S M I Y
G B S N N E T A I C N I V A D
R O T T O I G E C O N J A U B
V A N E Y C K A R I O S T O A
```

T-ball is a baseball-like game for children aged 4 to 7. Though there is batting, there is no pitching; the ball is placed on a tall, adjustable tee at home plate and the batters hit from the tee.

☐ BASEBALL
☐ BASES
☐ BATS
☐ CAPS
☐ CATCH
☐ CHEER
☐ COACH
☐ DEFENSE
☐ DOUBLE
☐ DUGOUT
☐ FANS
☐ FENCE
☐ GAME
☐ GLOVE
☐ GRAND
   SLAM
☐ HITS
☐ INFIELD
☐ INNING
☐ LEAGUE
☐ MEMBER
☐ ORGANIZE
☐ OUTFIELD

☐ PLAY
☐ POP FLY
☐ POSITION
☐ PRACTICE
☐ RULES
☐ RUNS
☐ SCORE
☐ SINGLE

☐ STRIKE
☐ SWING
☐ TEAM
☐ THROW
☐ UMPIRE
☐ UNIFORM
☐ WARMUP
☐ WINNER

```
T E C N E F Y R R P S A Z U B
Y L F P O P F S E L U R Z U S
U B V S C F I L B C E M A G T
P U E B G I G M M D O R R W I
H O R G A N I Z E N H A O A H
W D I E I N I F M U N P C C W
C A P S N I E W R D G R T H S
H C M O E N B A S E B A L L D
Y R U N S G I L U T C C E L T
H M H E N I A W D F R T E L Z
M B A S R M T O U R E I T I S
K D L E I F N I G V F C K N D
E V E S T A B V O T Y E A E S
I H Y A L P V L U N I F O R M
C R N B W F G O T H R O W H A
```

In 1963 lava from the eruption of Surtsey, an underwater volcano in the North Atlantic Ocean, began forming the island of Surtsey, which was established as a nature reserve in 1965.

- ☐ ACONCAGUA
- ☐ ACTIVE
- ☐ CALDERA
- ☐ CINDER cones
- ☐ CLOUDS
- ☐ CONDUIT
- ☐ CONE
- ☐ COTOPAXI
- ☐ CRATER
- ☐ DOMES
- ☐ DORMANT
- ☐ EL CHICHON
- ☐ EL MISTI
- ☐ ETNA
- ☐ EXPAND
- ☐ EXTINCT
- ☐ HEKLA
- ☐ ISLANDS
- ☐ KATMAI
- ☐ KILAUEA
- ☐ KRAKATOA
- ☐ MANTLE
- ☐ MAUNA LOA
- ☐ MOUNTAINS
- ☐ PELEE
- ☐ PLATES
- ☐ PREDICT
- ☐ RING of Fire
- ☐ SHIELD volcano
- ☐ ST. HELENS
- ☐ SURTSEY
- ☐ TAMBORA
- ☐ THIRA
- ☐ VENT
- ☐ VESUVIUS

```
L C I N D E R S K S K K V O H
T O H K M S N I A T N U O M P
V N N H U E U E V I T C A H E
S D U O L C A I X X O C L N L
K U O E H N T C V T B C K H E
S I H M T C A C O U I O E Y E
I T D E E R I P I N S N H E C
S S S O I S A H K D C E C S A
L H E H R X O I C L E A V T R
A I T S I M L E R L L R G R E
N E A T H A A I L D E O P U T
D L L N U M N N E T X B O S A
S D P E G G U R T I N M Y D R
S K A V K R A K A T O A X X C
E X P A N D M K H K A T M A I
```

Solve this puzzle by seeking numbers instead of letters.

☐ 01402
☐ 03096
☐ 04812
☐ 10444
☐ 10546
☐ 17909
☐ 25460
☐ 27828
☐ 27934
☐ 28151
☐ 29817
☐ 30097
☐ 30195
☐ 30250
☐ 36402
☐ 36500
☐ 37354
☐ 37899
☐ 37961
☐ 39047
☐ 44112
☐ 48243
☐ 51374

☐ 53342
☐ 54203
☐ 54336
☐ 54401
☐ 54767
☐ 65705
☐ 65725
☐ 70439
☐ 70555

☐ 74600
☐ 74635
☐ 76711
☐ 77474
☐ 78521
☐ 79319
☐ 81449
☐ 81466
☐ 84724

☐ 86262
☐ 87144
☐ 87254
☐ 88660
☐ 92344
☐ 95676
☐ 96195
☐ 98609
☐ 99941

```
0 7 4 3 7 7 4 2 5 7 6 7 4 5 3
6 6 4 1 8 2 5 5 8 9 1 9 0 6 7
5 1 1 3 7 7 4 5 7 6 1 7 5 9 9
6 4 1 8 9 1 2 7 1 0 2 0 1 6 6
7 1 2 0 4 1 0 5 4 6 0 6 3 1 4
9 8 9 9 8 7 3 4 4 6 5 7 2 5 0
7 7 9 4 0 9 4 2 4 6 7 6 5 1 6
1 9 0 5 1 6 5 7 0 5 0 5 6 8 3
5 0 2 9 5 3 6 4 7 4 0 9 3 2 8
4 0 2 4 7 1 9 8 3 7 7 1 8 9 2
3 3 0 4 6 0 0 2 8 3 8 6 7 8 5
6 0 5 3 7 5 4 4 3 3 6 9 1 6 2
6 9 4 9 1 3 7 3 5 4 5 4 2 0 6
1 6 9 7 1 9 1 3 9 7 4 0 0 9 6
7 9 0 2 6 5 8 5 7 9 5 6 3 2 2
```

Nutmeg is a spice made from the seed of the darah darah tree. In early times these trees grew only in the Moluccas (Spice Islands), now part of Indonesia. Since nutmeg was so precious and scarce, when the Dutch ruled the Moluccas they cut down the trees on every island they couldn't defend in order to have sole control of the spice.

- ☐ AROMATIC
- ☐ BRAZIL
- ☐ BROWN
- ☐ CULTIVATE
- ☐ CUSTARD
- ☐ DARAH DARAH
- ☐ EDIBLE
- ☐ EGGNOG
- ☐ EVER-GREEN
- ☐ FINE
- ☐ FLAVOR
- ☐ FRUIT
- ☐ GRATED
- ☐ GRENADA
- ☐ GRIND
- ☐ GROUND
- ☐ GROW
- ☐ HARVEST
- ☐ INDIA
- ☐ INDONESIA
- ☐ KERNELS
- ☐ MACE
- ☐ MOLUCCAS
- ☐ OILS
- ☐ OINTMENT
- ☐ PICK
- ☐ POWDER
- ☐ SCENT
- ☐ SEED
- ☐ SHELLS
- ☐ SPICE
- ☐ TANGY
- ☐ TASTY
- ☐ TREE
- ☐ TROPICAL
- ☐ YIELD

```
D L C B R O W N T L B D K V E
A A U K E V E R G R E E N D V
C S L P S F O S A T R E I G S
B A T P E P T Z A V Y B R H C
Z C I N I G I R S D L I A T B
O C V C E L G S L E N R E K O
E U A P U M Z N I D A U P L N
H L T T A S T Y O D R W O K D
R O E C I S T N H G O K W R I
S M E F E U E A I V M L D O G
L Y I V T S R F R O A U E V R
L N R N I A E F Y D T N R A O
E A E A D A N E R G I N W L W
H C P V V I S G D K C I P F C
S S W G U G A N Y G P W G O V
```

Licorice extract is 50 to 100 times sweeter than the sugar obtained from sugarcane or sugar beets.

- [ ] ASIA
- [ ] BLACK
- [ ] BLOOM
- [ ] BLUE flowers
- [ ] BOIL
- [ ] BROWN
- [ ] CANDY
- [ ] CHEWING GUM
- [ ] CIGARS
- [ ] COLOR
- [ ] CON-FECTION
- [ ] DRIED
- [ ] EUROPE
- [ ] EVAPO-RATED
- [ ] EXTRACT
- [ ] FIBERS
- [ ] FLAVOR
- [ ] GLOSSY leaves
- [ ] GROW
- [ ] HERB
- [ ] IMPORTED
- [ ] MEDICINE
- [ ] NORTH America
- [ ] PEA FAMILY
- [ ] PERENNIAL
- [ ] PLANT
- [ ] PRODUCE
- [ ] PRODUCTS
- [ ] ROOTS
- [ ] SOFT DRINKS
- [ ] SWEET
- [ ] TASTE
- [ ] TOBACCO
- [ ] VALUABLE
- [ ] WILD

```
T L I D W S M D H A M C R A P
S D R I E D O E E U N W O R B
I E T S A T S F G T O B L U E
R D Y D F A A G T R R V O O S
A K L F S I N R G D C O C A R
M E D I C I N E O R R C P R A
T B A B W I O Y L P A I O M G
P E R E N N I A L B A V N M I
R N H R B T T B O P A V E K C
O C O S O R C T L L H U E G S
D E U R O P E A F A M I L Y X
U V O O T N F H R N C O I A U
C A T X X H N W I T S K O N V
E S T C U D O R P S X I B L K
G R Y D N A C S Y T E E W S B
```

The Firecracker 400 is one of the thirty or so races in the Winston Cup Grand National auto racing series. It is run annually in Daytona Beach, Florida, on or around July 4th. In 1990 the race's name was changed to the Pepsi 400 when that company became its official sponsor.

□ BACK stretch
□ BANKS
□ CAUTION
□ DAYTONA
□ DRAFTING
□ DRIVER
□ ENGINE
□ EXCITING
□ FANS
□ FAST
□ FIELD
□ FINISH
□ FLAGS
□ FRONT runner
□ FUEL
□ GARAGE area
□ LAPS
□ LEADER
□ LOUD
□ MOMENTUM
□ NOISY
□ PACE car
□ PACK
□ PIT CREW
□ PIT STOP
□ POLE
□ POSITION
□ RACE

□ ROWS
□ SPONSOR
□ SPORT
□ STANDINGS
□ START
□ STOCK cars
□ STRATEGY
□ SUMMER

□ TEAM
□ TELEVISED
□ TIRES
□ TRACK
□ TURNS
□ VICTORY lane
□ WALL
□ WINNER

```
P V S S S R T P X F B A C K N
V M U T N E M O M I G A I X L
Y G E T A R T S E N I G N E A
X E C M F N U I I I R A X K P
X B A D O Y D T W S E R I T S
K W R R S K I I P H M A R S M
C S F I K C N O N X M G D W N
A X O V X N R N A G U E F O T
P N U E E T S P O N S O R R P
X H D R V T I B I I O G A L O
V D Y R O T C I V T T T A R L
F W H C C D L E I F S U Y L E
N U K R E G L K C A R T A A F
D L E A D E R M F R X W O C D
W W C L T F L O U D E C A P Y
```

Over the years the bathroom has progressed from a simple outhouse to a lavish room with amenities such as jacuzzis and sunken bathtubs. If your next step in home improvement is to renovate your bathroom, read through this list for a little decorative inspiration.

- CABINET
- CARPET
- CERAMIC
- CLOSET
- COMFORT
- CURTAINS
- DECORATE
- EXPAND
- FIXTURES
- GRANITE
- JACUZZI
- LIGHTING
- LUXURY
- MARBLE
- MAUVE
- MIRROR
- NEUTRAL tones
- PAINT
- PATTERNS
- PERMITS

- PLUMBING
- POWDER room
- REMODEL
- RENOVATE
- REPAIR
- ROOM
- SHELF

- SHOWER
- SINKS
- SLIDING door
- TILE
- WALLPAPER
- WHITE
- WINDOW

```
R Y D G T A J S H O W E R S T
N M M K R W O W Z C L F I I S
F F A T R A A G O I L N O T N
X E U C N M N L T D K O I G R
G I V G N I D I L S N M S E E
K N E U T R A L T P R I N E T
E T I H W R C P I E A O W R T
C F G B V O U Z P T V P O E A
E I D C M R Z A O A G F E Y P
L X M R A U I I T R M L H R O
B T P A C R L E D O M E R U W
R U G A R V P P C C O H O X D
A R J K N E D E E E O S O U E
M E Z I S D C N T D Z H M L R
P S N I A T R U C A B I N E T
```

Salamanders (mudpuppies) are cold-blooded, amphibious animals that look like lizards but are actually related to frogs and toads. While most salamanders are only a few inches long, the hellbender (found in the United States) can grow up to 3 feet long.

- ☐ AGILE
- ☐ AMPHIBIAN
- ☐ ANIMAL
- ☐ AQUATIC
- ☐ AXOLOTL
- ☐ BOGS
- ☐ CAVES
- ☐ COLD-BLOODED
- ☐ CRINKLED skin
- ☐ DARKNESS
- ☐ EGGS
- ☐ EYES
- ☐ HELL-BENDER
- ☐ LAND
- ☐ LARVAE
- ☐ LEGS
- ☐ LIMBS
- ☐ MARBLED salamander
- ☐ MOIST skin
- ☐ MUD-PUPPIES
- ☐ NEWTS
- ☐ PONDS
- ☐ RED-BACKED salamander
- ☐ SIZES
- ☐ SMALL
- ☐ SPOTTED salamander
- ☐ STREAMS
- ☐ SWIM
- ☐ TAIL
- ☐ TIGER salamander
- ☐ TIMID
- ☐ UNDERGROUND
- ☐ WATER

```
G S A C R E R P O V M R D B X
V T S R R G A A Z Q H I Q U M
S R U E M I C V L A M I N A O
Y E T D N I N O R I W D R D R
T A V B T K W K T A E B A C O
W M Y A N B R S L R L Q Z E X
M S U C C B R A G E I L T L B
L Q Q K A C T R D D D I A W Y
A O D E T T O P S N G A L M V
N M U D P U P P I E S T C M S
D N S U N P E S R B O G S S B
S D E D O O L B D L O C G T M
H O Z W N N I E O L S E Y E I
M O I S T D G X H E L Z B D L
S W S E S S A M P H I B I A N
```

Ellesmere Island is the largest and northernmost of Canada's Queen Elizabeth Islands. In 1909 it was used as a base by Robert Peary for his expedition to the North Pole, just 480 miles from the island's north coast. Though the area's winter temperatures drop to -70°F, the mercury climbs to 70°F during the summer months.

- ☐ ARCTIC Ocean
- ☐ BAFFIN Bay
- ☐ BARBEAU Peak
- ☐ BARREN
- ☐ CANADA
- ☐ CARIBOU
- ☐ CLIFFS
- ☐ DARKNESS
- ☐ ERMINE
- ☐ EUREKA
- ☐ GLACIERS
- ☐ GREELY Fiord
- ☐ GRISE Fiord
- ☐ HARES
- ☐ ICEBERGS
- ☐ ICE FIELDS
- ☐ INUIT
- ☐ JONES Sound
- ☐ KENNEDY Channel
- ☐ LAKE Hazen
- ☐ LEMMINGS
- ☐ LICHENS
- ☐ MOSSES
- ☐ MOUNTAINS
- ☐ MUSK-oxen
- ☐ NANSEN Sound
- ☐ PACK ice
- ☐ POLAR bears
- ☐ POLYNYAS
- ☐ ROBESON Channel
- ☐ SEALS
- ☐ SEDGES
- ☐ VAST
- ☐ WEATHER stations
- ☐ WOLVES

```
B D L T V T B A R R E N T U F
H A R E S B D S S S I T W U H
G R F G G A E P I N T W O S P
T K E F N O V R U A E B R A B
S N P A I P G I P A I H C I N
A E C K M N T L T R S K C E G
Y S E E M R R H A M F E S I B
N S G R E B E C I C F N A U L
Y E P U L R C S E I I N U L M
L N K E R O U I E A L E K O S
O O N A S B R L T G C D R W G
P J L I L E D N R C D Y T S E
M O S S E S U M S G R E E L Y
P S E V L O W L N P M A S J E
M P W O M N A N S E N I M R E
```

Gargoyles, the grotesque figures on medieval buildings, actually served a utilitarian purpose as waterspouts, directing rainwater safely away from a building's walls. The word comes from the Old French for "throat."

☐ BANGLE
☐ BATIK
☐ BAUBLE
☐ BRAID
☐ CHIGNON
☐ CUPOLA
☐ CURLS
☐ DAMASK
☐ DECOR
☐ DE-
   COUPAGE
☐ EDGING
☐ EMBOSS
☐ FEATHER
☐ FILIGREE
☐ FRETWORK
☐ FRILLS
☐ FRINGE
☐ GARLAND
☐ GARNISH
☐ GEMS
☐ GILT
☐ LACE
☐ MOTIF
☐ MUMS

☐ PLUME
☐ POMPON
☐ RIBBON
☐ RICKRACK
☐ ROCOCO
☐ ROUGE
☐ RUCHE

☐ RUFFLE
☐ SCARF
☐ SCROLL
☐ SEQUIN
☐ SPANGLE
☐ STUDS
☐ SWAG

```
H B F I T O M G A W S E U N U
D Q U R C E L F F U R U C H E
N O B B I R W S R G R C R A L
T D D S N N W E I N M E O C L
B N N E E R G I L I F L C O O
N A A O C Q P E L G W B O K R
K L N E N O U L S D N U C R C
S R Q G M G U I U E E A O U S
T A O P L U I P N M R B P N H
U G O W B E S H A K E O G S K
D N C F T R C S C G L C I E K
S S O B M E A I M A E N L I W
F E A T H E R I I U R M T C N
M S L R U C F F D A M A S K H
M D E C O R O U G E B L S T M
```

Restoring vintage airplanes requires both historical and technical knowledge of the craft. Historical research helps enthusiasts reproduce the look and details the planes had in their heyday, while technical knowledge is a must to get them in tip-top running order.

- ☐ BOLTS
- ☐ BRACES
- ☐ CABLE
- ☐ CANOPY
- ☐ COCKPIT
- ☐ DESIGN
- ☐ DOORS
- ☐ ENGINE
- ☐ EXHIBIT
- ☐ EXTERIOR
- ☐ FLAPS
- ☐ GEAR
- ☐ INSTRU-MENTS
- ☐ JETS
- ☐ MARKINGS
- ☐ MECHANIC
- ☐ MEND
- ☐ MUSEUM
- ☐ PAINT
- ☐ PANELS
- ☐ PARTS
- ☐ PAST
- ☐ PATCH
- ☐ PLAN
- ☐ RADIO

- ☐ REBUILD
- ☐ REPAIRS
- ☐ REPLACE
- ☐ RESTORE
- ☐ SEAT
- ☐ SECTION

- ☐ SKIN
- ☐ STRUTS
- ☐ TAIL
- ☐ TANKS
- ☐ VINTAGE
- ☐ WINGS

```
S G N I W N S W W U E D I H P
E T F G S U P R E P A I R S W
A O U B J T A H H L M M T L W
T Y W R E P L A C E B N E E R
S K N A T T F O C T E A R N P
T E K C S S C H B M A A C A D
R R N E C K A A U V E P S P H
A O O S P N N R N G L T R M D
P T I I I R T C A O R G O A R
A S T C R S E T L D P A O R S
I E C A N E N B P E D Y D K K
N R E I I I T M U S E U M I D
T H S R V L E X H I B I T N O
V M K E N I G N E G L A C G K
R L G W W F S K I N O D H S A
```

All the words in the list are found in the diagram in an unusual way. Each one reads either clockwise or counterclockwise around the edges of a box (sometimes a square and sometimes a rectangle).

☑ ANTIQUES
☐ BADGER
☐ BULLFROG
☐ CHANDLER
☐ CLARINET
☐ CONCRETE
☐ COWHANDS
☐ DINOSAUR
☐ DOLLAR
☐ DREAMS
☐ ENTRENCH
☐ FABULOUS
☐ FOLK SONG
☐ GARGOYLE
☐ HATPIN
☐ ICEBOUND
☐ JUMP SHOT
☐ KINDLE
☐ LONGSHIP
☐ MODERN
☐ NETWORKS
☐ OUTING
☐ OVERSEAS

☐ OXBRIDGE
☐ PRUSSIAN
☐ RED FOX
☐ ROLL CALL
☐ STEERING
☐ TOWNSHIP

☐ TROPICAL
☐ UNCIAL
☐ VOICEFUL
☐ VORTEX
☐ WORDBOOK
☐ ZODIAC

```
O C E T B R I O Y L R D I N Z
N C R E X R D G S E U A S O V
U I X Z O E G R Ⓐ G Q E R R X
L A T E F D R E N T I D N T E
K H P C U O A H W R A O M S E
E N I I L L C N E C Z B G R
T F R O V O B A C M S O D N I
C L A G Z R L L I A D U L E K
K L U B O U N T P E R B O G N
S O J E C I D R O G D A U T I
O F A E S R B M W U J F S H O
N G S O V E O O K L E N P R T
O K H E K R O C S D R A M U J
L P I H S A W H A N C I S S O
B T O W N E T V O A H J U M P
```

127

If you enjoy jogging but find that it bothers your knees or back, try jogging in a pool. You'll get the same workout and the water, coupled with the body's natural buoyancy, will help absorb and minimize the impact to those areas. Let this puzzle inspire you to add a water workout to your daily exercise routine.

- ☐ AEROBICS
- ☐ BICYCLE
- ☐ BOUNCE
- ☐ CONDITION
- ☐ DEVELOP
- ☐ ENDUR-ANCE
- ☐ EXERCISE
- ☐ FLUTTER
- ☐ FORM
- ☐ GAMES
- ☐ GENTLE
- ☐ INNOVA-TIVE
- ☐ JOG
- ☐ JUMP
- ☐ KICK
- ☐ MOTION
- ☐ MUSCLE
- ☐ PADDLE
- ☐ POWER
- ☐ PRACTICE
- ☐ PULSE
- ☐ RESIST-ANCE
- ☐ RUN

- ☐ SCISSORS
- ☐ SPIN
- ☐ SPRINT
- ☐ STRENGTH
- ☐ SWIM
- ☐ SWING
- ☐ SWIRL

- ☐ THERAPY
- ☐ TONE
- ☐ TRAIN
- ☐ VIGOROUS
- ☐ WALK
- ☐ WAVE
- ☐ WORK

```
P Y F O R M I W S K L A W G C
U K C I K O P O L E V E D N G
V N I A R T E P E L C Y C I B
E C O N D I T I O N L R I W S
C S C I B O R E A W E U I S B
N C I X H N B T L C E N E T C
U I P C I T S B I D N R N C S
O S P O R I G T M O D I L E S
B S R S S E C N V U R A M V L
T O N E N A X A E P S A P N P
I R R T R K T E S R G C W U M
O S L P C I R R E T T U L F U
S E E O V I G O R O U S N E J
T T H E R A P Y W B E L P D O
B W A V E N D U R A N C E P G
```

Originally "cartoon" referred to a design sketch. Its current meaning came about in 1841 when England's Prince Albert requested ideas for frescoes to adorn the halls of the new Palace of Westminster. Some of the submissions were so bad that the fledgling magazine "Punch" reprinted them, complete with satiric captions.

☐ ANDERSON, Brad
☐ BEETLE Bailey
☐ BLOOM County
☐ BREATHED, Berke
☐ BROOM Hilda
☐ BROWNE, Dik
☐ CALVIN and Hobbes
☐ DAVIS, Jim
☐ DENNIS the Menace
☐ DOONES-BURY
☐ FAMILY Circus, The
☐ FAR SIDE, The
☐ GARFIELD
☐ HAGAR the Horrible
☐ HART, Johnny
☐ HI AND LOIS
☐ KEANE, Bil
☐ KELLY, Walt
☐ KETCHAM, Hank

☐ LARSON, Gary
☐ MACNELLY, Jeff
☐ MARMADUKE
☐ MYERS, Russell
☐ PEANUTS
☐ POGO
☐ POPEYE
☐ SCHULZ, Charles

☐ SEGAR, Elzie (C.)
☐ SHOE
☐ TRUDEAU, Garry
☐ WALKER, Mort
☐ WATTERSON, Bill
☐ WILSON, Tom
☐ WIZARD of Id, The
☐ ZIGGY

```
W M A C N E L L Y G G I Z B I
Z L U H C S D P R Y M K R N E
K S E G A R O D U T L O Z I S
F U C E A G D C B M W I O V F
W B W Z O G K L S N O E M L F
H A I M A H C T E K B O M A B
I W L M N D E N N I S H R C F
A P S K A O A O O V F S E B O
N I O F E R S S O G I R N U C
D O N P K R M R D D L T A B P
L S P D E H T A E R B E E G R
O I R D L Y H L D T D E K A I
I V N E L P E A N U T S G O B
S A G U Y U T C R L K A F Y L
F D K M A M Z T E T H E W Z Z
```

Colorful Scottish tartans developed chiefly in the Highlands of Scotland, where each clan and family designed its own tartan plaid pattern, called a sett.

☐ ANCESTRY
☐ ANGLES
☐ BRIGHT
☐ BUCHANAN
☐ CAMERON
☐ CAMPBELL
☐ CLAN
☐ COLORS
☐ CUMMING
☐ DESIGN
☐ FABRIC
☐ FAMILY
☐ FERGUSON
☐ FILIBEG
  (kilt)
☐ FORMAL
☐ GARMENT
☐ GRAHAM
☐ HIGHLANDS
☐ HUNTING
☐ INNES
☐ KILT

☐ LINDSAY
☐ MACDUFF
☐ MACTAVISH
☐ NAME
☐ PATTERN
☐ PLAID
☐ ROBERTSON
☐ SCOTLAND

☐ SETT
☐ SHADE
☐ SINCLAIR
☐ STRIPES
☐ TREWS
  (trousers)
☐ WIDTHS
☐ WOOL

```
P R I R O T Y L I N D S A Y O
L L E B P M A C D U F F R K S
K H A R L T E G G I D T N E S
P G C I R O B E R T S O N I P
P F O G D H B H K E A N A A L
C Y T H R I A L C N I S N G A
V U L T L G C N T I W G A R M
F A M I W H A D R E L R H A R
G E F M M L N O R E M A C H O
W N R K I A O T S E T T U A F
I A I G L N F O N D A T B M A
D L V T U D G T W V E M A N B
T C O W N S T R I P E S E P R
H C C P Y U O S H A D E V S I
S R O L O C H N G I S E D E C
```

Niagara Falls is one of the most spectacular natural wonders of North America. It is formed by the Niagara River, which plunges into a steep canyonlike gorge that extends beyond the falls for about 7 miles to Lewiston, New York. On February 1, 1936, a huge ice floe blocked the flow of Niagara Falls. Below are names of waterfalls around the world.

- ☐ AGOYAN
- ☐ AKAKA
- ☐ ANGEL
- ☐ BRIDALVEIL
- ☐ CUQUENAN
- ☐ DELLA
- ☐ EL SALTO
- ☐ FAIRY
- ☐ FALL Creak
- ☐ FEATHER
- ☐ FINCHA
- ☐ GAVARNIE
- ☐ GLASS
- ☐ GLOMACH
- ☐ GREAT
- ☐ HANDOL
- ☐ HELENA
- ☐ IGUAZU
- ☐ KALAMBO
- ☐ KEGON
- ☐ KRIMML
- ☐ MINNEHA-HA

- ☐ MULTNOMAH
- ☐ NIAGARA
- ☐ RIBBON
- ☐ SHOSHONE
- ☐ SILVER Strand
- ☐ TAKAKKAW

- ☐ TUGELA
- ☐ TULLY
- ☐ VERNAL
- ☐ VICTORIA
- ☐ WENTWORTH
- ☐ YOSEMITE

```
L A N G E L T U L L Y R Y B S
N I R Y C Q Z I Y F C F H L F
Q R E H T A E F K U A A T B O
N O V V U A A A Q L N K R Y N
B T L G L I L U L D C A O O M
M C I O R A E E O Y H K W S M
Z I S Y M N D L G C M A T E G
A V N B A F O I N U K N N M A
S E O N O B B I R K T O E I L
R R G I E M F K A B H G W T A
G N L A A H Z K G S Z E H E N
R A A G H C A M O L G K M C E
E L S A L T O H Y K R I M M L
A Y S R A I S G A V A R N I E
T D S A H A M O N T L U M U H
```

All the entries in the list are found in the diagram in an unusual way. Each entry reads either clockwise or counterclockwise around the edges of a box (sometimes a square and sometimes a rectangle).

☑ ACOUSTIC

☐ AFRICA

☐ BLUE NILE

☐ CAVALIER

☐ COFFEE

☐ CRESCENT

☐ DEVISE

☐ DRIFT ICE

☐ ETCHINGS

☐ EXPECT

☐ FREE-FORM

☐ GLOVES

☐ GUARDIAN

☐ HATCH-
  BACKS

☐ INSPIRED

☐ JOCKEY

☐ KNOWABLE

☐ LECTURES

☐ NIGHT
  LATCH

☐ OILCAN

☐ PRINCE

☐ RAMPARTS

☐ RED SEA

☐ ROUTER

☐ SHIVER

☐ SHRUBS

☐ STOVE BOLTS

☐ TICKLE

☐ TOWN HALL

☐ UNCIAL

☐ VOUCHERS

☐ WIDE-EYED

☐ WILDFIRE

☐ WORDPLAY

☐ WRESTLED

```
L O B T E C N O K R W A L U J
T S E D P R I W D E A I C N O
S I V E R W D S E R N D C E N
S T O S T L E E Y J G R S T T
E U L G O V S K C O U A E R C
N A B V U S R V A L S M P A Y
I L E T C H E A C I T E X E L
H S S G N I V C R E C E P K B
A B H C L E F S D I N G A N A
C U R T D E F E E H S L T O W
K S H A A C O A R I P L A H N
E R I F R I R M F N D W Y C I
W I L D D F C T U R R O W T G
F O C R E T E L S E R U E A H
F N A W C I C K A B E T O L T
```

After you loop all of the entries about this popular television show, un-scramble the letters we've circled in the diagram to reveal the show's title. The title is given on page 272.

_ _ _   _-_ _ _ _ _

- ☐ ADVENTURE
- ☐ ARMED
- ☐ ARMY
- ☐ B.A. BARACUS
- ☐ BENEDICT, Dirk
- ☐ CHASE
- ☐ CIGAR
- ☐ COLONEL
- ☐ CRASH
- ☐ DECKER
- ☐ DISGUISE
- ☐ FACEMAN
- ☐ GOOD
- ☐ GROUP
- ☐ HANNIBAL
- ☐ HELP
- ☐ HIRE

- ☐ JOBS
- ☐ LEADER
- ☐ LOYAL
- ☐ LYNCH
- ☐ MILITARY
- ☐ MISSION
- ☐ MR. T
- ☐ MURDOCK

- ☐ PEPPARD, George
- ☐ PILOT
- ☐ SCHULTZ, Dwight
- ☐ SOLDIERS
- ☐ TANK
- ☐ TRICKY
- ☐ VAN
- ☐ WILD

```
F B S Z G (E) G Y H O C C R P A
S K E B T O R H R I R S M D (A)
Z L E N O L O C K A R R V M R
D (T) V A E J U P S O T E K W D
C Z M V R D P H A N N I B A L
O C K F D L I W C T I D L N M
I B A B A R A C U S R L Y I V
A R M Y K C I R T C A O S S M
Z C O Y C E E S I U G S I D U
R L T (E) H D E M R A I H R E R
L K V C A Y O T A O C A (T) C D
Z V N E S M P O N N P S U K O
Y Y L A E C V L G P L N P E C
L U W Y T U W I E N O (M) E R K
P I (H) J Y S C P D H H G W (A) V
```

Here is a puzzle whose words go together like peanut butter and jelly to form well known combinations of people and things.

☐ BACK & FORTH ☐ HOT & COLD ☐ RANT & RAVE

☐ BECK & CALL ☐ HUGS & KISSES ☐ SHOW & TELL

☐ BREAD & ☐ IN & OUT ☐ SILK & SATIN

  BUTTER ☐ JACK & JILL ☐ SO & SO

☐ CAT & MOUSE ☐ KISS & TELL ☐ SONG &

☐ CATS & DOGS ☐ LIVE & LEARN   DANCE

☐ DOWN & OUT ☐ LO & BEHOLD ☐ SPICK & SPAN

☐ FAIR & ☐ LONG & SHORT ☐ STOP & GO

  SQUARE ☐ MA & PA ☐ SUGAR &

☐ FIRST & LAST ☐ MILK & HONEY   SPICE

☐ GETUP & GO ☐ MIX & MATCH ☐ THIS & THAT

☐ HAM & EGGS ☐ MR. & MRS. ☐ TO & FRO

☐ HEM & HAW ☐ ON & ON ☐ TOOTH &

☐ HIDE & SEEK ☐ ONE & ALL   NAIL

☐ HIGH & LOW ☐ OVER & OUT ☐ VIM & VIGOR

☐ HIS & HERS ☐ POTS & PANS ☐ YES & NO

```
R W N A P S & K C I P S R M & R M M
K T T J A T B N A S R E H & S I H T
K E C I P S & R A G U S R O M T S H
I H I D E & S E E K J S H I R A O E
S A L L I J & K C A J I L O L H L M
S L O O N & O N K B D K F & N T L &
& J G C & X & M D S & & T M H & A H
T K & & O W N L L H K S B B N S C A
E R P T U E O R O C R G E U I I & W
L T O O T H & N A I L U P O T H K F
L E T H E I E B F E X H N O A T C A
& S S B S Y S E K C L E R J S Y E I
W H & U G & G G V K & & N B & & B R
O O P S O N G & D A N C E S K & O &
L W A & D M E N L O R W S V L G R S
& & N C & A & L O I W & D R I V F Q
H T S B S & M T F L Y N T V S L & U
G E D B T P A H A Y E S & N O I O A
I L P J A A H W Q C V M M O A E T R
H L G H C T A M & X I M I E U R O E
T U N T U O & R E V O G & P U T E G
```

Every time I write something down so I'll remember it, I forget where I put the notepad!

- ☐ ALBUM
- ☐ ANNIVERSARY
- ☐ ARTICLE
- ☐ BUTTON
- ☐ CALENDAR
- ☐ CARD
- ☐ DATE
- ☐ DIARY
- ☐ GIFT
- ☐ HINT
- ☐ ITEM
- ☐ JOURNAL
- ☐ KEEPSAKE
- ☐ LETTER
- ☐ MARK
- ☐ MEMENTO
- ☐ MEMO

- ☐ MESSAGE
- ☐ NOTE
- ☐ NUDGE
- ☐ PHONE call
- ☐ PHOTO
- ☐ PICTURE
- ☐ PORTRAIT
- ☐ PROGRAM
- ☐ PROMPTER

- ☐ RELIC
- ☐ SCRAPBOOK
- ☐ SCRATCH pad
- ☐ SONG
- ☐ SOUVENIR
- ☐ STRING
- ☐ SUGGESTION
- ☐ TICKET stub
- ☐ TOKEN

```
D A E T Y R A S R E V I N N A
O R F E Y I E A V D T H T H F
P L A K O L K E E P S A K E Y
M I V C C E N O H P K M D R M
U U C I A M O J O U R N A L G
B U T T O N I R O A E I E R G
L R F M U D T G D K D S E N K
A K I D A R S N O T E C I G M
R M G N A R E T P M O R P M E
A E N I E L G L H C T A R C S
S M T T A V G O I S N P A R S
O O T C K T U T R C E B I L A
F E N N C E S O B P M O G D G
L F S G I H B H S N E O D H E
M R C D D H L P H R M K O K B
```

The Sesame Place theme park in Langhorne, Pennsylvania, was inspired by public television's "Sesame Street" children's program. Built in 1980 by Anheuser-Busch in conjunction with the Children's Television Workshop, the park offers more than 40 outdoor and indoor interactive activities, live entertainment, plus appearances by some "Sesame Street" characters.

- ☐ AMUSEMENT
- ☐ BIG BIRD'S Rambling River
- ☐ BROWNIES
- ☐ CAFETERIA
- ☐ CAPTAIN Ernie's Bistro
- ☐ CHILDREN
- ☐ COOKIE Mountain
- ☐ COUNT'S Ballroom
- ☐ DESSERTS
- ☐ FESTIVE
- ☐ FLOAT
- ☐ FOOD
- ☐ GEYSERS
- ☐ INNER tubes
- ☐ KERMIT the Frog
- ☐ KIDS
- ☐ KITCHEN
- ☐ LANG-HORNE, Pa.
- ☐ LEMONADE
- ☐ MENU
- ☐ MILK
- ☐ NEIGHBORHOOD
- ☐ OPEN
- ☐ ORANGE juice
- ☐ OSCAR the Grouch
- ☐ PALM trees
- ☐ PICNIC
- ☐ PIZZA
- ☐ PLAY
- ☐ PRETZELS
- ☐ SALADS
- ☐ "SESAME Street"
- ☐ THEME park
- ☐ TUNNELS
- ☐ VACATION
- ☐ WATERFALLS
- ☐ YOGURT

```
E F O K O R A N G E U Y S U P
O K B L C V C H I M A N R W N
S I C D A C B K T I M R E K O
C T E D A N O M E L U P S M I
A C N B O O G B G K S L Y S T
R H W U C O I H T H E M E E A
S E A Y O G H R O Z M S G I C
A N T P B C U R T R E D R N A
L E E I A G I E O T N E O W V
A N R R O Z R N U B T E E O R
D D F Y D P Z N C E H M H R F
S P A L M L N I F I A G N B H
B L L I O E I A P S P K I D S
P G L K L A C H E V I T S E F
D E S S E R T S C A P T A I N
```

We've hidden an entire menagerie in this puzzle whose words listed below contain the names of various animals. First find the listed words in the diagram and then see if you can spot the animal name contained within each.

☐ ABOARD
☐ BILLION
☐ BRIEFLY
☐ BUCKET
☐ BULLPEN
☐ CHEWED
☐ CLAMBER
☐ CODDLE
☐ COLLIER
☐ DEBATE
☐ EMBASSY
☐ FEELER
☐ FORBEAR
☐ FOXHOLE
☐ GRANT
☐ JITTERBUG
☐ KARAT
☐ MOLECULE

☐ OFFISH
☐ PERCHANCE
☐ PRAM
☐ RASP
☐ REGRET
☐ SCAPE
☐ SCATTER
☐ SCOWL

☐ SCUBA
☐ SHARE
☐ SHOGUN
☐ SPIGOT
☐ STAGNANT
☐ STEAL
☐ WHENCE
☐ WRENCH

```
S H N M J W R E N C H E W E D
I C H A I R O L W O C S Y M G
O O A R T E A F R H I N O M N
H L Y P T G M C F A W L S U S
W L E A E R C B R I E F L Y N
F I B W R E T T A C S B F I K
T E M A B T E F U S J H R C B
D R L B U F S L C T S G E O B
N E B O G J E H R N T Y L D F
E C N A H C R E P A O N E D L
P N X R S X B T R N U T E L A
L E P D H M O A N G N M F E E
L H E X A Y K F O A B U C S T
U W P L R N D H R T O G I P S
B U C K E T S G P S A R U J F
```

Loop in the diagram all the words listed below. Then read the leftover letters from left to right, top to bottom, to discover the Wizard's Words.

Wizard Words on page 272

- ☐ ABSTRACT
- ☐ ARTIST
- ☐ BAROQUE
- ☐ BAUHAUS
- ☐ COLLAGE
- ☐ COLLECTION
- ☐ COLOR
- ☐ CUBISM
- ☐ DADAISM
- ☐ DESIGN
- ☐ DISPLAY
- ☐ DONATION
- ☐ DRAWING
- ☐ EXHIBIT
- ☐ FAMOUS
- ☐ FAUVES
- ☐ FOLK ART
- ☐ FRESCO
- ☐ FUTURISM
- ☐ GOTHIC
- ☐ ICON
- ☐ LINE
- ☐ LOAN
- ☐ MASTER

- ☐ MOSAIC
- ☐ MURAL
- ☐ MUSEUM
- ☐ OIL PAINT
- ☐ OPENING
- ☐ PASTELS
- ☐ POP ART
- ☐ PRINT

- ☐ REALISM
- ☐ SCULPTURE
- ☐ SHOW
- ☐ SPACE
- ☐ STYLE
- ☐ TEMPERA
- ☐ TEXTURE
- ☐ VALUE

```
S A N A N L A R U M S I B U C
P E M A E R D I S P L A Y G B
A U O D G R T G F R E S C O A
C L S U A H U A B X T M A T R
E A A W L D S T H F S L E H O
L V I N L U A I X I A M E I Q
N N C R O I B I R E P U L C U
G Y R M C I S U S E T P V I E
I S A O T A T O R M A S T E R
S F N H L U R A P I U L H A S
E L L O F O A F N E E E I O F
D C O L L E C T I O N L S S W
F O L K A R T I S T D I Y U M
R A E R U T P L U C S N N T M
M T R A P O P R I N T E E G S
```

WIZARD WORDS WIZARDS! *You'll be enchanted by our special collections packed with dozens of engaging Wizard Words puzzles. See page 93 to order.*

All the words in the list are found in the diagram in an unusual way. Each word reads clockwise or counterclockwise around the edges of a box (sometimes a square and sometimes a rectangle).

☑ AUTOHARP
☐ BARGAINS
☐ BUTTON
☐ CENTRIFUGE
☐ CHARTERS
☐ CHECKS
☐ DATELINE
☐ DUBLIN
☐ ENGINEER
☐ FLEECE
☐ FOGBOUND
☐ GREENERY
☐ HARDWARE
☐ HELIUM
☐ INCUBATE
☐ JOB BANKS
☐ KITTEN
☐ LUNCHEON
☐ MOPBOARD

☐ NATIONAL
☐ OFFSET
☐ OUTPUT
☐ PEGBOARD
☐ RACKET
☐ RAFTSMAN
☐ SLIPPERY
☐ TARGET

☐ TOBAGO
☐ TOPPLE
☐ TREE FARM
☐ TUNDRA
☐ UNIVERSE
☐ VINEGARY
☐ WIRELESS
☐ WISDOM

```
R A H O F A R E L U M H E G A
T V C T F O D T P I L E N J R
E R S E S B M O P D S E I V Y
V I N U A P O C E R Y R G O J
K N A T W R J E F C K E N B U
S G B O H A T E L A R T O T T
J O B U T D E N I W M L W E I
L F D N A I V K S D O T O N K
O G W D R A R G A A B A G G E
N L A R E H A B I T U P D R T
A A M S T L B S N E C E C A T
T N R A F I U O T I N G B O D
I O M E E N D E R I F U L N O
U P T R E E U L N W I N C H E
T O U G Y R G E S S N F S K C
```

Recall fond memories of your first date with a little help from this puzzle about that memorable event.

- ☐ AMUSEMENT park
- ☐ ARCADE
- ☐ BALL GAME
- ☐ BEACH
- ☐ BIKING
- ☐ BOATING
- ☐ BOWLING
- ☐ CARNIVAL
- ☐ CHARMING
- ☐ CHITCHAT
- ☐ CLOTHES
- ☐ CONCERT
- ☐ CURFEW
- ☐ DANCE
- ☐ DINNER
- ☐ DOORBELL
- ☐ DOUBLE date
- ☐ EAGER
- ☐ EXPENSE
- ☐ FRIENDS
- ☐ HAPPY

- ☐ HAYRIDE
- ☐ HIKE
- ☐ HOLDING hands
- ☐ JOKES
- ☐ LAUGHTER
- ☐ MALL
- ☐ MOVIE
- ☐ NERVOUS
- ☐ PARENTS

- ☐ PHONE
- ☐ PHOTOS
- ☐ PICNIC
- ☐ PIZZA
- ☐ PLAY
- ☐ PROM
- ☐ RADIO
- ☐ SKATING
- ☐ SNACK

```
M O R P L A Y T R E C N O C A
P G E A G E R P S O E E U H R
L N N S D F H T P N O R A A C
L I N I N O N S O A F V W R A
A D I L T E U H E E H O P M D
M L D O R A P B W K L U U I E
C O S A E P K X L L O S Z N F
S H P K C A N S E E E J J G E
E D I R Y A H B G M O V I E M
H H C T Z F R I E N D S L C A
T R N Z C O M N V B I K I N G
O L I N O H T V I Y A T D A L
L P C D H C A E B V U Z A D L
C P L A U G H T E R A D I O A
J P J V A Y O U G N I L W O B
```

Like fellow golfer Arnold Palmer, whose loyal fans comprised "Arnie's army," Lee Trevino also had a loyal following. A virtual unknown until 1968 when he won golf's U.S. Open, his fans, with whom he often joked during tournaments, became known as "Lee's fleas." Below are golfers who have played in Senior Classic tournaments.

☐ ALBUS, Jim
☐ ARCHER, George
☐ BAIRD, Butch
☐ BARBER, Miller
☐ BIES, Don
☐ BRODIE, John
☐ CASPER, Billy
☐ CHARLES, Bob
☐ COODY, Charles
☐ COWAN, Gary
☐ CRAMPTON, Bruce
☐ DENT, Jim
☐ DEVLIN, Bruce
☐ ELDER, Lee
☐ FETCHICK, Mike
☐ GILBERT, Gibby
☐ HENNING, Harold
☐ HILL, Mike
☐ HISKEY, Babe
☐ JANUARY, Don
☐ KIEFER, Jack

☐ LAORETTI, Larry
☐ MCBEE, Rives
☐ MOODY, Orville
☐ MORGAN, Dan
☐ MOWRY, Larry
☐ PALMER, Arnold
☐ PLAYER, Gary
☐ RHYAN, Dick
☐ RODGERS, Phil

☐ RODRIGUEZ, Chi Chi
☐ SHAW, Tom
☐ SMITH, Ben
☐ SNEAD, (J.C.)
☐ THOMPSON, Rocky
☐ TREVINO, Lee
☐ WEAVER, Dewitt
☐ WYSONG, Dudley

```
E B G M R P Y N A W O C E G V
G A K N V J A N U A R Y T P A
W N R W O Y O L O A L B U S U
A D A E N S P B M W B L K I E
A H O G P P Y P D E V L I N I
S G E M R S T W Y F R P E H D
F T O N C O A S D M F S F W O
E H S U N G M C O R C D E E R
T Z E U G I R D O R E B R A B
C Y L L T L N D M N H H E V R
H B R H D B G G T B I Y C E H
I L A O R E T T I S R V Y R Y
C P H I R R R E K W C A E H A
K G C S R T S E O Z L R A R N
K Z C O O D Y M E P F O C K T
```

The word GRACE is hidden in the diagram only once. It will read in a straight line forward, backward, up, down, or diagonally.

```
R G G E G G R E E C G E
E R R G R C C R A C C E
C R G A C E E E A A C R
R C C R C R G R G R E E
E E R E E R G A G A E C
C G C G A A A C R G G R
C R A G C C C G E G G A
R C C A E E E A R R C C
C G E R G G R C G C G A
R R A C R A E G C E E G
```

Can you find the word GRACE hidden in this diagram 23 times? Its letters read in a straight line forward, backward, up, down, and diagonally.

```
R G R A C E G E C E R E
E E R G R A C R E G C C
C R C C R A E C A R G A
A E E A R A A C G C E R
R C E G R R C R A G E G
G A E C G G A E E G G R
R R G R A C E C C R R A
A G A R E R A E A A A C
C C E C A R G C R C C E
E C A R G E E A G E E G
```

Art Blakey played piano in clubs and worked in steel mills before switching his focus to drums and concentrating on jazz. He has performed and recorded with such notables in the field as brothers Wynton and Branford Marsalis. Here are jazz greats from A to H.

☐ ARMSTRONG, Louis
☐ BAILEY, Mildred
☐ BAKER, Chet
☐ BASIE, Count
☐ BECHET, Sidney
☐ BERIGAN, Bunny
☐ BLAKEY, Art
☐ BROWN, Clifford
☐ BYAS, Don
☐ CARNEY, Harry
☐ CLARKE, Kenny
☐ COHN, Al
☐ COLE, Cozy
☐ COLTRANE, John
☐ CONDON, Eddie
☐ COREA, Chick
☐ DAVIS, Miles
☐ DOLPHY, Eric

☐ ELDRIDGE, Roy
☐ ELLINGTON, Duke
☐ EVANS, Bill
☐ FITZGERALD, Ella
☐ GETZ, Stan
☐ GILLESPIE, Dizzy
☐ GOODMAN, Benny

☐ HENDERSON, Fletcher
☐ HERMAN, Woody
☐ HINES, Earl
☐ HODGES, Johnny
☐ HOLIDAY, Billie
☐ HOLLAND, Dave
☐ HUBBARD, Freddie

```
F M L K G S A Y B D Y I Z L E
T E H C E B H R A U V E N N C
I U U V O W Y E M D I R A H N
D E B G L L G A R S I R M O V
B L B A O D E E A M T L D C B
C N A G I R E B Z L A R O R A
A E R R O L L T O H I N O H S
R L D C E A E C B A D W G N E
N L G V K G D Y N O N Y U W G
E I A E R N Z A N Y H P L O D
Y N Y H A A N T P T H U P B O
S G I L L E S P I E I T A L H
D T L I C B V K F F N K N C K
H O E P T D A V I S E M D I H
H N A U H E N D E R S O N E H
```

Keep the beat going with this puzzle containing the names of jazz leaders from J to Y.

☐ JACKSON, Milt

☐ JOHNSON, (J.J.)

☐ JONES, Jo

☐ JOPLIN, Scott

☐ KONITZ, Lee

☐ KRUPA, Gene

☐ LEWIS, Mel

☐ MARSALIS, Wynton

☐ MOTEN, Bennie

☐ O'DAY, Anita

☐ ORY, Kid

☐ PARKER, Charlie

☐ PEPPER, Art

☐ POWELL, Bud

☐ RICH, Buddy

☐ ROACH, Max

☐ ROLLINS, Sonny

☐ SHAW, Artie

☐ SILVER, Horace

☐ SIMS, Zoot

☐ SMITH, Bessie

☐ STITT, Sonny

☐ TATUM, Art

☐ TAYLOR, Cecil

☐ TURNER, Joe

☐ VENUTI, Joe

☐ WALLER, Fats

☐ WATERS, Muddy

☐ WEBB, Chick

☐ WEBSTER, Ben

☐ WILLIAMS, Tony

☐ WILSON, Teddy

☐ YOUNG, Lester

```
T G I A M N V B R B R L L D H
Y Z O U S M I T H D B I L R A
P B T K D R V A D A L E E L G
W A P U R K N Y A D O L W Z V
T I S I W E L L N I L P O J S
N D L Z T I N O K A G S P T I
L E G S R U S R W E M N I Z E
I Y U I O K N S U A O T U J J
D D C L C N I E I T T R D O V
U H S A L M L L V R E E Y H Y
B H J S S I L V E R N P R N R
T U C R E I O K A U M P B S Z
G S H A W N R E T S B E W O W
M N A M O A O B S P Z P I N B
Y P I M P R I J T H S R U B U
```

Chandeliers add a touch of class to almost any room, but how many of us would have a room large enough for the chandelier built for Belgium's Casino Knokke? It measures 26 feet 3 inches around and is 23 feet tall!

☐ ANTIQUES
☐ ARMS
☐ BAROQUE
☐ BEADS
☐ BRASS
☐ BRONZE
☐ BULBS
☐ CANDLES
☐ CARVED
☐ CEILING
☐ CHAIN
☐ COPPER
☐ CRYSTAL
☐ DECORATE
☐ DESIGNS
☐ DIFFUSED
☐ DIRECT
☐ ELABORATE
☐ GILDED
☐ GLASS
☐ GLOW
☐ GOTHIC
☐ IRON

☐ LARGE
☐ LIGHT
☐ MODERN
☐ ORNATE
☐ PENDANTS
☐ PEWTER

☐ PLAIN
☐ POLISH
☐ PRISMS
☐ RENAISSANCE
☐ ROCOCO
☐ ROMANTIC

```
G G S N R E D O M R N A M W E
S O S U E B E E Z Y E I Z L E
M N T T N V S C R Y S T A L C
S Q G H A L U T V E W B W L O
I T T I I H F G U V O B B E P
R E Y G S C F Q F R R E R E P
P O H C S E I B A A T G O G E
H T C I A T D T S A L V N B R
Y S D O N N E S N O R I Z R W
U D I A C B D R W A L M E Z C
N E R L E O O L B I M A S A Y
I D E C O R A T E U Q O R A B
A L C H S P R C A S Z V R G U
H I T G S T N A D N E P M E E
C G E B U L B S S D G L A S S
```

Before you can loop the words in the list below, you must first fill in the circles in the diagram with the missing vowels A, E, I, O, and U. We have filled in one word for you.

☑ ALOHA   ☐ PARTIAL   ☐ TOWER

☐ BAFFLE   ☐ RIBBON   ☐ VACATE

☐ BASKET   ☐ ROOST   ☐ VIABLE

☐ CALICO   ☐ SANDAL   ☐ WEIGHT

☐ CAMPER   ☐ SCALE   ☐ WIGEON

☐ CEMENT   ☐ SEARCH   ☐ YEARN

☐ CLAIM   ☐ TOMATO   ☐ YONDER

☐ DANGLE

☐ DIRECT

☐ EARNED

☐ ELBOW

☐ EXCUSE

☐ FENCE

☐ FINITE

☐ GRAVEL

☐ HAZARD

☐ HUMID

☐ HUMOR

☐ INDEED

☐ JAUNT

☐ LODGE

☐ MASCOT

☐ MERLIN

☐ NICKEL

☐ NUCLEUS

☐ PAROLE

```
C R L M J W Y ◯ ◯ R N W V K W
S V H ◯ Z ◯ R D F ◯ N ◯ T ◯ P
L ◯ ◯ ◯ X C ◯ S ◯ ◯ L G N ◯ D
Y N L Z P C G L ◯ ◯ L ◯ R M F
T W ◯ B L ◯ F ◯ C ◯ D ◯ D ◯ W
◯ Z B P ◯ F N D ◯ F L N N ◯ V
W C ◯ C ◯ ◯ ◯ G L ◯ K C ◯ N Z
◯ L S B L R V ◯ ◯ Y ◯ G ◯ X D
R ◯ K R ◯ H T Y C T H P N N ◯
◯ ◯ ◯ C C H D ◯ ◯ T ◯ M ◯ T M
M M T R L ◯ T C ◯ N V S B N ◯
◯ L ◯ D N ◯ S V R L D V B ◯ H
H ◯ C R R ◯ ◯ S C ◯ L ◯ ◯ M Y
S W ◯ H M H ◯ C ◯ M P ◯ R ◯ C
L ◯ V ◯ R G R W Ⓐ L ◯ H Ⓐ C B
```

The College of William and Mary in Williamsburg, Virginia, is the oldest public college in the United States, dating back to 1693. A school of firsts, it is the home of the nation's first law school, system of elective studies, honor code, and honor society (Phi Beta Kappa).

- ☐ ADVISOR
- ☐ BIOLOGY
- ☐ CAMPUS
- ☐ CATALOG
- ☐ CLOSE-KNIT community
- ☐ CLUB sports
- ☐ COLLEGE
- ☐ CONCEN-TRATION
- ☐ COURSES
- ☐ DANCE
- ☐ DORMS
- ☐ EXAM
- ☐ FACULTY
- ☐ FINE arts
- ☐ HISTORY
- ☐ HONOR code
- ☐ LAW school
- ☐ LECTURE
- ☐ LIBERAL arts
- ☐ MAJOR
- ☐ MUSIC
- ☐ PHI BETA Kappa Hall

- ☐ PHYSICS
- ☐ RELIGION
- ☐ SPEECH
- ☐ STUDENTS
- ☐ THEATRE
- ☐ UNDER-GRADUATES

- ☐ VARSITY sports
- ☐ VIRGINIA
- ☐ WILLIAMS-BURG
- ☐ WREN Building
- ☐ YULE LOG Ceremony

```
U C E G E L L O C W R E N U C
T H E A T R E L I G I O N L U
H W C E C N A D Y R I D U C S
E B I O L O G Y A T E B I H P
C G O L E L U Y A R I S L R E
S O S Y L W V R G B U S A O E
A L T T A I T R S M F D R J C
P A U L Y N A H H E V A E A H
H T D U E D H M I I S I B M V
Y A E C U C L O S E K N I T Y
S C N A A R T O T B K I L S K
I O T F O M R U O E U G M S P
C E S N A D P I R Y N R X K L
S U O X L M Y U Y E O I G U Y
X H E K W T Y N S D P V F V Y
```

To most people, moths are small. But the film industry has introduced moviegoers to giant moths on various occasions, the two best-known of which were in "Doctor Dolittle," featuring a giant luna moth, and in the monster film "Mothra."

- ☐ ABDOMEN
- ☐ ADULT
- ☐ ANTENNAE
- ☐ ARMY worm
- ☐ BOMBYX MORI
- ☐ CATERPILLAR
- ☐ COCOON
- ☐ CODLING moth
- ☐ COMPOUND eyes
- ☐ CUTWORM
- ☐ DUSK
- ☐ EGGS
- ☐ EYESPOTS
- ☐ FRENULUM
- ☐ GIANT Hercules
- ☐ GYPSY moth
- ☐ HAWK moth
- ☐ HORNWORM
- ☐ INCHWORM
- ☐ INSECTS
- ☐ LARVA
- ☐ LEAF miner
- ☐ LEGS

- ☐ LUNA moth
- ☐ MIGRATION
- ☐ NIGHT
- ☐ OWLET moth
- ☐ PEACH moth
- ☐ PUPA
- ☐ SILK
- ☐ SPHINX moth

- ☐ SPINES
- ☐ TENT caterpillar
- ☐ THORAX
- ☐ TIGER moth
- ☐ TUSSOCK moth
- ☐ WINGS
- ☐ WOOLLY-BEAR caterpillar

```
K G A N M M P P N E M O D B A
C K L I S R M I G R A T I O N
O F M G A H O R N W O R M I T
S W U H R F C W I C A E N Y E
S T L T M E K N T L H S N W N
U N U E Y I G O L U E W O F N
T E N T T S R I C C O O C A
H A E Y E S P O T S L A C R E
O A R Y E R M S M L G W O T M
R P F N E P G Y Y X A E C L L
A U I T O G G B N K Y R L U E
X P A U E X E I F G S B V D A
S C N K W A H C A E P U M A F
U D U P R P H I G N I L D O C
R T L Y S P Y G I B T V W V B
```

You'll need 20/20 hindsight as you solve this puzzle containing words that describe things that follow or are located behind other things.

☐ ANCHOR
☐ APPENDIX
☐ ATTENDANTS
☐ BACK DOOR
☐ BACKSTAGE
☐ BUMPER
☐ CABOOSE
☐ CONCLUSION
☐ CORTEGE
☐ CREDITS
☐ DESSERT
☐ ENDING
☐ ENTOURAGE
☐ EPILOGUE
☐ FINALE
☐ FINISH
☐ FOLLOWERS
☐ HEEL

☐ INDEX
☐ NAPE
☐ PERIOD
☐ POSTSCRIPT
☐ RETINUE
☐ RUMBLE seat
☐ SCRUFF
☐ SEQUEL

☐ STERN
☐ STRAGGLER
☐ SUITE
☐ TAIL
☐ "THE END"
☐ TRAILER
☐ TRAIN
☐ TRUNK

```
T T R U N K I N D E X E L H F
R T E B D S H O S W F I C I N
A P P E N D I X B C A O N U U
I I M I E R H R S T R A I N B
L R U D E S S E R T L U A H E
E C B P H R E L E E I P F I D
R S O X T E K G U L E D L F I
H T G N L W E G A G B E E E A
U S N L C O O A A T U M L R N
E O I T H L T R B Q S E U O C
K P D N I L U T E A U K R R H
S X N P I O E S O O B A C D O
K M E L T F E T I U S N N A R
K E U N I T E R O O D K C A B
S T E R N S T N A D N E T T A
```

Pari-mutuel betting, French for "mutual wager," allows one to bet on a horse to win, place, or show. The horse must come in first to collect a win bet, first or second to collect on place, and among the first three to collect on show.

- ☐ ANNOUNCER
- ☐ BETTOR
- ☐ CASHIER
- ☐ CLUBHOUSE
- ☐ COLORS
- ☐ DAILY double
- ☐ DEAD HEAT
- ☐ FINISH line
- ☐ GRAND-STAND
- ☐ HORSE
- ☐ INFIELD
- ☐ LOSER
- ☐ NAMES
- ☐ ODDS
- ☐ PACERS
- ☐ PADDOCK
- ☐ PARI-MUTUELS
- ☐ PHOTO finish
- ☐ PLACE

- ☐ POST time
- ☐ PROGRAM
- ☐ RACE
- ☐ RIDER
- ☐ SADDLE
- ☐ SHOW
- ☐ STARTING gate
- ☐ STRETCH

- ☐ THOROUGHBRED
- ☐ TICKET
- ☐ TIMER
- ☐ TOTE board
- ☐ TRACK
- ☐ WAGER
- ☐ WIN BY A NOSE
- ☐ WINNER'S circle

```
C G L S D L K P O S T O M S P
R D N A T S D N A R G D R A B
N H M I E R P M A R G O R P D
O E T M T A E C N E L I I H C
N D A H D R K T S O M N D O M
T N D D O N A R C U S F E T L
I L O S E R O T T H R I R O I
C C L U B H O U S E E E T O T
K A C S S W E U M S C L A M G
E S M I R L O I G N A D E D R
T H N N S E T H U H P D H G O
W I N B Y A N O S E B W D B T
F E C A L P N N C O D R A L T
G R G F Y N B A I W A G E R E
M Y L I A D R G Y W F W D D B
```

Walt Disney and his brother Roy joined forces in 1929 to create animated motion-picture cartoons. The success of "Snow White and the Seven Dwarfs" in 1938 led to decades of Disney feature films, including those listed below.

- ☐ AFRICAN Lion, The
- ☐ ALADDIN
- ☐ ALICE in Wonderland
- ☐ ALMOST Angels
- ☐ A TIGER Walks
- ☐ BAMBI
- ☐ BIG RED
- ☐ BON VOYAGE
- ☐ CIN-DERELLA
- ☐ DUMBO
- ☐ FANTASIA
- ☐ JUNGLE Book, The
- ☐ LADY and the Tramp
- ☐ LIVING Desert, The
- ☐ MARY Poppins
- ☐ MELODY Time
- ☐ MOON Pilot
- ☐ PARENT Trap, The
- ☐ PETER Pan

- ☐ PINOCCHIO
- ☐ POLLYANNA
- ☐ RELUCTANT Dragon, The
- ☐ SHAGGY Dog, The
- ☐ SIGN of Zorro, The
- ☐ SLEEPING Beauty
- ☐ SNOW WHITE and the Seven Dwarfs

- ☐ SONG of the South
- ☐ STORY of Robin Hood, The
- ☐ SUMMER Magic
- ☐ SWISS Family Robinson, The
- ☐ TEN WHO Dared
- ☐ TOBY Tyler
- ☐ TREASURE Island

```
V E L D U M B O Y A J C C A A
J S O Y C G A G S U M M E R B
S M I D D F G R N W I C E I A
V O H S R A J G Y I I G G T M
S O C I H V L Y H N P R B S B
B N C S V E A J D H E E J O I
A A O L W M G E Y D O L E M S
N N N W S I R A R B F U J L I
N G I S W E S I Y U O C D A S
A R P D L H R S M O S T G V O
Y E P L D E I A A F V A J R N
L C A G G A Y T O H W N E T G
L I V I N G L N E F S T O R Y
O L T T N E R A P J E C S B T
P A U P G D L F V P J Y B D T
```

All the words in the list are found in the diagram in an unusual way. Each word reads clockwise or counterclockwise around the edges of a box (sometimes a square and sometimes a rectangle).

☑ ARCHIVES   ☐ NECKLACE   ☐ TAILBACK

☐ BAMBOO   ☐ PENTAGON   ☐ UNWIND

☐ BONFIRES   ☐ POLICY   ☐ UPHILL

☐ CANTERBURY   ☐ RAINFALL   ☐ VINEYARD

☐ CATTAILS   ☐ RIBBON   ☐ WANDER

☐ DAMPER   ☐ SELECT   ☐ WILD PINK

☐ DRAWBARS   ☐ SINGLE   ☐ YAMMER

☐ EXCHANGE   ☐ SONGBIRD   ☐ ZIP CODES

☐ FANJET

☐ FEEDBACK

☐ FISHER

☐ GIFTED

☐ HIRELING

☐ IMPERIAL

☐ JARGON

☐ KINGBIRD

☐ LODGMENT

☐ MERCHANT

☐ MERIDIAN

```
A Y E X L I W K A G O R I S H
R J N G D P I N T M N E F R E
D V I B B O P A N E P S N G B
O X K I R N M H C R U B O L I
R S D R C H I L L Y O R S D R
A B W A R I H P U C V E J N B
C D T S E V G L W A N T F A O
K E C E L I N E R N S E I F N
F E C K L W I S E D Z D G M E
W N E C A A D A B O I O L T N
I U J A R G R M B O P C J L L
N D N O G E E P E L Y T E R A
I A N F N I X M R I C T T A F
D O M M A H C I I L B A F I N
I R E R Y O X L A T K C S L O
```

X-rays were discovered in 1895 by German physicist Wilhelm Roentgen. The rays were so named by him because "x" is a scientific symbol for the unknown, and at first he did not understand what they were.

☐ ABSORB
☐ AIRPORT
☐ ANODE
☐ BEAM
☐ CATHODE
☐ COMPUTER
☐ DENTIST
☐ ELECTRONS
☐ ENERGY
☐ FILM
☐ GAMMA rays
☐ HIGH speeds
☐ INDUSTRY
☐ INSPECT
☐ IONIZATION
☐ LEAD
☐ MEDICINE
☐ PATTERN
☐ PULSARS

☐ RADIATION
☐ RADIOGRAPHS
☐ RESEARCH
☐ ROENTGEN, Wilhelm
☐ SCAN
☐ SCIENCE
☐ SHIELD tube

☐ STARS
☐ TARGET
☐ TEETH
☐ TUNGSTEN
☐ VOLTAGE
☐ WAVES
☐ WINDOW
☐ X-RAYS

```
V N R L R S R B T C E P S N I
N E L E C T R O N S W S P B N
D T T A N O D E Y E S R G V D
S S N D S T G A N C P A U O U
Y G Z B S T R I O I Z T E L S
Z N A W N X C M O U C S H T T
N U O E S H P A R G O I D A R
O T O I C U C U T W G T D G Y
I R E T T N P R L H A N W E A
T O V E M A E B A S O E A N M
A P R G T L Z I H E A D V E M
I R U R W H Z I C A S R E R A
D I P A T T E R N S R E S G G
A A U T M L I F I O E S R Y T
R L M G D R N A Z W I N D O W
```

Sea life was a favorite subject with artists of the Minoan culture in Crete. In fact, a dolphin fresco adorns the "Queen's Megaron," or hall, at Knossos, Crete. Here is a list about the graceful, intelligent dolphin.

- ☐ AQUARIUM
- ☐ BEAK
- ☐ BLOWHOLE
- ☐ BLUBBER
- ☐ BODY
- ☐ BOTTLE-NOSED dolphin
- ☐ BULLS
- ☐ CALF
- ☐ CETACEANS
- ☐ COASTAL waters
- ☐ COMMON
- ☐ COWS
- ☐ DIVE
- ☐ DORSAL fin
- ☐ FLIPPERS
- ☐ FLUKES (tail fins)
- ☐ GRACEFUL
- ☐ GRAYISH
- ☐ KEEN eyesight
- ☐ LEAP
- ☐ MAMMAL
- ☐ MELON (bulge on head)
- ☐ OCEAN
- ☐ PERFORM
- ☐ PORPOISE
- ☐ RISSO'S dolphin
- ☐ RIVERS
- ☐ SCHOOL
- ☐ SMOOTH skin
- ☐ SPINNER dolphin
- ☐ SWIFT
- ☐ SWIM
- ☐ TAIL
- ☐ TEETH
- ☐ TRAIN
- ☐ TRICKS
- ☐ WARM-BLOODED

```
U L Y C E T M T R E B B U L B
L R O L C E G S G T O M K R A
L W I P L U R L N T F U L W Q
S A H O C E A N T T R I C K S
E R N R P S C L R I K R W R E
K M W P R C E T A C E A N S V
U B I O A N F G I N F U E O I
L L D I O E U G N M S Q E B D
F O E S K F L I R L H A K P R
E O E E R L P O L A T S A O C
V D M B I S F U H A Y W A O B
L E O A V R B C D W M I M W F
A D T T E E T H T O O M S L I
Y O Y P R V S C H O O L A H L
F V S O S S I R D N P C B M E
```

Florida's Everglades National Park is the largest remaining subtropical region in the United States. The park, established in 1947, covers over 1,400,000 acres of wilderness including the Ten Thousand Islands area along the Gulf of Mexico and parts of the Everglades and the Big Cypress Swamp.

- ☐ AIRBOAT
- ☐ ALLIGA-
  TORS
- ☐ BASS
- ☐ BOBCATS
- ☐ COAST
- ☐ COUGARS
- ☐ CYPRESS
- ☐ DEER
- ☐ DROUGHT
- ☐ FERNS
- ☐ FIRES
- ☐ FISH
- ☐ FLAMINGO
- ☐ GRASS
- ☐ INDIAN
- ☐ LAKE
  Okeechobee
- ☐ MANATEE
- ☐ MOSS
- ☐ NATIONAL
  Park
- ☐ NEST
- ☐ OPOSSUM
- ☐ ORCHIDS
- ☐ OTTER

- ☐ PANTHERS
- ☐ PEAT
- ☐ PELICANS
- ☐ RACOON
- ☐ RANGERS
- ☐ SAND

- ☐ SNAKES
- ☐ STORK
- ☐ SWAMP buggy
- ☐ TRAIL
- ☐ VINES
- ☐ WILDLIFE

```
N T H T R S R A G U O C K A O
I A S R A I E I P Y G N L S M
K S T A C B O B P T N L B E U
E E N I O F U P E L I C A N S
D K N L O C E F P G M S S I S
D A A I N N I R A R A F S V O
D N I L B L A T N A L B D T P
L S D S D D O L T S F L I K O
L D N L S R T E H S C Y H F A
G P I E S O S S E R P Y C I I
S W E K S U M H R T S T R R R
A W R A N G E R S T A B O E D
Y A N G T H S C O I O N E S T
D D I O T T E R S A F D A O B
U S R B O C K E T B S W A M P
```

In this puzzle, all of the words below can be followed by VILLE to form the names of cities and towns in the United States.

- ☐ ABBE
- ☐ ADAMS
- ☐ BOONE
- ☐ CARTERS
- ☐ CENTER
- ☐ CLARKS
- ☐ COLLINS
- ☐ DALE
- ☐ DAN
- ☐ FAYETTE
- ☐ GAINES
- ☐ GRAYS
- ☐ GREEN
- ☐ HAWKINS
- ☐ HOGANS
- ☐ HUNTS
- ☐ JACKSON
- ☐ JEFFERSON
- ☐ KNOX
- ☐ LAWRENCE
- ☐ LEWIS
- ☐ LOGAN
- ☐ LOUIS
- ☐ MAPLES

- ☐ MARTINS
- ☐ MILLEDGE
- ☐ NASH
- ☐ PLANTERS
- ☐ ROGERS
- ☐ ROSE
- ☐ ROSS
- ☐ RUSSELL

- ☐ SPRING
- ☐ THOMAS
- ☐ VICTOR
- ☐ WATSON
- ☐ WEST
- ☐ WOOD
- ☐ WRIGHTS
- ☐ YOUNT

```
R H A W K I N S A M O H T A U
O O C H R X V P P A S T N U H
S I S P R I N G L R M D R O K
S U I E C S G N A T I E G I O
S E U T U D G H N I T A H L J
F R O G E R S O T N N R B E U
L R L F E U S K E S N E C B J
F A Y E T T E C R O N N S J E
H D N S A E G W S A E E Y J M
S A X W N A D R G R L N A S H
N M N O W I E O W A E C R E E
K S O O N F L A D E K T G L N
T B J D F K L L E S S U R P I
S I W E L R I Y O U N T E A W
W H J K U B M N I C V O L M C
```

Search the diagram for these names of women who appear in the Bible, from Abigail, the wife of David, to Zeruiah, Joab's mother.

☐ ABIGAIL   ☐ LYDIA   ☐ RHODA
☐ AHLAI   ☐ MARTHA   ☐ RUTH
☐ APPHIA   ☐ MARY   ☐ SALOME
☐ ATHALIAH   ☐ MIRIAM   ☐ SARAH
☐ BASEMATH   ☐ NAAMAH   ☐ SUSANNA
☐ CHLOE   ☐ NAOMI   ☐ TAMAR
☐ CLAUDIA   ☐ NEHUSHTA   ☐ ZERESH
☐ DAMARIS   ☐ RACHEL   ☐ ZERUIAH
☐ DEBORAH
☐ DELILAH
☐ DINAH
☐ DORCAS
☐ ELISHEBA
☐ ESTHER
☐ EUNICE
☐ HAGAR
☐ HANNAH
☐ HERODIAS
☐ HODESH
☐ JAEL
☐ JUDITH
☐ KEZIA
☐ LEAH
☐ LOIS

```
S A I H S A E S L M D O I Y R
Y I T C I A D L L E A J T T A
C U O H S E R E Z A M R L J I
R P P L S H S A B J A H T S D
D P E O I U I E H O I O M H U
A Y C E S T H E R T R D T O A
T P I A A S Z E R U I A H T L
A M N A I Z E K N D M D H T C
M N U L D M T M H E I A U A Z
A D E D O R C A S L L M H J L
R I J L R L I A G I B A O Y A
Y A A G E R B L A L M R D A O
S S G L H L E H C A R I E Y N
D I N A H A N N A H A S S O S
P A E Z H A C N C H P S H U H
```

Female sleuths have come a long way from the days of Nancy Drew. Today, women detectives are commonly featured in novels, movies, and television series.

- ☐ ANSWERS
- ☐ CARLOTTA Carlyle
- ☐ CHASE
- ☐ CLUE
- ☐ DANGER
- ☐ DETECTIVE
- ☐ DISCOVER
- ☐ EXAMINE
- ☐ FACT
- ☐ FIND
- ☐ GUMSHOE
- ☐ HEROINE
- ☐ HIDDEN
- ☐ INSPECT
- ☐ INVESTI-GATE
- ☐ JUDY Hill
- ☐ KATE Fansler
- ☐ KINSEY Millhone
- ☐ LAURA DiPalma
- ☐ LAWYER
- ☐ LEGAL
- ☐ MYSTERY

- ☐ NOVEL
- ☐ PERIL
- ☐ PLOT
- ☐ POLICE
- ☐ PRIVATE eye
- ☐ QUESTION
- ☐ REASON
- ☐ SARAH Nelson
- ☐ SEARCH

- ☐ SHARON McCone
- ☐ SOLVE
- ☐ STORY
- ☐ STUDY
- ☐ TRACK
- ☐ TRAIL
- ☐ V.I. WARSHAWSKI
- ☐ WILLA Jansson

```
V C H A S E T R A I L J H A S
T I Q E Y S Y E S N I K N T Y
R P W X T T E R J S T Q O T Q
A R U A L A E A N P U R S O F
C F W M R W G E R E Y W A L L
K A E I S S D I S C O V E R A
D C T N L D H T T T H V R A G
M T A E I L I A S S I O R C E
F K V H Y O A T W T E X O P L
I O I P N R R R C S E V L O S
N O R A H S E E T A K O N L P
D F P A T G T T H R T I O I J
V C R U N E O H S M U G J C P
V A D A D I A V N Y L I R E P
S Y D U J U C L U E M T G E O
```

Cotton was first cultivated about 5,000 years ago by the people who lived in what is now Pakistan. Today, China is the world's leading cotton producer.

- ☐ BAGS
- ☐ BLANKETS
- ☐ BROCADE
- ☐ CALICO
- ☐ CAMBRIC
- ☐ CANVAS
- ☐ CHENILLE
- ☐ CLOTHING
- ☐ COATS
- ☐ CORDUROY
- ☐ DENIM
- ☐ DIAPERS
- ☐ DRAPERIES
- ☐ DRESSES
- ☐ FABRIC
- ☐ FLANNEL
- ☐ GABARDINE
- ☐ GAUZE
- ☐ GINGHAM
- ☐ GLOVES
- ☐ HATS
- ☐ JERSEY
- ☐ LACE
- ☐ MUSLIN
- ☐ PERCALE
- ☐ RUGS
- ☐ SHEETS
- ☐ SHIRTS
- ☐ SUITS
- ☐ TENTS
- ☐ TEXTILE
- ☐ THREAD
- ☐ TICKING
- ☐ TOWELS
- ☐ TROUSERS
- ☐ TWINE
- ☐ VOILE

```
E W N D L D I O I Y E S R E J
Z M S D A R U G S L L G G W A
U U Y R C E X V I H L N S N B
A S G A E S R O E L I T X E T
G L T P H S V H D H N R A K E
M I N E D E U S T N E T T D H
R N E R K S N O D I H N A S C
H T P I L N L I R D C C E A R
S D A E A C A K D T O K N N M
U C W S R P I L L R S V I Z A
I O A H E C I R B M A C W N H
T A A R E D A D B S B B T T G
S T S S E V O L G A G N A U N
S S H F L A N N E L F A L G I
C A L I C O R D U R O Y B O G
```

*Before you can loop the words in the list below, you must first fill
in the circles in the diagram with the missing vowels A, E, I, O, and
U. We have filled in one word for you.*

☑ ALIVE   ☐ PLENTY   ☐ STAIN
☐ BAGEL   ☐ PREFER   ☐ STUDIO
☐ BARGE   ☐ PURGE   ☐ TEASE
☐ BEZEL   ☐ RECORD   ☐ TEETH
☐ BOOST   ☐ RECRUIT   ☐ TOAST
☐ BUNDLE   ☐ REPEAT   ☐ TRELLIS
☐ CAMEO   ☐ SHADE   ☐ VIOLA
☐ CAMERA   ☐ SHIELD   ☐ WINCE
☐ CINEMA
☐ CLOUT
☐ DEBATE
☐ ELBOW
☐ FORMAL
☐ GALLERY
☐ ISLAND
☐ MAPLE
☐ MARBLE
☐ MATRON
☐ MIMIC
☐ NEURON
☐ NOTICE
☐ OBTAIN
☐ PAINT
☐ PLEAD

```
D N ○ ○ T S Ⓐ Ⓛ Ⓘ Ⓥ Ⓔ M N Y W
T Z G D R P C ○ C N ○ W L W F
○ C Y B ○ ○ ○ V D C P ○ C T Z
○ Y B R F R M ○ ○ D T B L M D
S H ○ D ○ C ○ ○ N B P L ○ ○ H
T R N P R L ○ ○ C V T ○ ○ T Z
M G ○ G P P L ○ N T Y ○ T R G
N ○ ○ T S C ○ S T ○ D ○ ○ M
T L R S ○ ○ C H G C L F ○ N R
C G ○ B T S ○ L L ○ R T R ○ B
○ ○ N L ○ N S ○ T ○ B C L H
B ○ N D L ○ ○ V N M G ○ ○ P T
F C Y D C ○ M ○ M F R G R ○ ○
Y ○ S ○ ○ T ○ B ○ D ○ ○ L M ○
B ○ Z ○ L P P V L B B B G F L T
```

After you loop all these cities and towns from our Mystery State, the remaining letters will reveal the name of the state, its nickname, state tree, and state bird, which are given on page 277.

- ☐ ALBERTA
- ☐ ATKINS
- ☐ BASSETT
- ☐ BON AIR
- ☐ BOYCE
- ☐ BRISTOL
- ☐ CAPRON
- ☐ CLOVER
- ☐ FAIRFAX
- ☐ FLOYD
- ☐ FRIES
- ☐ GOSHEN
- ☐ HALIFAX
- ☐ HAYSI
- ☐ IVOR
- ☐ JARRATT
- ☐ KELLER
- ☐ LOUISA
- ☐ MADISON
- ☐ MARION

- ☐ MELFA
- ☐ MINERAL
- ☐ MONTEREY
- ☐ NORFOLK
- ☐ ONLEY
- ☐ ORANGE
- ☐ PAINTER
- ☐ RESTON

- ☐ RICHMOND
- ☐ ROANOKE
- ☐ ST. PAUL
- ☐ STUART
- ☐ SUFFOLK
- ☐ VERONA
- ☐ VINTON
- ☐ WINDSOR

```
N V V H A Y S I T R A U T S O
I O E R G I F N I V I N T O N
A O R K L A T R E B L A D D L
R O O F O M R I I N I F N N E
E O N M O N T E R E Y A O O Y
V X A F I L A H T N S I F R B
O M E L F A K O L N R R N A O
L U A P T S B K R A I F O N R
C W E D N R L R M C T A R G E
I N G I I O A D H O T X P E L
G W K S F S T M I N E R A L L
O T T F I D O S O D S C C A E
A O U U R N D N E H S O G I K
L S O N D I J A R R A T T A L
F L O Y D W R O V I B O Y C E
```

162

Labor unions try to improve the wages, hours, working conditions, and job security of their members. The first nationwide labor unions were developed during the mid-1800s, with The Knights of Labor, established in 1869, as the first successful national union.

- BALLOT
- BARGAINING table
- BENEFITS
- CAUSES
- COLLECTIVE bargaining
- CONTRACTS
- EMPLOYEES
- EMPLOYERS
- EQUALITY
- ESCALATOR clause
- FUTURE
- GAINS
- GOALS
- GOOD pay
- HISTORY
- INSURANCE
- JOBS
- LABOR
- LEADERS
- MEMBERS
- NEGOTIATE
- ORGANIZED

- PAID vacation
- PENSION
- PROGRESS
- PROTECT workers
- RIGHTS
- SECURITY

- TUITION refunds
- UNEMPLOY-MENT benefits
- VOICE
- WAGES
- WORKING people

```
S E M P L O Y E E S E S U A C
N M N O I S N E P Q H P V U T
I P O R G V G H U S D L N F O
A L A B O R G A N I Z E D U L
G O J I O T L Y S O M U S T L
N Y C E D I A S R P I T G U A
I E V I T C E L L O C T N R B
K R L Y N R R O A A T P I E I
R S D E G S Y I R C P S N U S
O K R O A M U T G R S E I L T
W W R E E D N R O H F E A H D
O P R N B O E T A I T O G E N
O U T T C M E R T N G S R A T
Y T I R U C E S S J C M A U W
J O B S T Z S M V G W E B K W
```

Nearly every task in life requires some concentration or preplanning. So get your thoughts in order and find all the words below in our diagram.

- ☐ ALPHABETIZE
- ☐ ARRANGE
- ☐ CATALOG
- ☐ CATEGORY
- ☐ CLASS
- ☐ CODE
- ☐ COLLATE
- ☐ COMPUTER
- ☐ COORDINATE
- ☐ DATA
- ☐ DESIGN
- ☐ DESK
   calendar
- ☐ FILE
- ☐ FIXED
- ☐ FORMULA
- ☐ GATHER
- ☐ GROUP
- ☐ INDEX
- ☐ LIST
- ☐ METHOD
- ☐ NEAT

- ☐ NUMBER
- ☐ ORDER
- ☐ ORGANIZE
- ☐ PATTERN
- ☐ PLACE
- ☐ PLAN
- ☐ RANK
- ☐ RECORD

- ☐ REGISTER
- ☐ SCHEDULE
- ☐ SEQUENCE
- ☐ SIZE
- ☐ TABLE
- ☐ TIDY
- ☐ TRIM
- ☐ UNIFORM

```
D E T F Y S R Q N A H R S D D
O C O O R D I N A T E C O R C
R Y M R O F I N U R E T K E G
D M K M G P C T R S R L G H P
E A A U E A O A C E S A B T A
R C T L T N N O G Z C A N A T
D P N A A K M I K I H O L G T
B O L E C P S H Z T E X R C E
Y O H B U T F I X E D N I D R
G H D T E Q H D R B U N E C N
G T E R E I E E T A L L O C O
D R C C I M B S M H E D T L K
R E A D M M S I L P E L I X S
H L G P U O R G G L L S I Z E
P L A N Y T R N E A T E N F D
```

Instead of reading in a straight line, each word has one bend in it One word has been looped for you.

- ☐ ANCESTOR
- ☐ ANNUAL
- ☐ ART DECO
- ☐ BARBECUE
- ☐ BATTERY
- ☐ CASCADE
- ☐ CLERK
- ☐ CONCERTINA
- ☐ DUPLEX
- ☐ EMERALDS
- ☐ ENSIGN
- ☐ FAST-FOOD
- ☐ GAZE-HOUND
- ☐ HAMSTER
- ☐ IGLOO
- ☐ JITTERBUG
- ☐ KETCHUP
- ☐ LETTERGRAM
- ☐ MINGLE
- ☐ NECKTIE
- ☐ NICKEL
- ☐ ORACLE
- ☐ ORNAMENT
- ☐ PASTIME
- ☐ PITCH
- ☐ RADISH
- ☐ RIBBON
- ☐ SPIKENARD
- ☐ TURTLE
- ☐ UNITED
- ☐ VENUS
- ☐ VICTORY
- ☐ WIDE-EYED
- ☑ ZIGZAG

```
J X E L R X D R O T S E Z N J
X I P I O R N A M E C D D T A
G U B R E T U B N N O A I C K
D B N O T M O T A O R P S H E
O P H I F G B H F T P U H C T
N A J V T A X T Y S T E R Y A
M S T E R Z S G L E P K V B D
F T D B V T G N V E R I S N E
A I E C U E V I E K C G K K R
O M L R A A N M Z C T N V E B
H U T U L R L U K I O E L C N
E Z N D Z E S T O N R C N A A
Z N S D T M I B L C Y O R R D
A N I T R E C N O G E D T O E
G B E R G R A M O W I D E E Y
```

There are many 6-letter words hidden in the two diagrams below, but only 7 words are in BOTH diagrams! Can you find them?

Word list on page 277

HERE

```
C H R Z B K T M S S S H
S M Y O P R K G O R L I
K C H T O A S I M L O D
L L P S T B N W B G C D
E G E V C S M T E H K E
S R Z V E A G A R D E N
I M M C R D M R B Y R B
U Y T I L A I C O S W W
R C N V D P M Z L F G M
C A K L K F L O W E R F
```

YOUR LIST OF
6-LETTER WORDS

THERE

```
F N K F C O S W S G Z R
W L K N Y T O I F L E R
D W O T G N N B N B K Z
G O R W R S S O M B E R
W R M E E F N U N A C E
G K E C N R L E P D B D
B E T M E C D D D D R D
G R N B M D H S M R M A
H G H R I A P E R Z A L
Z E P H Y R H D W H L G
```

Early barbers not only trimmed hair but were surgeons as well. The two professions were cut apart during the reign of Henry VIII by a decree which stated that barbers couldn't perform surgery and surgeons couldn't practice "barbery"!

- ☐ ADVICE
- ☐ APPRENTICE
- ☐ BUSINESS
- ☐ CARE
- ☐ CHAIR
- ☐ CLIPPERS
- ☐ COMB
- ☐ CONVER-SATION
- ☐ CUSTOMER
- ☐ CUT HAIR
- ☐ DRYER
- ☐ FACIAL
- ☐ HOT TOWELS
- ☐ LEARN
- ☐ LICENSE
- ☐ MIRROR
- ☐ PEOPLE
- ☐ POLE
- ☐ PRICES
- ☐ PRODUCTS
- ☐ RAZOR
- ☐ REGULARS

- ☐ SCHOOL
- ☐ SHAMPOO
- ☐ SHAVE
- ☐ SHAVING MUG
- ☐ SHEARS
- ☐ SHOP
- ☐ SKILL

- ☐ STYLE
- ☐ TALENT
- ☐ TIPS
- ☐ TONIC
- ☐ TOOLS
- ☐ TRIM
- ☐ WORK

```
H T L M U V T S L Z E E T Z C
E V A H S O R E Y R D R S H S
T F W L S A A S C N C L G K P
C O N V E R S A T I O N I A I
E O O H N N R S N Y V L D H T
C U S L I E T O B R L D B O G
I W C H S C T R R A M E A T M
T O H G U M G N I V A H S T F
N R O D B M O C A M I R R O R
E K O P E P A O H N A S E W G
R R L K M F R T T L R H P E G
P I O N A A T I U P E O P L E
P B A Z E H H G C H L P I S Z
A C Y H A A E S N E C I L M R
L H A L C R E M O T S U C Z V
```

Round out the picnic season in style with a Labor Day outing complete with flaming grill and paper plates. Have a great time and don't forget to take along this puzzle about cooking out!

☐ APRON
☐ AROMA
☐ BARBECUE
☐ BUNS
☐ CHARCOAL
☐ CHEF
☐ CHICKEN
☐ COLESLAW
☐ COOK
☐ DISH
☐ FORK
☐ FRIENDS
☐ GRILL
☐ HAMBURG-
   ER
☐ HIBACHI
☐ HOT DOGS
☐ INSECTS
☐ KETCHUP
☐ LAWN
☐ MUSTARD
☐ ONIONS
☐ OUTDOOR

☐ PARTY
☐ PATIO
☐ PLATES
☐ POOL
☐ RELISH
☐ SALAD
☐ SALT

☐ SAUCE
☐ SMOKE
☐ SODA
☐ SPIT
☐ STEAK
☐ TONGS
☐ YARD

```
D W N I N E K C I H C H E F K
R E H N H O H U A M O R A W A
A D O S Y A R D U P T H S I D
S R T E R Y A S A U C E H U P
E M D C H L T E N G C C O U L
T I O T A A U R N W A O H E D
A A G S R C M Y A B U C O F N
L C S D E L B B I P T B U K W
P G I B T K O H U E K F T O A
K S R E Q B O L K R T R D I L
P A T I O L O M E B G I O U S
B L E I L O N L S P U E O F E
O T D T P L I A P R O N R A L
R U W E S S G N O T A D S U O
A G W C H G O N I O N S L W C
```

In 1942 Walt Disney followed his successful "Dumbo" with "Bambi," another heartfelt animated film. A perennial favorite, "Bambi" is based on the 1923 book by Felix Salten.

- ANTLERS
- BAMBI
- BIRDS
- BLIZZARD
- BLOSSOMS
- BUCK
- BUTTERFLY
- CHIPMUNKS
- DANGER
- DEER
- DISNEY
- DOE
- FAMILIES
- FATHER
- FAWN
- FEAR
- FIRE
- FLOWER
- FOREST
- GRASS
- GRAZING
- LIFE
- LOVE
- MEADOW
- MOTHER
- PRINCE
- RABBIT
- SEASONS
- SKUNK
- SNOW
- SPRING
- STAG
- SUMMER
- THICKET
- THUMPER
- WATERFALL
- WINTER

```
P L S F C R F F C R D Y N R G
U T E R D R E G N A D L R N Y
F L O W E R T H W D G F I D R
L T K M S L A A T S E R O F A
D F M G O Z T Z K O P E A B E
I U I N N E A N Z S M T R S F
S G G R R I U B A I H T B L S
N W A F E M Z F M E L U V T P
E R A K P T K A R T I B B A R
Y L Y I M C N M R V K L R W I
L F H S U F U I K G S N O W N
K C B B H Z K L W C G D B V C
B E L U T M S I B M A B R O E
H G T H I C K E T E T K R I P
R S N O S A E S M O S S O L B
```

Be a hit with your Word Seek solving friends by finding all of the hidden words and phrases of at least 4 letters that name things that can be hit in one way or another. One word has been looped to start your list.

Word list on page 277

B   ASEBALL   P _____   S _____

B _____   R _____   S _____

B _____   R _____   S _____

B _____   R _____   T _____

B _____   S _____   V _____

B _____   S _____   X _____

B _____

C _____

C _____

D _____

D _____

F _____

F _____

G _____

G _____

H _____

J _____

L _____

L _____

M _____

N _____

P _____

```
S H N B R I C K S K O O B N X
X W A U G S D I K S L M U R D
R Y I T F N H D C H M Y C I L
E Z L T U M T T E G R A T G A
Z J U O C O S I D E O R P H B
Z S R N P H G T T F O O R T L
U G E K G H R T R A L J P N L
B U C M T N O O D A F L U O A
O A B S I L N N C C H O C T B
J K S H U T T L E C O C K E Y
Y C R E P Y G N I L I E C K E
T A G A B G N I H C N U P S L
Y S G I M A B C B D H H P A L
X E F N S O L I M I T O O B O
K W M J E P H L S K T G W V V
```

Horseshoe pitching originated about 100 A.D. in Roman army camps. Though popular in America since Colonial times, the game had no set rules until 1914.

- ☐ BACKYARD
- ☐ BOX
- ☐ CALK
- ☐ CANCEL
- ☐ CHAMPION
- ☐ CLAY
- ☐ CLOSE
- ☐ COURT
- ☐ DISTANT
- ☐ FLIP
- ☐ FUN
- ☐ GAME
- ☐ GRIP
- ☐ GROUND
- ☐ INNING
- ☐ LAND
- ☐ LEANER
- ☐ MEASURE
- ☐ PARTNER
- ☐ PITCH
- ☐ PLAY

- ☐ POINTS
- ☐ PRACTICE
- ☐ RINGER
- ☐ RULES
- ☐ SAND
- ☐ SCORE
- ☐ SPORT

- ☐ STAKE
- ☐ TALENT
- ☐ TEAM
- ☐ THROW
- ☐ TOSS
- ☐ TOUCHING
- ☐ TOURNAMENT

```
T M A T R H L P I R G F G S K
I M C A P D A P W F G K W A N
N O L L I R U K O D N I D I L
M M A E T A A T R I I D F W O
A Y Y N C L K C H E N G A M E
T D E T H D I S T A N T B R T
G R O U N D A T S I I A S P R
T F U N X E W R H O C K E I O
C L M O T X M C U K T E N L P
E B B I C T U A Y L M G H F S
P A A P H O C A N C E L U T Y
K X X M T C R P E R U S A E M
O K L A C D B L O M U K O N M
W P B H A E A C A B E O D L D
A L W C C X S N P N X X T K C
```

Numismatics is the study of coins and medals and is known to hobbyists as coin collecting. You'll enjoy a "change" of pace as you solve this puzzle about coin collecting.

- ☐ ALBUM
- ☐ ANCIENT
- ☐ BRONZE
- ☐ CATALOG
- ☐ CLUB
- ☐ COMMEMORA-TIVE
- ☐ COPPER
- ☐ CURRENCY
- ☐ DATE
- ☐ DEALER
- ☐ DOMESTIC
- ☐ EDGES
- ☐ FAIR
- ☐ FINDS
- ☐ FINE
- ☐ FOLDER
- ☐ FOREIGN
- ☐ GOLD
- ☐ GOOD
- ☐ GRADE
- ☐ HANDLE
- ☐ HOBBY
- ☐ MAGNIFYING glass
- ☐ METAL
- ☐ MINT mark
- ☐ NUMISMATICS
- ☐ PROOF
- ☐ PURCHASE
- ☐ RARE
- ☐ SERIES
- ☐ SILVER
- ☐ SORT
- ☐ SURFACE
- ☐ UNCIRCULATED
- ☐ VALUE
- ☐ WEAR

```
N R C N T Y S O R R I A F Y F
V F O L D E R C Z D L O G B P
H M M G I A D D U B O T C B D
L D M R R P E G E R R E V O L
A H E E O A O L P S R O M H D
T S M T L L D A N C I E N T A
E L O E A N T E N I S D N Z T
M C R T A L L N G T R G O C E
E S A H C R U P I A Z E U O Y
I C T F G V G C E M E S T P G
W I I V R P B L R S U M F P E
R N V A L U E D O I D B G E G
E R E V L I S R F M C N L R W
R W V C S G T D W U M N I A B
W M A G N I F Y I N G F U F U
```

In card-playing lingo, spot cards are playing cards whose values are represented by the appropriate number of heart, spade, diamond, or club symbols. Face cards feature drawings of figures for identification. Below are words associated with playing cards.

☐ ACES
☐ BLACKJACK
☐ BRIDGE
☐ CANASTA
☐ CASINO
☐ CHANCE
☐ CLUBS
☐ CRIBBAGE
☐ DECK
☐ DIAMONDS
☐ EUCHRE
☐ FACE cards
☐ FIVE
  hundred
☐ GAMES
☐ GIN
  RUMMY
☐ HEARTS
☐ JACKS
☐ KINGS
☐ LUCK
☐ PACK
☐ PATIENCE
☐ PICTURE
  cards

☐ PINOCHLE
☐ PIQUET
☐ POKER
☐ QUEENS
☐ RED DOG
☐ RULES

☐ SKAT
☐ SKILL
☐ SOLITAIRE
☐ SPADES
☐ SPOT cards
☐ SUITS

```
C S P A D E S T R A E H F G C
S T I U S P G K L R P S P O A
K R Q K O U R D I A M O N D S
E R U T C I P A C L K P S D I
U H E L G A T K E E L B T E N
P R T L E I J C R V U I A R O
I A I O L S N K H L U C K I J
N E T O Q A F R C A N A S T A
O G S I U V T R U A N I C S T
C A K V E V I F E M L C E G E
H B C M E N H A R T M B E G P
L B A E N I C C D R R Y D A K
E I J G S F U E S G N I K M S
D R D B G L C U O J R C N E N
F C Q L V K A C R B U G T S T
```

Springboks are antelopes found on the grasslands of southwestern Africa. They are so named because they distract predators by springing up about 6½ feet into the air and then galloping off.

- AFRICA
- ANGOLA
- ANTELOPE
- BLACK
- BOTSWANA
- BROWN
- CHEETAHS
- COAT
- CURVED HORNS
- EARS
- ESCAPE
- FAST
- FRINGE
- GALLOP
- GAME FARMS
- GAZELLE
- "GOAT OF THE FAN"
- GRACEFUL
- GRASS- LANDS
- HAIR
- HERDS
- HOOFS
- JUMP
- LEAP

- LIONS
- LONG LEGS
- PLAINS
- PREDATORS
- QUICK
- RESERVES
- SLENDER

- SMALL
- SPRING
- STRIPE
- TAIL
- WANDER
- WHITE
- WILD

```
J H B N T L Q U I C K D L I W
L E C O A T K P H P M U J S F
L I T B T F T E A T F J G R Q
P L A I N S E V R E S E R O A
G T E T H T W H C P L P E T G
R E D N A W A A T G P O I A B
A L J H C L R L N F B L M D S
S V S C I G M O O A O E B E P
S C E O R Q L U H G F T L R R
L M N P F G B F E A N N A P I
A S A E A R S P R Z I A C O N
N F M L O C I M D E C R K K G
D O L W L R S N S L E N D E R
S O N Z T E J E G L T S A F A
P H I S N R O H D E V R U C A
```

Ventriloquism is an entertaining and fascinating hobby. Beginners should start with characters that have a moving head, mouth and eyes. With experience, they can advance to characters with more sophisticated features such as winking eyelids, moving eyebrows, and hands that extend and shake.

☐ ACTS
☐ AUDIENCE
☐ BREATH control
☐ COMEDY
☐ CONTRAST voice
☐ CONVERSE
☐ COSTUME

☐ DISTANT voice
☐ DOLL
☐ DUMMY
☐ ENTERTAIN
☐ EXHALE
☐ EXPRESSION
☐ EYES

☐ FUNNY
☐ HOLD
☐ HUMOR
☐ ILLUSION
☐ INHALE
☐ LAUGH
☐ MIMICRY
☐ MOUTH
☐ MUFFLED speech
☐ PARTED lips
☐ PARTNER
☐ PERFORM
☐ PRACTICE
☐ PUPPET
☐ REACTIONS
☐ RELAX
☐ ROUTINE
☐ SHRUG
☐ SPEAK
☐ TALENT
☐ TALK
☐ VOCAL cords
☐ VOICE

```
N N N K P E P L A C O V Y C C
Y F I L L U S I O N Y M I M N
M S A A P A H N K Y M K K X L
V V H P T M T R O U T I N E A
O N E L N R A U D I E N C E U
I T M T A L E N T E T I N X K
C K U S T T R T X S T C A P V
E F T Y S P B H N C D L A R P
Y B S H I Y A D A E E R L E O
E H O P D L K R L R T L R S R
S T C E E L P F T E F F B S E
H U M O R A F B D N O U K I P
X O U X G U K E S R E V N O C
C M L N M G M I M I C R Y N P
L L O D T H E G U R H S V S Y
```

After you have heard two eyewitness accounts of an incident, you begin to wonder about history.

☐ ADVENTURE

☐ ANCIENT

☐ ARCHIVE

☐ BOUNDARY

☐ CIVILIZATION

☐ CONQUER

☐ COURSE

☐ CULTURE

☐ DATE

☐ DEVELOP

☐ DISCOVER

☐ DOCUMENT

☐ DRAMA

☐ DYNASTY

☐ EMPEROR

☐ ERA

☐ EVENT

☐ EXPEDITION

☐ FEAT

☐ GOVERN

☐ HERITAGE

☐ HERO

☐ INVENT

☐ LAND

☐ LEGEND

☐ MEMORABLE

☐ MONUMENT

☐ NATION

☐ PAST

☐ RECORD

☐ REFORM

☐ RULE

☐ SETTLER

☐ TRADITION

☐ TREATY

☐ VOYAGE

☐ WORLD

```
T Z E R U T N E V D A T E L E
N M L R P N G Y T S A N Y D T
B O U N D A R Y U E O T A R N
T N R W T C S R F I A R A A E
L U E I C I E T T E C D X M I
M M R P T V E A R H I N R A C
S E S F O I N T I T F O P U N
H N M C E L E V I Z F I L R A
S T S O S I E O R E L T T E S
G I Y N R Z N V R O U I Q C V
D O Q Q U A C V E R R D Q O O
L R V U O T B T E D Y E U R Y
R E A E C I Y L A N D P P D A
O H O R R O E V E N T X O M G
W L E G E N D O C U M E N T E
```

Jai alai is a handball-like game from Spain played on a three-walled court called a fronton. The ball is hurled with a wicker basket, which is strapped to the player's arm.

- ☐ ACTION
- ☐ AIM
- ☐ ANGLE
- ☐ ATHLETE
- ☐ BACK wall
- ☐ BALL
- ☐ CATCH
- ☐ CHALLENGE
- ☐ COMPETE
- ☐ COURT
- ☐ FAST
- ☐ FAULT LINE
- ☐ FRONT wall
- ☐ GLOVE
- ☐ HURL
- ☐ LATERAL
- ☐ MOTION
- ☐ NARROW basket
- ☐ PASS LINE
- ☐ PLAY
- ☐ POINTS
- ☐ REBOTE
- ☐ RETURN
- ☐ RISKY
- ☐ ROUGH
- ☐ RUNNING
- ☐ SCORE
- ☐ SERVE
- ☐ SHOT
- ☐ SIDE wall
- ☐ SKILL
- ☐ SPECTATORS
- ☐ SPORT
- ☐ SUSPENSE
- ☐ TEAM
- ☐ THROW
- ☐ WICKER basket
- ☐ WINNER

```
S Y Y R Y S C E U L T G M H H
S E S K K M A K U W L R E G K
C N S I K N T G O O E G U F A
O I L H G M C R V C P O B O N
R L R L O P H E N A R R O W C
E T E L H T A V S O G N M E L
N L N H U R L S T N I O P M N
N U B O Y A L P I R E T U R N
I A I Y R I E N N D T P O K G
W F Y E N F N R A R E S S M E
E C T E V U G O E C P P O U U
L A S E R V E K I B M O M F S
L N A S P E C T A T O R S N P
A I F T K I E C Y I C T N I A
B V A I W G K A W N M A E T I
```

Can you find all the 6-letter words containing double consonants in the diagram below? We have looped ACCENT to get you started.

Word list on page 280

A <u>CCENT</u>

B _____

B _____

B _____

B _____

B _____

B _____

C _____

C _____

C _____

C _____

C _____

D _____

F _____

F _____

F _____

G _____

G _____

H _____

J _____

K _____

K _____

L _____

L _____

M _____

M _____

N _____

N _____

N _____

O _____

S _____

S _____

S _____

V _____

W _____

W _____

Z _____

```
H L A N R S B S R E P P I Z F
D A A G Y U A J I G G L E I J
T L M D H P N O S S E L Z J N
E O E M D P N S B U Z Z E R I
F E R N E E E E Y Z L N H I B
F K F R N R R P I E L F F A B
U T T F A E U S N O I U A O L
B M E U O C K B T D N G T J E
P I G A C C W A D N D T G M E
O R G O V O L L E Y O L C V L
L R U C B S E L J M I T C P D
L O N B I B G (A C C E N T) K D
A R L O C G L D A P P E R O U
G E I K I T T E N N O M M O C
H T T W O R R A N L E S S U M
```

It's welcome to the big time with this word seek puzzle. The list contains words that follow THE BIG in movie titles.

☐ BEAT

☐ BLUFF

☐ BOODLE

☐ BOUNCE

☐ BRAWL

☐ BROADCAST

☐ BUS

☐ CAGE

☐ CAPER

☐ CARNIVAL

☐ CIRCUS

☐ CITY

☐ CLOCK

☐ COMBO

☐ COUNTRY

☐ CUBE

☐ FIX

☐ GAMBLE

☐ HEAT

☐ HOUSE

☐ KNIFE

☐ LAND

☐ LIFT

☐ MOUTH

☐ NIGHT

☐ OPERATOR

☐ PARADE

☐ PICTURE

☐ POND

☐ RISK

☐ SCORE

☐ SHOW

☐ SKY

☐ SLEEP

☐ STEAL

☐ STORE

☐ STREET

☐ TRAIL

☐ WAVE

☐ WHEEL

```
O K G A D S G E R U T C I P B
V E W E L E L S V D M T U C G
Y C R R I S K E B R A W L N C
W B L O F Y W H E E L T S K U
S M U C T L T D H P S N A C D
U H T S A S A I E A A D R E N
C O U N T R Y C C C U B E K O
R U D R A E N D I L W M F B P
I S E P O U A I T A O U I X E
C E L D O O B L V U O C N O R
T S L B R C L E T A E B K D A
I H M B R A U H G I L I A R T
D O G T M E F X Y A F I K M O
C W X I F A F N U F C E P X R
Y A W P N D G C N H I E B A W
```

The Algonquin Indians' territory included much of eastern North America until the 1600s, when they were pushed westward after losing a war with the Iroquois. Brush up on the ABCs of the Indian nations with this Word Seek featuring names of tribes from North and South America.

- ☐ ABENAKI
- ☐ ABIPON
- ☐ ALGONQUIN
- ☐ APACHE
- ☐ ARARA
- ☐ ARAUCANIAN
- ☐ ARAWAK
- ☐ ATACAMA
- ☐ ATAKAPA
- ☐ AZTEC
- ☐ BANNOCK
- ☐ BARBACOA
- ☐ BEAVER
- ☐ BELLA Coola
- ☐ BEOTHUK
- ☐ BORORO
- ☐ CADDO
- ☐ CALUSA
- ☐ CAMACAN
- ☐ CAMPA
- ☐ CARRIER
- ☐ CAYAPA

- ☐ CAYUSE
- ☐ CHAVIN
- ☐ CHEROKEE
- ☐ CHEYENNE
- ☐ CHIBCHA
- ☐ CHICKASAW
- ☐ CHIMU

- ☐ CHINOOK
- ☐ CHONO
- ☐ CIBONEY
- ☐ COCHIMI
- ☐ COLORADO
- ☐ CONIBO
- ☐ CUNA

```
A A H C B I H C I B O N E Y A
A R A W A K E H C A P A W S E
P B A P M D A V P R P A U O N
M E E U A P D A L B S L A O I
A L O N C Y K O H A A L P A V
C L D B A A A Z K C G I N M A
O A A U T K N C H O B U U B H
T R R A A O I I N A C A M A C
Q A O K K H N Q A O V B V H O
C R L R C O U E N N E Y E H C
A A O B O I Y I T A U R T E H
Y T C K N B B O V H O M T W I
U C H O N O C E L K W Z I D M
S L H C A R R I E R A I L H I
E C C H B Q B E O T H U K I C
```

Spend your summer on the waves at full throttle with an easy-to-ride jet ski. Ask about lessons at any boat or dive shop, or at sporting goods stores that carry them.

☑ AGILE
☐ BALANCE
☐ BUOYANT
☐ CONTROL
☐ DRIFT
☐ ENJOY
☐ EXCURSION
☐ FAST
☐ FLOAT
☐ FUEL
☐ GAS TANK
☐ GLIDE
☐ HANDLE
☐ JET SKI
☐ LAKE
☐ LEAN
☐ MANEUVER
☐ MODEL
☐ MOTOR
☐ NOISY

☐ RECREATION
☐ RIDE
☐ SEAT
☐ SLEEK
☐ SPEED
☐ SPIN
☐ SPLASH

☐ SPRAY
☐ STEER
☐ STRADDLE
☐ THROTTLE
☐ TILT
☐ TURN
☐ WAVES

```
M M P C G H O T A U Y N J K E
F A Y A R P S A A N A X K N K
N N O I S Y G A C E N B M E A
L E U F G I M O L A O A E H L
W U N E L D N A H P I L E F E
L V P E N T K N A T S A G J D
K E T H R O T T L E R N N K O
X R E O G L I D E M U C R F M
M F L O A T L T F M C E U O S
S E D I S V T F A J X H T J Y
X E D E E P S I S E E O P S D
E W A D N P I R T T R D T T A
G M R T I J V D D S K C W E O
R R T N A Y O U B K J C E E T
D G S E V A W Y R I D E R R J
```

Get down to brass tacks with this challenging Word Seek containing words of 4 or more letters that are all associated with tool shops. We have looped one word for you and provided the first letters of those remaining.

Word list on page 280

A UGER _____   S _____   T _____

B _____   S _____   V _____

B _____   S _____   W _____

B _____   T _____   W _____

B _____   T _____   W _____

C _____

D _____

F _____

G _____

G _____

H _____

H _____

L _____

M _____

M _____

N _____

N _____

P _____

P _____

P _____

P _____

R _____

R _____

S _____

```
R R U U B O R O M S S T M H N
N E S T D E W T O O L S A E U
I G H T W I P W O G I M L E T
S U W S R M H A P S A D L B S
K A E E A A H A T L N D E L H
P K X L T W P A M A I N T A R
N H C L C L P W H M C E P D R
E R S I H L S E K H E D R E G
S W X R E V I R D W E R C S H
E D R R T M A C H I N I S T P
L M O E V B F G T A B L E L N
G E C G N I R T S C U L A O D
G E V U L C S A T N D N N B C
O H T E H S H E C K E L D K T
G O R U L E R S S E R P O H S
```

LOOKING FOR MISSING LIST WORD SEEKS? *You'll find them in our special collections packed with loads of entertaining Missing List Word Seek puzzles! To order, see page 93.*

First loop in the diagram all the words listed below. Then read the leftover letters from left to right, top to bottom, to discover the Wizard's Words.

Wizard Words on page 280

☐ ANCHOR   ☐ REGATTA   ☐ STRIDE
☐ ATHLETE   ☐ RELAY   ☐ TIME
☐ BATON   ☐ RIBBON   ☐ TRACK
☐ COMPETITION ☐ RUNNER   ☐ TRIALS
☐ CONTEST   ☐ SPEED   ☐ VICTORY
☐ DASH   ☐ SPIKES   ☐ WHISTLE
☐ EVENT   ☐ SPRINT   ☐ WINNER
☐ FINAL   ☐ START   ☐ YARDS
☐ FINISH
☐ FORWARD
☐ HEAT
☐ HURDLES
☐ LINE
☐ MARATHON
☐ MATCH
☐ MEET
☐ METERS
☐ OLYMPICS
☐ OVAL
☐ PACE
☐ PLACE
☐ PRIZE
☐ QUICK
☐ RAPID

```
T S T A R T W O F I N I S H Q
D I P A R S S T N I R P S I U
L Y T I E E K W K W I O C R I
M A A M G L N C H K S O I S C
W L E A A D A N E I M E P T K
S E H N T R E S I P S R M R E
T R I C T U A E E W A T Y I N
A R N H A H T T P T O A L D C
E Y R O T C I V H S T V O E S
S H E R B T M L F O R W A R D
F R Y E I B E R E N N U R L R
N I E O D T I V E Z P O D D A
C O N T E S T R E U I A T P Y
I N A A E C A L P N S R C A T
I E N I L M A T C H T E P E B
```

Actor Tony Curtis was born Bernard Schwartz and used the name Jimmy Curtis in his first film, "Criss Cross." He disliked the name and suggested to the studio the name Anthony Adverse, in honor of his "hungry childhood." Not averse to changing Jimmy, the studio did want him to keep the surname Curtis.

- [ ] BEACH-HEAD
- [ ] BOEING Boeing
- [ ] CAPONE
- [ ] CHAMBER of Horrors
- [ ] CITY Across the River
- [ ] CRISS Cross
- [ ] DEFIANT Ones, The
- [ ] DON'T Make Waves
- [ ] FLESH and Fury
- [ ] FORBIDDEN
- [ ] FRANCIS
- [ ] GOODBYE Charlie
- [ ] GREAT Race, The
- [ ] HOUDINI
- [ ] JOHNNY Dark
- [ ] KANSAS Raiders
- [ ] KINGS Go Forth
- [ ] LADY Gambles, The
- [ ] LAST Tycoon, The
- [ ] LEPKE
- [ ] MANITOU, The
- [ ] MISTER Cory
- [ ] MONTE Carlo or Bust
- [ ] NO ROOM for the Groom
- [ ] OUTSIDER, The
- [ ] PARIS When It Sizzles
- [ ] PEPE
- [ ] PURPLE Mask, The
- [ ] RAT RACE, the
- [ ] RAWHIDE Years, The
- [ ] SIERRA
- [ ] SOME Like It Hot
- [ ] SPARTACUS
- [ ] SQUARE Jungle, The
- [ ] TITLE Shot
- [ ] TRAPEZE

```
P I O M L E Z E P A R T S A L
Q E T N O M H U S O P D O N T
Z C P J H O R J E T A E R G Y
R A E E U P R K E E R S M W C
E P D D L T P O H C Q A A S H
T O I E T E N H N U A R N A A
S N H E L I C A A P A R I S M
I E W S Y A T R I N B E T N B
M S A U E B E L E F O I O A E
K S R B M L D M E D E S U K R
S I C N A R F O R B I D D E N
U R N D Y N N H O J N S U Z Y
J C Y G Y F E L U G G Y T I C
K E M O S U C A T R A P S U O
Z N J S F Y O C U D R P G E O
```

Solve this puzzle by seeking numbers instead of letters.

☐ 05465   ☐ 27806   ☐ 39888   ☐ 68711
☐ 08813   ☐ 30663   ☐ 40960   ☐ 71983
☐ 09316   ☐ 30847   ☐ 41040   ☐ 73351
☐ 09559   ☐ 30962   ☐ 45283   ☐ 73898
☐ 18423   ☐ 31897   ☐ 46250   ☐ 90887
☐ 19800   ☐ 33909   ☐ 48461   ☐ 95359
☐ 20649   ☐ 35607   ☐ 49336   ☐ 96267
☐ 20650   ☐ 35811   ☐ 49369   ☐ 96360
☐ 20968
☐ 22253
☐ 22333
☐ 23692
☐ 24807
☐ 25751
☐ 25806
☐ 25844

```
3 7 9 3 7 2 3 3 0 3 0 2 0 9 0
1 0 4 0 0 5 0 3 9 8 8 8 7 8 7
8 4 9 8 4 8 6 5 9 5 3 5 9 1 0
0 2 0 6 4 9 6 8 6 0 5 3 6 4 6
3 6 9 7 2 6 3 5 6 0 7 9 3 3 3
6 7 3 2 4 7 1 3 9 9 2 9 0 1 0
9 3 3 4 5 3 8 3 6 2 6 2 8 8 0
8 3 8 4 3 2 8 0 3 2 6 2 0 1 2
3 5 9 4 5 4 0 9 6 0 2 2 0 6 3
2 1 1 4 4 8 1 7 0 9 8 5 1 9 6
5 5 7 5 3 1 3 0 5 2 0 3 7 8 9
7 0 8 5 6 4 5 0 4 8 9 2 3 6 2
5 0 8 0 1 2 7 8 8 0 9 5 3 1 9
1 1 7 8 6 2 0 9 6 8 7 9 5 9 3
1 4 4 4 2 7 0 1 1 5 4 1 8 5 6
```

Voyageurs National Park, located in northern Minnesota at the United States-Canadian border, was created in 1971. The park, with its abundance of clear lakes and wildlife, was named for the early French-Canadian traders and pioneers known as voyageurs who traveled the area's waterways.

- ☐ ASH River
- ☐ BEAST Lake
- ☐ BLACK Bay
- ☐ BLUE herons
- ☐ BOATS
- ☐ BROWNS Bay
- ☐ CANOEING
- ☐ CRAN-BERRY Bay
- ☐ CRANE Lake
- ☐ CRUISER Lake
- ☐ CUTOVER Island
- ☐ DEER
- ☐ FORESTS
- ☐ HIKING
- ☐ JORGENS Lake
- ☐ KABETO-GAMA Peninsula
- ☐ KETTLE Falls Dam
- ☐ LOCATOR Lake
- ☐ LOONS
- ☐ LOST BAY
- ☐ MICA Bay
- ☐ MIN-NESOTA

- ☐ MOOSE Island
- ☐ MOXIES Island
- ☐ NEIL Point
- ☐ OSLO Lake
- ☐ OSPREYS
- ☐ OTTERS
- ☐ QUILL Lake
- ☐ RAINY Lake
- ☐ SAGINAW Bay

- ☐ SOLDIER Point
- ☐ SWAMPS
- ☐ TOOTH Lake
- ☐ TREES
- ☐ WAR CLUB Lake
- ☐ WILDLIFE
- ☐ WOLF Pack Islands

```
S Y S E E R T C Y W Q W W M F
P E A P N A B K R J S N O O L
M F G E N L L I U Q X S O O
A I I B U L C R A W I O P S W
W L N E D J O R G E N S R E R
S D A N E G Y S S T X K E M Y
H L W U E F N S T Y A Y Y R O
T I X R R S O I R B W O S L O
O W K A E R O R E E A Q A X K
O A C I M V E T E O T Y L E E
T T G N N B O I A S N T N V T
J W S Y N G X T D S T A O B T
S O G A A S H T U L R S C P L
A M R M E R O T A C O L B X E
K C A L B B B R O W N S X S M
```

A dibble is a pointed implement used to make holes in the ground. It is one of the tools included in the list featuring tools of various trades.

- ☐ AUGER
- ☐ CAM
- ☐ COMBINE
- ☐ CRANE
- ☐ DIBBLE
- ☐ DIGGER
- ☐ DRILL PRESS
- ☐ EDGER
- ☐ ENGINE
- ☐ GEAR
- ☐ GRADER
- ☐ GRINDER
- ☐ HOIST
- ☐ HUSKER
- ☐ LATHE
- ☐ LUG
- ☐ MIXER
- ☐ MOTOR
- ☐ MOWER
- ☐ PENDULUM
- ☐ PLANE
- ☐ PLIERS
- ☐ PUMP
- ☐ PUNCH
- ☐ RAM
- ☐ RATCHET
- ☐ ROLLER
- ☐ ROUTER
- ☐ SANDER
- ☐ SCREWDRIVER
- ☐ SHAPER
- ☐ TACKLE
- ☐ WELDER
- ☐ WINCH
- ☐ WRENCH

```
N R E G D E E X S B I W W K D
I E O T R N N I U A E I P H S
O X C L I O A H P W N L C C N
D I B B L E R O T O M D R N R
N M M B L E C T S C O E E E U
S O R K P X R L R S W N D R P
C D C A R E G G I D E A L W N
R A H R E D N I R G R L E O L
T S U B S G O I W G O P W B C
M C X G S R V I G T U G M S D
L A T H E E E A C N T L K U H
R I C K R R M I C W E I L O P
A N S W I N C H L U R T I D U
M U L U D N E P P P O S G V V
H S S O T G X W R A T C H E T
```

Even if you don't have an art degree, you can express yourself with marzipan, a pliant almond paste used to make a variety of sculpted cake decorations and molded sweets. This culinary art began in Europe in the 12th century and was introduced into the Colonies by early immigrants to Pennsylvania.

- ALMONDS
- ANIMAL shapes
- ARTISTIC
- BLEND
- CAKE
- CANDY
- CHEF
- COMPOUND
- CON-FECTION
- CORN syrup
- CREATIVE
- CULINARY
- DECORATE
- DESSERT
- EDIBLE
- EGG WHITES
- FIGURES
- FINISHING touches
- FLOWER shapes
- FOOD
- FRUIT shapes
- KNEAD
- MIXTURE
- MOLD
- OBJECTS
- ORNAMENTAL
- PASTE
- PASTRY
- PETALS
- PLIANT
- PRACTICE
- SCULPT
- SHAPES
- SUGAR
- SWEETS
- TINT
- TOOLS

```
V O D T C N O I T C E F N O C
C B N D R O S D I J T B L S K
O J E B C E R E N C A N D Y P
T E L C P R S N T U R N V E E
L C B A I U M S A I O X S L T
P T H O G T K I E M C P B B A
A S Y A H X C V L D E I M G L
S E R U G I F A Y R D N N O S
T T V D E M V P R E B I T L C
E I E I E K A C A P H X O A U
J H U E T T E N N S L O V D L
X W D R W A R T I S T I C A P
S G K O F S E N L M I R A E T
B G G C O G I R U H A F Y N D
R E W O L F E H C M O L D K T
```

The coxswain in competitive rowing does not row. She sits at either the bow or the stern of the boat and navigates the course while setting the pace for the crew.

☐ AMATEUR
☐ BACKSTOPS
☐ BLADE
☐ BOW
☐ BUMPS
☐ BUTTON
☐ CANVAS
☐ COXSWAIN
☐ DOUBLE
☐ ELITE class
☐ FEATHER
☐ FOURS
☐ FRONT-STOPS
☐ GATE
☐ OARSMAN
☐ OUTBOARD
☐ PADDLING
☐ PAIRS
☐ RACE
☐ RAKE
☐ RECOVERY
☐ REGATTAS
☐ RIGGER
☐ RIGGING

☐ ROWER
☐ ROWLOCK
☐ RUDDER
☐ SCULLER
☐ SHELL
☐ SKIFF
☐ SKY

☐ SLICE
☐ SLIDE
☐ SPADE blade
☐ STATION
☐ STAYS
☐ STROKES
☐ SWIVEL

```
S R S R I A P F F I K S E N U
I I Y L S W I V E L V C D O W
F G L R I P S R H S A M K T S
E G N R E C O V E R Y C P T H
A I T I U G E T O D O A A U E
T N W L L F G A S L D T T B L
H G L L O D R I W K I U M S L
E E K U O S D O R O C K R B A
R V R U M A R A N S O A U D S
A S B A S T A D P T X M B G C
K L N P G T O X E R S A M B A
E D A L B A B O B O W T X U N
E D I L S G T K G K A E O M V
E E L I T E U E E E I U D P A
F R E W O R O Y K S N R K S S
```

Chester white hogs require more shade than other breeds because their white skins are vulnerable to sunburn.

- ☐ BERKSHIRE
- ☐ BOAR
- ☐ BREED
- ☐ CHESTER white
- ☐ CHINA
- ☐ DOMESTI-
  CATED
- ☐ DUROC
- ☐ FARMS
- ☐ FARROW
- ☐ GILT
- ☐ HAMPSHIRE
- ☐ HERD
- ☐ HYBRIDS
- ☐ ILLINOIS
- ☐ INDIANA
- ☐ INTELLI-
  GENT
- ☐ IOWA
- ☐ LANDRACE

- ☐ LARGE white
- ☐ LITTER
- ☐ MINNESOTA
- ☐ NEBRASKA
- ☐ PENS
- ☐ PIETRAIN
- ☐ PIGS
- ☐ POLAND China

- ☐ PORK
- ☐ RAZORBACKS
- ☐ SHOAT
- ☐ SNOUT
- ☐ SPOTTED swine
- ☐ SWINE
- ☐ WALLOW
- ☐ YORKSHIRE

```
L R D E T A C I T S E M O D A
G H A M P S H I R E R O L U Z
F A N Z P I E T R A I N A G K
D N A L O P L I B T H K N S H
U I I T W R H L L S S K D E S
R H D G O S B I I A K I R Y G
O C N O K S G A R N R D A O I
C C I R T M E B C B O G C S P
D E E R B W E N Y K Y I E D H
W B N S E N O H N Y S R S E G
L O F I N T E L L I G E N T Z
D A R H W E S H L A M T O T R
O R T R U S P E W A H T U O D
L W M L A T A O H S W I T P M
F S M R A F I P P C B L S S F
```

You can find the sights listed below in many cities. Can you find them all in the diagram?

- ☐ APARTMENT
- ☐ ART GALLERY
- ☐ AUTOMOBILE
- ☐ BANK
- ☐ BENCH
- ☐ BOOKSTORE
- ☐ BOUTIQUE
- ☐ BUILDING

- ☐ BUS
- ☐ CAFE
- ☐ CITY hall
- ☐ CONSTRUCTION
- ☐ CONVENIENCE store
- ☐ CROSSWALK
- ☐ FACTORY
- ☐ HOTEL

- ☐ INTERSECTION
- ☐ LANDMARK
- ☐ LIGHT
- ☐ MARKET
- ☐ MOVIE theater
- ☐ MUSEUM
- ☐ NIGHTCLUB
- ☐ OPERA house
- ☐ PEOPLE
- ☐ PUB
- ☐ RESTAURANT
- ☐ SIDEWALK
- ☐ SIGN
- ☐ SKYSCRAPER
- ☐ STATION
- ☐ STATUE
- ☐ STREET
- ☐ TAXI
- ☐ TRAFFIC
- ☐ TRAIN
- ☐ VENDOR

```
T R A I N K L A W S S O R C N
M T O S I D E W A L K S B O O
U H N D K B U L C T H G I N I
S G O A N Y E I V O M T W V T
E I I R R E S K S U C A E E A
U L T E B U V C N U P X L N T
M E C S B M A Y R A U I P I S
Y R E L L A G T R A B O O E T
G O S Y V F S T S O P Y E N R
B T R Y L N M I M E T E P C E
E S E E O E G O R I R C R E E
N K T C N N T A C I F F A R T
C O N T B U I L D I N G T F F
H O I L A N D M A R K E T K E
R B O U T I Q U E U T A T S S
```

In Scotland, clans are groups of related families that were organized under a chieftain. The clans began around the 9th century and are distinguished by their plaid tartans. Below are some names of Scottish clans and families.

☐ BARCLAY
☐ BRUCE
☐ CAMERON
☐ CHATTAN
☐ DAVIDSON
☐ DOUGLAS
☐ DUNCAN
☐ ELLIOT
☐ ERSKINE
☐ FORBES
☐ FRASER
☐ GORDON
☐ GRAHAM
☐ GRANT
☐ GUNN
☐ HAMILTON
☐ HAY
☐ INNES
☐ KEITH
☐ LAMONT
☐ LINDSAY
☐ MACBEAN
☐ MAC-
    DONALD

☐ MACDUFF
☐ MACFEE
☐ MACLEAN
☐ MACLEOD
☐ MACNAB
☐ MACNEIL
☐ MACRAE
☐ MENZIES

☐ MUNRO
☐ MURRAY
☐ RAMSAY
☐ RANALD
☐ ROSS
☐ SCOTT
☐ SHAW
☐ STEWART

```
R G O R D O N N F N D V G Y D
F F U D C A M R L O A O R O L
Z G O V E A A C U A E C A R A
Y O U L C S C G H L M S N N N
M A C N E I L M L A S O T U O
M A A R N A E I V O T K N M D
M B L K S N O N R L I T D T C
A W R E Z T D L I N D S A Y A
H A S I K B L M G K A N A N M
A H E T T R A W E T S R D A E
R S B H W H N R A A R R C E R
G C R A M S A Y C U R F E B O
V O O E C U R B M L E C Y C N
K T F N S E N N I E A T A A T
Z T N O S D I V A D N Y Z M H
```

With its large, drooping snout and resounding bellow, the male elephant seal really lives up to its name! See if you can spot all of the entries associated with elephant seals that are hidden in the puzzle diagram.

☐ ARGENTINA

☐ BEACH

☐ BLACK PUP

☐ BLUBBER

☐ BULK

☐ BULL

☐ CALIFORNIA

☐ COW

☐ CURVED nose

☐ DROOPING nose

☐ FINE hair

☐ FLIPPERS

☐ GROUP

☐ HAREM

☐ LAND

☐ LARGE nose

☐ LEGS

☐ MAMMAL

☐ MARINE

☐ MEXICO

☐ MIGRATE

☐ NORTHERN elephant seal

☐ POOL

☐ ROAR

☐ ROOKERY

☐ SEAL

☐ SHORE

☐ SMALL teeth

☐ SOUTHERN elephant seal

☐ SPECIES

☐ SWIM

☐ TERRITORY

☐ TOUGH skin

☐ WALK

☐ WATER

☐ WHISKERS

```
N U O W T K X D S M A M M A L
A N F A O S N N S M E R A H L
I I R T U C P R L W X X R M U
N M L E G S E E T A R G I M B
R C Y R H K W H C C N W N C L
O T F R S T S T U I S D E F O
F N C I E B U R P W E O C W O
I T H T N K V O E X L S S B P
L W X O K E O N S P H Y L U I
A G U R D R A O R O P U I L L
C U H Y D P D X R U B I O K M
E K F C A I X E O B S X L M H
P F S M A L L R E E E A H F R
A N I T N E G R A L W B O I Y
C B Y N H S B L A C K P U P T
```

Be careful as you solve this puzzle because there are some strings attached.
Each word of four or more letters is associated with string. We have looped
one entry for you and provided the first letters of the remaining entries.

Word list on page 282

A <u>PRON</u> _____ M _____ T _____

B _____ M _____ T _____

B _____ P _____ T _____

B _____ P _____ U _____

B _____ P _____ V _____

B _____ R _____ V _____

C _____ R _____ W _____

C _____ S _____ Y _____

C _____

F _____

F _____

F _____

F _____

G _____

H _____

H _____

H _____

J _____

K _____

L _____

L _____

L _____

L _____

M _____

M _____

```
R W R M M C D T T W I D D J B
V I O L A N S H A W L N R A Y
C C A B S C Y R O N I L O I V
B K L P L Y R E T L A H C E O
E E K A R F P A O T L K I T E
K V S R L O I D M O E E T U J
V S N C R R N B P E S P C L E
O B N E A A L B E I S E P V W
M R P L M O A F P R A T I U G
M A R I O N E T T E T N K B P
H I A B J O S N W F G U O S F
S D H O P B K D Y I L N E U I
V M I M W B V W A E N O I R H
H A E S F I D D L E V E S R O
F H N C M R N E T M B A S S F
```

Coffee has been a popular beverage through the centuries, and authors and poets have sung its merits. In 1735, J.S. Bach composed the "Coffee Cantata" in praise of this drink!

☐ AMARETTO

☐ AROMATIC

☐ BEANS

☐ BEVERAGE

☐ BLACK

☐ BOIL

☐ BRAZIL

☐ BREAK

☐ BREW

☐ CAFE

☐ CAFFEINE

☐ CAPPUCCINO

☐ COFFEE MILL

☐ COLOMBIA

☐ CREAM

☐ DEMITASSE

☐ DRINK

☐ DRIP

☐ ESPRESSO

☐ FILTER

☐ FLAVOR

☐ GROUNDS

☐ HAZELNUT

☐ INSTANT

☐ MILK

☐ MOCHA

☐ MUG

☐ PERCOLATOR

☐ POT

☐ POUR

☐ ROASTED

☐ SPOON

☐ STIR

☐ SUGAR

☐ WARM

☐ WATER

```
D D C L C W A R M F T F D E B
V D R L E E A E R B R E W A H
A T I I I N S T A N T T S B M
I O E M P P I S E S M H T N W
B E V E R A G E A R U C I B H
M G K E C R C O F T A G R K B
O U S F A I R W R F I E A L M
L S H F P O T T E R A M A R L
O N O O P S T A U K I C E I N
C A M C U V O D M N K T Z D R
R E I O C P E R C O L A T O R
E B A M C K L I M I R E V B U
A U A T I H T N F B G A Z W O
M M U B N E A K V I L I O A P
S D N U O R G U M F L F P N H
```

Ceramic products such as brick and tile are used to construct buildings because of their durability and strength. Below are words associated with ceramics.

☐ ABRASIVE
☐ ALUMINA
☐ APPLIANCE
☐ ARTWORK
☐ BATHTUB
☐ BRICK
☐ CEMENT
☐ CLAY
☐ COMPOUND
☐ CUTTING tool
☐ DURABLE
☐ ELECTRIC motor
☐ ELECTRONIC
   circuit
☐ ENAMEL
☐ FELDSPAR
☐ FIRING
☐ GLASS
☐ GLAZE
☐ GYPSUM
☐ HEAT-RESISTANT

☐ INSULATOR
☐ KILN
☐ LIGHT bulb
☐ MOLD
☐ PORCELAIN
☐ POTTERY
☐ QUARTZ
☐ REFINED

☐ SHALE
☐ SILICA
☐ SINK
☐ SPARK plug
☐ STRONG
☐ TALC
☐ TILE
☐ WINDOW

```
Y Y G V K T R O T A L U S N I
A A F N H N F D B E N A M E L
L C L G I A I R N E K K I L N
C N I U M T A S L U R L B E B
L L I L M S T A E E O Z M C R
L Q W A I I H U L Y W P A T I
D C U V L S N B C R T E M R C
S E E A T E A A U E R L Q O K
S M N R R R C L A T A E S N C
A E O I U T O R W T H C Z I M
L N K D F A Z D O O H T I C U
G T R L F E L D S P A R A W S
L I A O L H R W O D N I W B P
C L P M A P P L I A N C E F Y
A E S G N I R I F Q E Z A L G
```

The first public exhibition of projected motion pictures in the United States was on April 23, 1896, in a music hall in New York City. Previously, motion pictures could be seen only by one person at a time by looking through the viewfinder of kinetoscope machines.

- ☐ ADMISSION
- ☐ AISLES
- ☐ ATTRACTIONS
- ☐ BOX office
- ☐ BUILDING
- ☐ CANDY
- ☐ CARTOON
- ☐ CHILDREN
- ☐ CINEMA
- ☐ CLERK
- ☐ COUNTERS
- ☐ CURTAIN
- ☐ DARK
- ☐ DOORS
- ☐ DOUBLE feature
- ☐ ENTERTAIN
- ☐ FILM
- ☐ FOREIGN
- ☐ ICE CREAM
- ☐ KIDS
- ☐ LOBBY
- ☐ MANAGER
- ☐ MATINEE
- ☐ PICTURE

- ☐ POPCORN
- ☐ PREMIERE
- ☐ PREVIEW
- ☐ PROJECTOR
- ☐ REEL
- ☐ SCREEN

- ☐ SEATS
- ☐ SOLD out
- ☐ SOUND
- ☐ TICKET
- ☐ TRAILER
- ☐ USHER

```
N E E R C S K G N I D L I U B
P E S P F H M O F U O S T K K
U Y P R E V I E W O O M I L R
A I S L E S E L O L R D E W E
R X N S S K H E D M S E I N L
E R E I M E R P N R R C I G C
L F M L A E R R O I E A N G I
I D I C G T X O E C T N P D N
A F J A K Y R J R R N A S M E
R N N R S O J E U S U J M P M
T A A T T R A C T I O N S L A
M D A O N M C T C N C A N D Y
P E L O B B Y O I T E K C I T
S O U N D H O R P O P C O R N
G S R E H S U X N E L B U O D
```

Brush up on your knowledge of prepositions with this puzzle that lists some that are common and some that are uncommon.

☐ ABOARD
☐ ABOUT
☐ ABOVE
☐ ACCORDING TO
☐ ACROSS
☐ AFTER
☐ AGAINST
☐ AROUND
☐ ASTRIDE
☐ ATOP
☐ BEFORE
☐ BELOW
☐ BENEATH
☐ BESIDE
☐ BETWEEN
☐ BETWIXT
☐ BEYOND
☐ DESPITE
☐ DOWN
☐ DURING
☐ FROM

☐ INSIDE
☐ INTO
☐ NEAR
☐ OVER
☐ PAST
☐ SINCE
☐ THROUGH

☐ TOWARD
☐ UNDER
☐ UNLESS
☐ UNTIL
☐ UNTO
☐ UPON
☐ WITH

```
Y G D G B Y F C F U W U O A X
O U E V H H T D N O Y E B D X
S S X D T X R L L X H O S A I
H B E S I D E E G N U T S G B
P C I W W S B R E T F A O N A
G B T N S U N M M O R F R C P
C E D F O T N I T W R P C E P
B T D A O P D N E A B O A R D
B W H M G D U H E R R T B S M
D E D R S A R N T D O D O W N
G E N R O I I L I P I F V R L
U N D E R U N N P A H R E I H
T R V V A N G C S S R X T B U
H X D O U T H H E T X N M S A
P R N P O W H W D N U O R A A
```

Airbrushing is a method of painting by means of a small, fine-mist paint sprayer. The method was first employed in the graphic and commercial arts to achieve a smooth finish. It was later adopted by fine arts painters. Here is a list of tools of the art trade.

- ☐ AIRBRUSH
- ☐ BRUSHES
- ☐ CANVAS
- ☐ CHALK
- ☐ CHARCOAL
- ☐ CLOTH
- ☐ CRAYONS
- ☐ EASEL
- ☐ FIXATIVE
- ☐ FRAMES
- ☐ GESSO
- ☐ GLUE
- ☐ INKS
- ☐ KNIFE
- ☐ LACQUER
- ☐ LINSEED oil
- ☐ OILS
- ☐ PAINT thinner
- ☐ PALETTE
- ☐ PAPER
- ☐ PASTELS
- ☐ PENCILS
- ☐ PENS
- ☐ PIGMENT
- ☐ POSTER paints
- ☐ RESIN
- ☐ SHELLAC
- ☐ STAIN
- ☐ TEMPERA
- ☐ TUBES
- ☐ TURPEN-TINE
- ☐ VARNISH
- ☐ WATER-COLORS

```
F K P L L G L A I R B R U S H
N I S E R P E S N O Y A R C H
L X X S L E T S A P N O T O O
O S T A I N U S S D L B P C X
Q T D E T C S Q Y O S R T U P
Q V U K E I L N C R L U M L T
C L O T H L V R E A R S N U D
G A L I N S E E D P L H B N O
K O C L A T I T E M P E R A I
F C X V A T U N T V S S F E K
P R N W O N T E R E T S O P C
G A A E O I I M C A L L E H S
C H P M N A W G C I V A A S U
E C K E E P W I O H D L P W H
Q I Y L R S L P X S K N I F E
```

Baseball's Major League All-Star Game is played once a year during the baseball season. It features top players from the American and National League teams. Below are names of winning pitchers who have put the ball over home plate during All-Star confrontations.

- ☐ CHANCE
- ☐ CLANCY
- ☐ CLEMENS
- ☐ CONE
- ☐ DEAN
- ☐ DRYSDALE
- ☐ ECKERSLEY
- ☐ FINGERS
- ☐ FORD
- ☐ GIBSON
- ☐ GOMEZ
- ☐ GOSSAGE
- ☐ GROVE
- ☐ HERBERT
- ☐ HERSHISER
- ☐ HUNTER
- ☐ JACKSON
- ☐ JOHN
- ☐ LEMON
- ☐ MARICHAL
- ☐ MCLAIN
- ☐ MORRIS
- ☐ NEWSOM
- ☐ PALMER

- ☐ PARNELL
- ☐ PERRY
- ☐ PURKEY
- ☐ RYAN
- ☐ SEAVER
- ☐ SPAHN
- ☐ STIEB

- ☐ SUTTON
- ☐ TIANT
- ☐ VIOLA
- ☐ WALKER
- ☐ WALTERS
- ☐ WYATT
- ☐ YOUNG

```
I L W N O M E L L E N R A P B
T Y D A K P A L M E R H B S E
P N E N L H E W W Z C U A P I
I E A G C K Y Y N E V N N P T
Z Y S I A A E A O M Y T A M S
R F R N T S L R S O O E U H L
W A L T E R S Y B G U R U T C
M O N A Y M R O I B N Z R L F
R Y V H J R E E G H G E A I U
G E D N E A K L O M B N N C S
R K H P L W C J C R C G D A U
O R F H D I E K E Y E L E L T
V U T R E S I H S R E H A O T
E P O Y L N E W S O M T N I O
D F D R Y S D A L E N O C V N
```

The word LAUGH is hidden in the diagram only once. It will read in a straight line forward, backward, up, down, or diagonally.

```
G L L U U L L G A G H A
H U H H L G L U U L G A
A G A L U G G U U G A L
L G G G G H L A U U A L
H L U G L G L H A U H G
G G L H A A G H H H H L
U G U U A H G U G G U G
G H H A H U A A H U G H
H U G A A H G A G G U A
L U U L L H A A H H L H
```

Can you find the word LAUGH hidden in this diagram 25 times? Its letters read in a straight line forward, backward, up, down, and diagonally.

```
A H H G U A L L L G L L
H H L G H H G A A H A A
G G G G G G L H U U U U
U U U U H U A L G G G G
A A A G A A U A H U H H
L L U G H L G U H H A L
L A L A U G H G G G A L
L A U G H A U H G U A L
H H H G U A L A G A L A
H G U A L A U H L L G U
```

The pack rat, also called wood rat, is an American native. The pack rat differs from the house rat in its cleaner habits and furry, not scaly, tail. The pack rat frequently picks up objects and carries them to its nest.

- ☐ BADGER
- ☐ BEAR
- ☐ BEAVER
- ☐ BISON
- ☐ BLACK bear
- ☐ BOBCAT
- ☐ BUFFALO
- ☐ BURRO
- ☐ CARIBOU
- ☐ CHIPMUNK
- ☐ COYOTE
- ☐ DEER
- ☐ GOAT
- ☐ GOPHER
- ☐ GRIZZLY bear
- ☐ HARE
- ☐ LYNX
- ☐ MARMOT
- ☐ MARTEN
- ☐ MINK
- ☐ MOLE
- ☐ MOOSE

- ☐ MOUSE
- ☐ MUSKRAT
- ☐ OPOSSUM
- ☐ OTTER
- ☐ PACK RAT
- ☐ RABBIT
- ☐ RACCOON

- ☐ RED FOX
- ☐ SHEEP
- ☐ SHREW
- ☐ SKUNK
- ☐ SQUIRREL
- ☐ WEASEL
- ☐ WOLF

```
R E T T O T O W N H O H H G Y
E R R H A R E G O P H E R T F
G I A C R R A L O L A F F U B
D X B U H B K S C L F L P P E
A O B S Y I S C C A E V R T A
B E I V O U P T A R K S U M V
L P T O M R A M R P C B A D E
A V G H Q O P I U X O F D E R
C A R I B O U E U N K E K E W
K N I M I Q E S E G K U E R E
W C Z G S L D T E H U N A R O
X W Z D O P R M O O S E U N G
F N L M N A R G C Y B K V K B
D I Y Y M A T U T H O U X G S
S E P L W E P N Q C X C L D D
```

Coal mining dates back to prehistoric times but did not become a major industry until the Industrial Revolution in the 18th century. All industrious solvers will enjoy this word seek about coal mining.

- ☐ ADIT
- ☐ ANTHRACITE
- ☐ BED
- ☐ BITUMINOUS coal
- ☐ BLACK
- ☐ BLAST
- ☐ BLOCK
- ☐ CARBON
- ☐ CARS
- ☐ COAL
- ☐ CREW
- ☐ CUT
- ☐ DEPOSIT
- ☐ DRILL
- ☐ DUST
- ☐ DYNAMITE
- ☐ ELEVATOR
- ☐ FOREMAN
- ☐ FUEL
- ☐ HARD HAT
- ☐ LAMP
- ☐ MINE
- ☐ OPERATOR
- ☐ PASSAGE
- ☐ PICK
- ☐ PORTAL
- ☐ RECLAIM
- ☐ ROOF
- ☐ SAFETY
- ☐ SEAM
- ☐ SHAFT
- ☐ SHOVEL
- ☐ SLOPE
- ☐ SURFACE
- ☐ TIPPLE
- ☐ TRUCK
- ☐ TUNNEL
- ☐ VEIN
- ☐ VENTILATION

```
T H L V O H A U D L N M H B P
N S S V B W U W E L B L A C K
K R U L E N N U T N K E R E D
S A O R O N F A P A I E D V S
I C N T F P T D M V W M H E I
K S I F L A E I R E C L A I M
L P M A L P C T L A R N T N L
D K U H O O P E R A T O R U K
R K T S U D V B T H T C F C I
I Y I M L A O C R I S I U A Y
L T B E T N T A P N M R O O F
L E V O H S C P O R T A L N V
A F R V A I L F I U N G N I D
P A K L T E B W C C P F I Y T
C S B E G A S S A P K U N F D
```

Hopscotch is a children's game played on a court having 10 consecutively numbered squares. Each player has a piece of wood or a stone, called a puck, which is tossed into the individual squares as the player progresses through the numbered spaces.

- ☐ AGILE
- ☐ AVOID
- ☐ BASE
- ☐ BOUNCE
- ☐ CHILDREN
- ☐ COMPLETE
- ☐ DIAGRAM
- ☐ DRAW
- ☐ DROP
- ☐ FOOT
- ☐ FUN
- ☐ GAME
- ☐ GROUND
- ☐ HOP
- ☐ INITIAL
- ☐ JUMP
- ☐ LAND
- ☐ LEAP
- ☐ LINE
- ☐ MISTAKE
- ☐ MOVE
- ☐ NUMBERS
- ☐ OVER
- ☐ PATTERN
- ☐ PAVEMENT
- ☐ PLAY
- ☐ PREPARE
- ☐ REACH
- ☐ REST
- ☐ SECTION
- ☐ SPACE
- ☐ SQUARE
- ☐ STONE
- ☐ STRETCH
- ☐ TOSS
- ☐ TURN
- ☐ VERSION
- ☐ WINNER

```
U T E C A P S W P H F V G I B
D E N M N N Q T E O C R F L E
V S R K A I U R O P L A Y T B
P A E L I G A T A N V V E C R
H S T U A P R V R H E L C R O
E M T R E N E Q E S P N H A S
R W A R D M D K V M J B I K Y
E M P R E B A V O I D A L L E
P L N N G T L C J U W S D G T
Y U T O S A C N U M B E R S K
F A S I I Y I H M I O O E R U
Q G M T A S C D P T U R N D R
G O I C M S R P Q N N W N W G
P N V E M O V E D H C Y I H H
I M P S P T A I V N E O W B G
```

205

*The Book of Genesis tells us that Adam and Eve shared a forbidden fruit
in the Garden of Eden. Although many children's books refer to the fruit
as an apple, the forbidden fruit is not identified in the Bible. Some Biblical
scholars believe the fruit was a fig, because after Adam and Eve ate the
fruit, it is written that they sewed fig leaves together to cover themselves.*

☐ ALMOND   ☐ CEDAR   ☐ FIG
☐ ALOE   ☐ CINNAMON   ☐ FLAX
☐ ANISE   ☐ COTTON   ☐ GARLIC
☐ APPLE   ☐ CUCUMBER   ☐ GOURD
☐ BALM   ☐ CUMMIN   ☐ HENNA
☐ BARLEY   ☐ CYPRESS   ☐ HYSSOP
☐ BEAN   ☐ EBONY   ☐ LENTIL
                                   ☐ LILY
                                   ☐ MELON
                                   ☐ MILLET
                                   ☐ MINT
                                   ☐ MUSTARD
                                   ☐ MYRRH
                                   ☐ OLIVE
                                   ☐ ONION
                                   ☐ PALM
                                   ☐ POMEGRANATE
                                   ☐ SAFFRON
                                   ☐ SPICE
                                   ☐ VINE
                                   ☐ WHEAT

```
B V N A F X W H Y B U V D L V
U H H M P I N A P D A C M S M
H H D L L W G O U R D E R I P
N O R F F A S R M T U E B O G
C F L R B S B A Y A B T M E E
W U S F Y A A D M M N E O L A
H H S H I M P E U I G N L S U
R N E U L R C C M R L A I E F
N D R A T S U M A E F L V C N
A B P T T C U N B C L M E O A
O O Y P I C A O D I A O I T E
V A C L I T N E L P X N N T B
B A R L E Y I Y P S O D B O V
Y A Y L E P S L M L H E N N A
G A H V I N E Y A R W A B V D
```

Working with wicker involves weaving various types of rushes and canes into decorative and useful items, such as furniture and baskets. "Wicker" can be traced to "vikker," a word of Swedish dialect which means "willow."

- ARROW
- BANDS
- BARK
- BASKET
- BELT
- BIND
- BORDER
- BUTTON
- CANE
- CATTAIL
- COIL
- COLONIAL
- CORD
- DESIGN
- FAST
- FERN
- FRAME
- GRAIN
- GRASS
- HAMMER
- LAPS
- LOCKING
- LOOP
- MATS

- MODEL
- MOTIF
- PLIERS
- RAFFIA
- RULER
- RUSH
- SANDALS
- SIDES

- SMOOTH
- STEM
- STRIP
- TRAY
- TWIG
- TWILL
- WICKERWORK
- YUCCA

```
H B D F G D K C P T T N K D G
D E S I G N A L S T S Y H H H
I L W G D I I A Y D U R A K Y
W T P D H A F K U C R S C R L
C A B F T R F M C S N C R A T
O M H T O G A A P O O L D B P
L B A A O E R A R R L F N I G
O C B T M S L A D N A S I A C
N N U A S M R E S D N A B R M
I C R U S H E F D S N O S R O
A F W I C K E R W O R K T O T
L B D R A R E H T D M E R W I
C E M S N K S T E M C O I L F
S S M R E L U R R L M L P L O
Y D U C H B L F U A L N T U P
```

"American Bandstand" started as a local dance show in Philadelphia in the early 1950s and was first broadcast on the ABC network in 1957. The show later moved to Hollywood.

☐ AFTERNOON
☐ AUDIENCE
☐ BANDS
☐ CAMERA
☐ CLARK, Dick
☐ DANCE
☐ DAYTIME
☐ DISCO

☐ FLOOR
☐ FUN
☐ GROUPS
☐ GUEST
☐ HITS
☐ HOLLYWOOD
☐ HOST
☐ INTERVIEW

☐ KIDS
☐ LIVELY
☐ LOUD
☐ MICROPHONE
☐ MUSIC
☐ PERFORMANCE
☐ PHILADELPHIA
☐ POPULAR
☐ RECORDS
☐ RHYTHM and
   blues
☐ ROCK
☐ SATURDAY
☐ SHOW
☐ SING
☐ SOUL
☐ SPOTLIGHT
☐ STARS
☐ STUDIO
☐ SYNDICATED
☐ TEENS
☐ TOP TEN

```
S G R B L O W E I V R E T N I
A Y G A S T A R S F C K C H L
T H N N L D H M D N L D G D F
U B F D I U N G A S P U O R G
R W I S I S P M I K C O R E E
D A N C E C R O H L W L C C H
A E M U A O A I P Y T N A O C
Y K S H F M T T L O E O G R A
T U N R T S E L E I C B P D K
I V E S E Y O R D D V S O S A
M P E H R H H U A U R E I B H
E U T O N H A R L T Y S L D A
G S O W O I U C I S U M D Y I
N L M S O E N O H P O R C I M
F K T G N S T O P T E N B L K
```

The Almasty, or "forest man of the Caucasus," is a Big Foot/Yeti-type creature believed to inhabit the Caucasus Mountains between the Black and Caspian seas in Europe. Begin your own search for this illusive missing link by solving this puzzle about the Almasty.

☐ ACCOUNTS ☐ SEARCH ☐ TRAVEL
☐ ALMASTY ☐ SIGHTING ☐ VILLAGERS
☐ ASIA ☐ SKEPTICS ☐ WANDER
☐ BEAST ☐ SPECIES ☐ WILD
☐ BIG FOOT ☐ TRACK ☐ WITNESS
☐ BLACK Sea ☐ TRAIL ☐ YETI
☐ CASPIAN Sea
☐ CAUCASUS
☐ CREATURE
☐ EXPEDITION
☐ FIND
☐ FOOTPRINT
☐ "FOREST man"
☐ HAIRY
☐ HUGE
☐ LARGE
☐ LEGEND
☐ MOUNTAINS
☐ MYSTERY
☐ PEOPLE
☐ RED EYES
☐ REMOTE
☐ SCIENCE

```
N T R A V E L P P L A R G E W
V S X S C I T P E K S Y X V T
T K Y I N V L N D F P P S B N
R S F A M A E L P O E P C I I
A E E T X Y I T A D C G A X R
I H C R A E S P I G I H U K P
L A C C O U N T S A E B C H T
M G U R O F I N E A S R A B O
A C N W E O I D Y R C V S B O
K H I I N A N N E E Y Y U L F
I L D T T E T D D M T R S A G
D V D N G H N U E O W I V C I
G E U E R A G I R T R A C K B
K O L S W Y B I F E R H O F H
M Y T S A M L A S C I E N C E
```

When cleaning carpets, it is best to use a foam or steam cleaner. Soaking a carpet may cause it to brown, streak, or shrink.

- ☐ ACRYLIC
- ☐ AREA
- ☐ BLOTTING
- ☐ BROADLOOM
- ☐ BRUSH
- ☐ DELIVERY
- ☐ DURABLE
- ☐ FIBERS
- ☐ FLOORS
- ☐ GREASE
- ☐ HALLWAYS
- ☐ HOT WATER
- ☐ NYLON
- ☐ OLEFIN
- ☐ PLUSH
- ☐ POLYESTER
- ☐ REMOVE
- ☐ RESISTANT
- ☐ RIGOROUS
- ☐ RINSE
- ☐ ROOM
- ☐ RUGS

- ☐ SAXONY
- ☐ SCRUB
- ☐ SHAG
- ☐ SHAMPOO
- ☐ SOIL
- ☐ SOLUTION
- ☐ STAIN

- ☐ STAIRS
- ☐ STEAM
- ☐ TREAT
- ☐ VACUUM
- ☐ VINEGAR
- ☐ WALL-TO-WALL
- ☐ WARRANTIES

```
X E L B H S U L P R V L T Y S
N R V L R B R U S H A G E T T
R B E O A N O L Y N O X A S Y
U O O T M W T N A T S I S E R
G L L T A E O U W D N B I I E
F R H I S W R T L N R N G T V
S D U N O I T U L O S O R N I
C T I G N S I O A L R R E A L
R R E B S M O D H O A E A R E
U O O A U P L A U G S W S R D
B O I U M O E S E R T R E A T
O M C A O R F N O E A T C W T
U A H M A X I H R F I B E R S
V S U N Y V N D A C R Y L I C
W P O L Y E S T E R S E G E F
```

Only right-handed players can compete in polo matches. This was decided by the United States Polo Association in 1974 in order to avoid collisions between right-handed and left-handed players who charge for the ball on horseback.

☐ ACTION
☐ BALL
☐ BOOTS
☐ CHUKKERS
☐ CLUBS
☐ DANGEROUS
☐ DEFENSE
☐ ENDURANCE
☐ FIELD
☐ FOULS
☐ GLOVES
☐ GOALPOSTS
☐ HELMETS
☐ INSTINCT
☐ JUDGES
☐ MATCHES
☐ OFFENSE
☐ PHYSICAL
☐ PLAYERS
☐ PONIES
☐ PRINCE Charles
☐ QUICK stops
☐ RANKED
☐ RED FLAG

☐ RIDER
☐ ROSTERS
☐ RUNS
☐ SCORE
☐ SHOT
☐ SPECTATORS

☐ SPORT
☐ SWING
☐ UMPIRES
☐ UNIFORMS
☐ WIND UP
☐ WOODEN mallets

```
H W B A L L H A G N I W S T F
Q U I C K N E D O O W N O O M
D E K N A R U M A T C H E S D
T R P K D P D M L W S H V R S
S R E K K U H C P O N I E S B
R A C D U K P Y O I A P U S U
E U N I F O R M S C R O P W L
Y S A T S L D A T I R E T V C
A B R L C E A I S E C D S S B
L O U E F N O G G T L A N J R
P O D E T N I N A E E U L U I
F T N T R S A T I D R M J D D
W S E F O D O F S E V O L G E
E V E I P R P R I N C E C E R
P A D E S N E F F O I S M S H
```

Before you can loop the words in the list below, you must first fill in the circles in the diagram with the missing vowels A, E, I, O, and U. We have filled in one word for you.

☑ AIRFOIL

☐ ANTHEM

☐ BRACE

☐ CASTOR

☐ CLIENT

☐ DOLLAR

☐ ELEMENT

☐ EXPECT

☐ FLUENT

☐ GENUS

☐ GRAZE

☐ HAGGLE

☐ HEARTH

☐ HINGE

☐ HOUND

☐ LABEL

☐ LEGEND

☐ MODULE

☐ NOBLE

☐ OBTAIN

☐ OLIVE

☐ PEDAL

☐ PLATE

☐ PLURAL

☐ POINT

☐ PRINCE

☐ QUAIL

☐ REFLEX

☐ RINSE

☐ RUMBLE

☐ SCARLET

☐ SCRIBE

☐ SOUND

☐ SPARE

☐ TEMPLE

☐ TIRED

☐ TROUGH

☐ VANILLA

☐ VECTOR

☐ ZIRCON

```
G R O Z O R O P S X L L M G Q
O O C X P O T X H H B O O M D
N T L G O L G G O H Q Z D N V
O S O P M L O Q T Z V O O O H
S O O L I O F R I A C O L V P
B C N R R D O O O O S S O O V
X D T T O O F T R L V C G L N
S N G O H C N B X O T O N O S
T O L O M O N T N O C R O Z L
O G P R O P M O R O O L H V Q
R O G L O M L G R M O O O M O O
O L F O Z L M O B P O T O L P
D G N L O B O L S C R O B O T
S T C O P X O D S T L O Q O P
V S N R O N S O N D N O O H D
```

Etch A Sketch art soared to new heights in 1992 with intricate drawings by Florida's David Smith selling for more than $100. He preserves finished compositions by removing the metallic beads that erase the pictures.

- [ ] ANGLE
- [ ] ARTISTIC
- [ ] BEND
- [ ] CENTER
- [ ] CONTROLS
- [ ] CREATE
- [ ] CURVE
- [ ] DESIGN
- [ ] DETAILS
- [ ] DIAGONAL
- [ ] DOWN
- [ ] DRAW
- [ ] EDGE
- [ ] FORM
- [ ] GEOMETRIC
- [ ] HORIZON-
      TAL
- [ ] IMAGE
- [ ] KNOBS
- [ ] LEFT
- [ ] MAKE
- [ ] MARGIN
- [ ] OUTLINE
- [ ] PICTURE
- [ ] RIGHT

- [ ] SCENE
- [ ] SCREEN
- [ ] SCRIBBLE
- [ ] SHAPE
- [ ] SIZE
- [ ] SKETCH

- [ ] START
- [ ] SURFACE
- [ ] TRACE
- [ ] TURNS
- [ ] VERTICAL
- [ ] WINDOW

```
V S C R I B B L E Z R Z P I B
E H C D P K A L O S G D C N H
O L S B O N K T F S T D E C O
W I N D O W N S L H C G N U R
S D R G C U E L G N A R T R I
S M A R G I N I I M Z L E V Z
C I T S I T R A I P I C R E O
D O Z K S D V T B N A R D A N
E B N E S N R E E F W E N A T
K P S T E E R D R M F A M H A
A A A C R B M U U T O T R D L
M R A H E O S L T Z I E T D F
T R T B S N L F C A D C G V G
T I O E G D E S I G N K A I G
E G F F O L L O P N M N Z L I
```

The Great Dane was bred in Germany during the 1500s and was used to hunt wild boars. Great Danes later earned new respect as guard dogs.

- □ BLACK
- □ BLUE
- □ BREED
- □ BRINDLE
- □ BROWN
- □ COURAGEOUS
- □ DEVOTED
- □ ELEGANT
- □ EXERCISE
- □ EYES
- □ FAMILY dog
- □ FAWN
- □ FRIENDLY
- □ GENTLE
- □ GERMANY
- □ GIANT
- □ GUARD dog
- □ HOUSE
- □ HUNTING boars
- □ LARGE
- □ MAMMOTH
- □ MASTIFF family
- □ MUZZLE

- □ NOSE
- □ PAWS
- □ PERCEPTIVE
- □ POWERFUL
- □ PROTECTIVE
- □ PUPPY
- □ SHORT coat

- □ SIZE
- □ STRONG
- □ TAILS
- □ TALL
- □ TRAIN
- □ WEIGHT
- □ WHITE

```
B U K A R R E Y E S U O H T E
T A I L S S N S M A S T I F F
N I L W H W I H I P U P P Y H
A O A A O C P T R Z O T G W F
I P S R R K H O Y U E F T D D
G G B E T G T M W N G R E T S
C N X M I E E M W E A E C N T
B E I E C Y M A L I R M O A R
N R W T I E F M N B U F R G O
F R I E N D L Y W Z O A U E N
G V B N V U B T Z X C M K L G
E F L M D Z H L N W H I T E U
F G U T X L E U A E L L A T A
T D E T O V E D W C G Y N Y R
E V I T P E C R E P K D D P D
```

The Young Men's Christian Association was founded in London in 1844 as a place where store clerks from the villages could go for religious contemplation, relaxation, and information. Its sister organization was established in 1877 with the merging of two associations, one dedicated to finding housing for nurses who served in the Crimean War and one that organized prayer circles.

- ☐ BASKETBALL
- ☐ BOYS
- ☐ BRANCH
- ☐ CAMPS
- ☐ CANADA
- ☐ CENTER
- ☐ CHILDREN
- ☐ COMMUNITY
- ☐ EDUCATION
- ☐ EXERCISE
- ☐ FAMILY
- ☐ FITNESS
- ☐ GIRLS
- ☐ GOALS
- ☐ HANDBALL
- ☐ HEALTH
- ☐ JOIN
- ☐ KARATE
- ☐ LESSONS
- ☐ LOCAL
- ☐ LOCKERS
- ☐ LONDON
- ☐ MEMBER
- ☐ NONPROFIT
- ☐ POOL
- ☐ PROGRAMS
- ☐ SHOWERS
- ☐ SPORTS
- ☐ SQUASH
- ☐ SUMMER camp
- ☐ SWIM
- ☐ TENNIS
- ☐ WORKOUT
- ☐ YOUTH

```
S N K T J L Q H H S I N N E T
W P J N X O C U S I U C S G D
C O M M U N I T Y N L M X R T
R B X A A D R N T E A G M Q H
E P J R C O E X E R C I S E Q
B S B S P N T W G D E R A D R
M A W S R T P O O L T L S U T
E I S E M E R R A I T S S C H
M C T K E P W K F H M Y E A A
H B S R E K C O L C L T N T D
T S L D S T R U H I Q D T I A
U H A Y M P B T M S B M I O N
O H O U N E T A R A K K F N A
Y B G O Q X F K L R E T N E C
R S N O S S E L M L O C A L F
```

President Harry S Truman might not have had a middle name, but all of the famous people whose first and last names are given below do. Each middle name has at least 5 letters and all 3 names in each group are hidden in the grid.

Word list on page 286

JOHANN
S _EBASTIAN_
BACH

WOLFGANG
A_____
MOZART

HARRIET
B_____
STOWE

ELIZABETH
B_____
BROWNING

EDGAR
A_____
POE

HENRY
D_____
THOREAU

JAMES
F_____
COOPER

RALPH
W_____
EMERSON

OLIVER
W_____
HOLMES

JOHN
F_____
KENNEDY

FRANCIS
S_____
KEY

MARY
T_____
MOORE

```
U T Y H F Y N H O J Y R B C C
O T T E R R A B L D E R O O M
R O N A K R A E E L D Z P O P
H C M B R O W N I N G S N P W
F S H I S O N Z C N A U S E H
D E E T T E A A I R E N R K
I T N S K B M G I T S D O O Y
O H R I E A F A I T E A I T D
D C Y T M L J V J L S M A H E
L A H I O O H O L T R A Z O M
A B V W L I R E H C E E B R E
W Z F I T Z G E R A L D N E R
M K V C D E A L L A N A W A S
S E M L O H R T R Y T N M U O
R A L P H P G H A F T Y D U N
```

By their nature, cruises conjure up thoughts of romance and fun. These themes are further accentuated by the exotic, adventurous, and dreamy names of their various deck levels, as illustrated by this list.

- ☐ ALOHA
- ☐ ATLANTIC
- ☐ BALI
- ☐ BERMUDA
- ☐ CAPRI
- ☐ CAPTAINS
- ☐ CHINA
- ☐ CINEMA
- ☐ CORAL
- ☐ CRYSTAL
- ☐ DEGAS
- ☐ DOLPHIN
- ☐ FIESTA
- ☐ FLORIDA
- ☐ GAUGUIN
- ☐ HORIZON
- ☐ LAGUNA
- ☐ LAUTREC
- ☐ LIDO
- ☐ MAIN
- ☐ MANET
- ☐ MARINA
- ☐ OBSERVA-TION
- ☐ ODYSSEY
- ☐ PACIFIC
- ☐ PENTHOUSE
- ☐ PLAYA
- ☐ PROMENADE
- ☐ QUARTER
- ☐ RIVIERA
- ☐ SEABREEZE
- ☐ SIGNAL
- ☐ SPORTS
- ☐ TIFFANY
- ☐ UPPER
- ☐ VAN GOGH
- ☐ VERANDA

```
E Z E E R B A E S A G E D V Q
A H R I D D A T F C O R A L P
Y M C E N L R L A T S Y R C R
A F E A T O O N I A O C V E O
L I R N P R I V I E R A A A M
P E T S I R A T S V E D N Q E
V C U D A C D U A M C U G H N
N I A M C D O T Q V G M O R A
U F L P I H L I S A R R G G D
F I E S T A P F L I I E H S E
R C F N N A H F Q Z G B S R A
E A E T N O I A O L G N C B L
P P I I D V N N I U G U A G O
P C H I P O D Y S S E Y S L H
U C L Z M A N E T I R P A C A
```

All the words in the list are found in the diagram in an unusual way.
Each word reads either clockwise or counterclockwise around the edges
of a box (sometimes a square and sometimes a rectangle).

☑ ALLIANCE
☐ ARCHIVES
☐ BAKERS
☐ BILLFOLD
☐ BOILER
☐ CHECKPOINT
☐ CROWNS
☐ DINOSAUR
☐ DUGOUT
☐ ENSEMBLE
☐ FOLKLORE
☐ FRESCO
☐ GOLD MINE
☐ HORNPIPE
☐ INCHWORM
☐ JAMBOREE
☐ KETTLE
☐ LOCATION
☐ MUDGUARD
☐ NECKLACE
☐ OFFSHORE

☐ PACKET
☐ RAILHEAD
☐ ROCKETRY
☐ RUNWAY
☐ SAFETY
☐ SHELVE
☐ SHRIMP

☐ TACKLE
☐ TOE DANCE
☐ TRAILS
☐ UNDERDOG
☐ VOLLEY
☐ VOLUME
☐ WAYFARER

```
W K A B W D R E D F F J A T P
N E R S C O G U N O S E V E A
S E K E R F J A M E H E L K C
E L C T R B O N L R O H E T A
M B O R E L I S O N P I P L V
A W R Y E O T A C I O D M R C
J E E Y D L E U R D B Y I O S
B T L V A N C M E L I A N W N
I K L O R W D U V O L M C H R
D L O F E V K L O F L A E S I
M M G B S I C A E T T K T P M
I N E Y A H E C K E L A E H L
S A R E R C N E P S M D R A I
Y F Y A W T N I O G U W A R L
T E R U N R A L U T D G U T S
```

A nebula, named from the Latin word for mist, is a hazy mass of gaseous matter. The Orion Nebula can be seen with the naked eye, while other nebulae can only be seen through a telescope.

- ☐ ANDROMEDA nebula
- ☐ ASTRONOMY
- ☐ CELESTIAL
- ☐ CLOUD
- ☐ CLUSTER
- ☐ COSMOS
- ☐ CRAB nebula
- ☐ DATA
- ☐ DISTANT
- ☐ DUST
- ☐ ELLIPTICAL
- ☐ FAINT
- ☐ GALAXY
- ☐ GASES
- ☐ GLOW
- ☐ GREAT nebula
- ☐ HELIUM
- ☐ HORSE-HEAD nebula
- ☐ HUGE
- ☐ HYDROGEN
- ☐ LUMINOUS
- ☐ MASS
- ☐ MILKY WAY
- ☐ MIST
- ☐ NITROGEN
- ☐ OXYGEN
- ☐ RADIATION
- ☐ REFLECTIVE
- ☐ SCATTER
- ☐ SHINE
- ☐ SPACE
- ☐ SPIRAL
- ☐ STARLIGHT
- ☐ TELESCOPE
- ☐ UNIVERSE
- ☐ WIDE

```
W Y X W M X N E G O R D Y H G
G D X A G N S V M A S S C E D
P W P A T D R I F T P O T N B
K D C E L E S T I A L S I I T
U O U H T A L C C D I T N H A
V E X S H U G E A M R N G S N
S L U Y T G T L S O G I T G D
H L R B G N R F G C L R E H R
C I S D A E H E S R O H S E O
L P E T T R N R A N W P R L M
O T S T Y O C T O T E X E I E
U I A K C O S M O S C D V U D
D C G Y G G Y A W Y K L I M A
S A C A R A D I A T I O N W U
X L A R I P S U O N I M U L M
```

German chemist Robert Bunsen's name is well known in science laboratories not only for his scientific observations but for his invention: a candle-shaped gas burner that has come to be known as a Bunsen burner. Listed below are names of men and women inventors.

☐ APGAR, Virginia
☐ ARMSTRONG, Edwin (H.)
☐ BALDWIN, Matthias (W.)
☐ BELL, Alexander Graham
☐ BENDIX, Vincent
☐ BENZ, Karl
☐ BERLINER, Emile
☐ BROWNING, John (M.)
☐ BUNSEN, Robert (W.)
☐ BURROUGHS, William
☐ CARTWRIGHT, Edmund
☐ CARVER, George Washington
☐ COANDA, Henri (M.)
☐ COLT, Samuel
☐ COOPER, Peter
☐ DAGUERRE, Louis (J.)
☐ DA VINCI, Leonardo
☐ DEERE, John
☐ DIESEL, Rudolf
☐ DIXON, Joseph

☐ DUNLOP, John (B.)
☐ EASTMAN, George
☐ EDISON, Thomas Alva
☐ ERICSSON, John
☐ EVANS, Oliver
☐ FAIRBANKS, Thaddeus
☐ FITCH, John
☐ FORD, Henry
☐ FRANKLIN, Benjamin
☐ FULTON, Robert
☐ GOODYEAR, Charles
☐ GRAY, Elisha
☐ GUTENBERG, Johannes
☐ HAYNES, Elwood
☐ HOWE, Elias
☐ KELVIN, Lord
☐ LAND, Edwin (H.)
☐ LANGLEY, Samuel (P.)
☐ MACINTOSH, Charles
☐ MARCONI, Guglielmo
☐ MORSE, Samuel

☐ NOBEL, Alfred (B.)
☐ OLDS, Ransom (E.)
☐ OTIS, Elisha (G.)
☐ PERKIN, Sir William (H.)
☐ PULLMAN, George (M.)
☐ SHOCKLEY, William
☐ SHOLES, Christopher (L.)
☐ SINGER, Isaac (M.)
☐ SPERRY, Elmer (A.)
☐ TESLA, Nikola
☐ TULL, Jethro
☐ WAKEFIELD, Ruth
☐ WATT, James
☐ WESTINGHOUSE, George
☐ WESTON, Edward
☐ WHEATSTONE, Sir Charles
☐ WHITNEY, Eli
☐ WHITTLE, Sir Frank
☐ YALE, Linus, Jr.

INVENTIVE FOLKS

```
Z G G E B U N S E N Y A H S M U R C
K M O R S E L O H S N O T L U F A G
D M C E G A N K X G C O O P E R G S
G A E G D R B Z D I U N C K V L P X
X R V N V F R R V C D O A E W S A O
L C A I W Z O W B M G S R S F K M V
K O N S N F W E A R M S T R O N G Z
C N S I W C N C E T X C W Y U A I T
E I A S H D I B A U T I R C A B N G
B V D M I N N D S L D R I D R R R S
I L D X T E G I K L S E G W N I G X
O E N O T S T A E H W E H O C A W N
E K S U L O A I V L F I T C H F L W
N H G S E P F E V Y T S S P E R R Y
H Y I B B E R L I N E R U F R A E O
P E E G K R A A E W I L E S E I D I
O L N A E K N Y C O L W K Y E F I W
L G W U S I K O R M E D D C D W S O
N N G D Y N L A A H B O Y L O T O X
U A W E S T I N G H O U S E A H N H
D L M P G Z N U M G N D T V O B S E
```

Though examples of leather items dating back to 3000 B.C. have been found in Egypt, leather was not manufactured for the general market until the nineteenth century of our era.

- ☐ BAGS
- ☐ BELT
- ☐ BLACK
- ☐ BONDED
- ☐ BOOT
- ☐ BRIEFCASE
- ☐ BROWN
- ☐ BUCKSKIN
- ☐ CALFSKIN
- ☐ CATTLE
- ☐ GLOVE
- ☐ HIDE
- ☐ JACKET
- ☐ JEWELRY
- ☐ LIZARD
- ☐ NATURAL
- ☐ PATENT
- ☐ POLISHED
- ☐ PURSE
- ☐ SADDLE
- ☐ SHARK
- ☐ SHINY
- ☐ SHOE
- ☐ SMOOTH

- ☐ SNAKE
- ☐ SOAK
- ☐ SOFA
- ☐ SOFT
- ☐ SOLE
- ☐ STIFF
- ☐ STRETCH

- ☐ SUEDE
- ☐ SUITCASE
- ☐ TANNING
- ☐ TOUGH
- ☐ TREAT
- ☐ VEST
- ☐ WALLET

```
G F T H B H H V D A H G U O T
Y L F S G R C H S T T H O N R
A S O I Y N I H S H O C W S J
S F S V T D I E M O O T G K T
A S C A E S V N F M M E I D E
D B U C K S K I N C S R L L K
D B L P V N R P A A A T O Y C
L I Z A R D D U C L T S S T A
E B T T C E E T P F E U E R J
Z K M E D K I H G S R E R E C
W O W N L U T L S K Y D W A C
B O O T S L K H G I T E T T L
R B L N E K A N S N L T K Y V
S G A B B R O W N R L O T E V
A U A L K S S Z Y E E T P D L
```

Connecticut's shipbuilding heritage is kept alive at the Mystic Seaport Museum. The 17-acre riverfront attraction features knowledgeable artisans in period costumes who demonstrate many of the skills performed in the 19th century, both nautical-related and those of everyday life.

☐ AQUARIUM
☐ BANK
☐ BARRELS
☐ BOATS
☐ CHANDLERY
☐ "CHARLES (W.) Morgan" (ship)
☐ COAST
☐ COSTUME
☐ CRAFT
☐ CRUISES
☐ DOCK
☐ EXHIBITS
☐ FIGURE-HEADS
☐ GIFTS
☐ GUIDE
☐ HARBOR
☐ HULL
☐ "JOSEPH (W.) Conrad" (ship)
☐ MARINERS
☐ MODEL ships
☐ MUSEUM
☐ OARS
☐ PLANETARI-UM

☐ PORT
☐ PROGRAMS
☐ REPAIRS
☐ RIGGING loft
☐ ROPE
☐ SAIL
☐ SCHOONER

☐ SCRIMSHAW
☐ SHIPYARD
☐ SHOPS
☐ TOUR
☐ VESSELS
☐ VILLAGE
☐ WHALING

```
B S E S I U R C R A F T C S M
M T T S N P Y M O D E L Q H U
H E R F D X A B V S D G G O S
P R O G R A M S A W T U I P E
E W P L A N E T A R I U M S U
S R H R I G L H I D R U M L M
O E O A A P S G E Y I E I E A
J P F L L M G X S R H X L S R
E A L O I I H H A E U C B S I
D I A R N I N U R L L G B E N
V R C G B G Q G O D L R I V E
S S A I L A E U B N C S A F R
G S T F I G N D R A Y P I H S
S S H J D O C K A H T S A O C
T O U R E N O O H C S T A O B
```

The auditorium is the heart of most schools. It's where newcomer orientation lectures are given as well as where graduation ceremonies are sometimes conducted.

☐ AISLE
☐ ASSEMBLY
☐ BAND
☐ CHORUS
☐ CLASS
☐ CONCERT
☐ CURTAIN
☐ DANCE
☐ DEBATE
☐ FILM
☐ FLAG
☐ GATHER
☐ GRADUA-
   TION
☐ HALL
☐ LECTURE
☐ LIGHTS
☐ LINES
☐ MOVIE
☐ MUSIC
☐ PARENTS
☐ PERFORM

☐ PIANO
☐ PLAY
☐ PRINCIPAL
☐ PROJECTOR
☐ PUPILS
☐ PUPPETS
☐ RECITAL

☐ SCHOOL
☐ SEATS
☐ SKITS
☐ SPEAKER
☐ STAGE
☐ TALK
☐ VIDEO

```
U P A Y M D P D L P M R S K S
L U H A L L D E B A T E H K G
R E A S O B I E M R C H I O A
K U C O T L M F S E A T S Y D
G H H T N E L E S N S A C C E
G C O M U G P P S T H G I L I
S M R O F R E P G S E L S L R
U B U V R A E I U G A I U R J
U Y S I K D P C E P A L M E T
O V T E B U I G I D P L C T R
K A R M P A A C Y T L N F S E
O E D I V T N U N I A T R U C
J R L A S I O D N D Y L S M N
Y S K P R O J E C T O R K G O
K P F P E N S S P R C H E C C
```

Instead of reading in a straight line, each word has one bend in it. One word has been looped for you.

☐ ALEHOUSE

☐ ANTICS

☐ BUCKWHEAT

☐ CERAMICS

☐ CORSAIR

☐ DATELINE

☐ EASTBOUND

☐ EMERALD

☐ FANFARE

☐ GALLEON

☐ GEOLOGY

☐ HAIRCUT

☐ IDAHO

☐ ISTANBUL

☐ JAZZY

☐ JUNGLE

☐ KINGPIN

☐ LIFT-OFF

☐ MONARCH

☐ PREMIX

☐ PYRAMID

☐ RATTLER

☐ RUNWAYS

☐ SHOOFLY

☐ SMART

☐ SOCKETS

☐ TADPOLE

☐ TENNIS

☐ TWO-WAY

☐ UNBOLT

☐ VAULT

☐ WISHBONE

☐ WOMBAT

☐ YOUTHFUL

☑ ZIGZAG

```
L R Z F F O J E S U O H E U Y
I E A T T L E R P O L E V L P
N J T F T J M D M G L A P Y A
E R I A N F A R E Y U O R R M
A L B U D T K Z R Y L A E O I
W M B N A T S I Z I T C M G C
O U S B E Y L G N H A U I I S
L Z T O N F A Z F G J S O X D
I J A L O L A U O P C O R Y J
R A E O B G L Z J I A W N U R
C T H A H T W E T N Y Y N T X
U S W I S R A N O M D G S E I
T T K O C T N M I N O L L M R
W E C H W E B W U S I X A E A
O K U B T A Y O H A D U P R O
```

Only one word list for two diagrams! You must discover in which diagram each word is hidden.

☐ BALLAD
☐ BESIDE
☐ CLEVIS
☐ CLIPPER
☐ COMPEL
☐ DISBURSE
☐ ELEMENT
☐ FISCAL
☐ FURNISH
☐ GLIDE
☐ ISTHMUS
☐ JOCKEY
☐ LABEL
☐ LOAM
☐ NAIVE
☐ OFFSET
☐ PODIUM
☐ PROCURE
☐ RANSOM
☐ RAPIER
☐ SACHET
☐ SIREN
☐ STENCIL
☐ STOCK
☐ SURPLUS
☐ TRAGEDY
☐ VERBOSE
☐ WASTE

WORD SEEK 226

```
U F N U H S I N R U F Y
J G E O T S U A V P H E
Y K R A N S O M L J L K
D V I S B J R I H E J C
E N S U J E O K M T M O
G H N R P V S E C U S J
A R A P T R N I I O Y I
R V I L Y T H D D L T P
T L V U L C O M P E L S
C V E S U P Y O L S T L
```

WORD SEEK 227

```
P C E E N O V C U F W F
U L W V G S S G B H I S
I A C D I S B U R S E T
E B E V T R D U C P M E
R E E T E H C A S D H N
U L E I S R L D L G D C
C O P S F A B V W L V I
O A M A F S W O O I A L
R M S T O S E T S D I B
P C W B U T T V T E T O
```

The hardest aspect of writing is deciding what you want to say. Once you have that, the second-hardest aspect is saying it! Here is a list of words about writing a story to help inspire and guide you as you jot down a tale of your own!

☐ ACTION
☐ BEGINNING
☐ CLIMAX
☐ CONCEPTS
☐ CONFLICT
☐ CRAFT
☐ DIALOGUE
☐ DRAFT
☐ EMOTION
☐ ENDING
☐ EXPERIENCE
☐ FICTION
☐ FORM
☐ GOAL
☐ GRAMMAR
☐ HOOK
☐ IDEA
☐ IMAGES
☐ MIDDLE
☐ MOOD
☐ NOVEL
☐ OUTLINE
☐ PARAGRAPH
☐ PLOT

☐ PROLOGUE
☐ REALITY
☐ REWRITE
☐ SCENE
☐ SENTENCES
☐ STORY

☐ STRUCTURE
☐ SUSPENSE
☐ SYNTAX
☐ TECHNIQUE
☐ TIME
☐ WORDS

```
P S Y N T A X X T F A R D F F
D C T H O O K R G G T H O X I
D E X P E R I E N C E R A E C
M B L A E G S G R A M M A R T
A G E R C C E L D D I M D U I
C N V G K T N A G L T O I T O
T I O A I U T O C O Y M A C N
I D N R Y N E O C P A R L U U
O N W A T N N E U G O L O R P
N E I P I F C I E V N C G T I
R L L L L R E S N E P S U S S
M B T I A A S T Q G N I E I P
O U C F E M O T I O N E L F C
O T T D R L E U Q I N H C E T
D C I D P B G R A W O R D S S
```

The tea bag is commonplace among today's tea drinkers. But until 1902, when it was first marketed, tea could be prepared only by using loose leaves. Here is a list featuring words relating to bags.

- ☐ BAGGAGE
- ☐ BAGPIPE
- ☐ BASES
- ☐ BOOK bag
- ☐ BOWLING bag
- ☐ BROWN bag
- ☐ CANVAS bag
- ☐ DUFFEL bag
- ☐ GOLF bag
- ☐ GRAB bag
- ☐ GROCERY bag
- ☐ HANDBAG
- ☐ KNAPSACK
- ☐ LAUNDRY bag
- ☐ LAWN bag
- ☐ LUGGAGE
- ☐ MONEYBAG
- ☐ OVERNIGHT bag
- ☐ PAPER bag
- ☐ POTATO sack
- ☐ POUCH
- ☐ PUNCHING bag

- ☐ PURSE
- ☐ SANDBAG
- ☐ SANDWICH bag
- ☐ SATCHEL
- ☐ SCHOOL bag
- ☐ SHOPPING bag

- ☐ SHOULDER bag
- ☐ SLEEPING bag
- ☐ SUITCASE
- ☐ TEA BAG
- ☐ TOTE bag
- ☐ TRAVEL bag

```
F G G G N G V H G N I L W O B
A C G W A B W G C O T A T O P
U S A N D B A G K I L T H M H
S L A M I B D R B D W G G W C
E U G W A P B N G N A D I A U
S S I E P I P G A B E B N C O
A A T T P K S O Y H G V R A P
B T Y I C U L E H P A P E R S
K C A S P A N K S S G E V H L
T H P C U O S C N R G O O D E
O E A N M O H E H A U U L U E
T L D K O O B P G I L P D F P
E R B R O W N G K D N F S F I
Y E N L T R A V E L Y G D E N
A O B G R B G R O C E R Y L G
```

The oldest domesticated beans in the Americas were found in the Ocampo Caves of Mexico and date back to 4000 B.C. It was from Mexico that beans were brought to the rest of North America.

- ☐ BAKED
- ☐ BOIL
- ☐ BROWN
- ☐ BURST
- ☐ CALCIUM
- ☐ CANNED
- ☐ CHILI
- ☐ COFFEE beans
- ☐ COLORS
- ☐ COOKED
- ☐ CULTIVATE
- ☐ DRIED
- ☐ DRY BEANS
- ☐ FRESH
- ☐ GREEN shell-beans
- ☐ IRON
- ☐ KIDNEY
- ☐ LIMA
- ☐ MUNG BEANS
- ☐ NAVY
- ☐ PINTO
- ☐ PODS
- ☐ PROTEIN
- ☐ RECIPE
- ☐ RIPE
- ☐ SEEDS
- ☐ SHAPES
- ☐ SKINS
- ☐ SNAP beans
- ☐ SOYBEAN
- ☐ STRING beans
- ☐ TASTE
- ☐ VERSATILE
- ☐ VITAMINS
- ☐ WAX BEANS

```
D M R W S S D O P L X F D D L
O O P B L E H E P I R K R E S
S O S F N P P A K M L Y Y K M
E N N N O T N I P A B I I O U
E T A V I T L U C E B N H O N
D C P E A M G N A E S F B C G
S S O Y B E A N L K R G X P B
F V Y P F X S T C N T A S T E
E I V E R S A T I L E D Y B A
E W A I R O I W U V N E O I N
F A N O R I T K M G N I R T S
F R L W T I S E R D L R N G I
O O E I O C R W I B I D N L P
C R H S S R U K C N S Y G E W
F M W I H Y B H Y O L U A I I
```

A diorama is an exhibit consisting of modeled figures in front of a painted or modeled background. Dioramas are often used by museums to depict historical events and animals in natural settings.

- ☐ ANIMALS
- ☐ BACKDROP
- ☐ BUILDINGS
- ☐ CARD-BOARD
- ☐ CELLO-PHANE
- ☐ CRAFT
- ☐ CRAYONS
- ☐ CREATIVE
- ☐ CURTAINS
- ☐ DEPTH
- ☐ DETAIL
- ☐ DOORS
- ☐ FABRIC
- ☐ FLAT figures
- ☐ FLOOR space
- ☐ FOLDING
- ☐ GLUE
- ☐ HOBBY
- ☐ HOUSES
- ☐ ILLUSION
- ☐ LIGHT
- ☐ ORIGINAL
- ☐ PAINTING
- ☐ PAPER

- ☐ PIPE cleaners
- ☐ POPSICLE sticks
- ☐ SCENES
- ☐ SCISSORS
- ☐ SETTING
- ☐ SHOEBOX

- ☐ THREE-dimensional
- ☐ TREES
- ☐ UNIQUE
- ☐ WALLS
- ☐ WINDOWS

```
Y L R E P A P B O W X S H B P
I A I S N O Y A R C P M T I B
U N I Q U E L C I S P O P Q A
W I N D O W S K G N I E E A E
A M V B D O X D I X T L D V S
L A Y M G R O R N T E I I E Q
L L C A R D B O A R D T N B G
S S I S T O E P L E A E U G N
P E N A H P O L L E C I F O I
K S T I T X H L R S L T I F D
R U F T A E S C F D Y S A E L
B O A W I T D B I G U B U L O
T H R E E N R N Q L R L B N F
S M C L N O G U L I G H T O I
A G S R O S S I C S R O O D H
```

We've gone to great lengths with this puzzle whose list includes things that can be stretched, both figuratively and literally. Stretch your imagination and see how many of the words you can locate in the puzzle diagram.

- ☐ A POINT
- ☐ BELT
- ☐ BOOTS
- ☐ BUDGET
- ☐ CANVAS
- ☐ CLOTHES-
  LINE
- ☐ COLLAR
- ☐ ELASTIC
- ☐ FACTS
- ☐ FISHER-
  MAN'S catch
- ☐ GLOVES
- ☐ IMAGINA-
  TION
- ☐ JEANS
- ☐ LEGS
- ☐ MEALS
- ☐ MONEY
- ☐ MUSCLES
- ☐ PATIENCE
- ☐ PAYCHECK
- ☐ PLASTIC
  BAG
- ☐ ROPE

- ☐ RUBBER band
- ☐ SHOES
- ☐ SMILE
- ☐ SOCKS
- ☐ STORY
- ☐ SUSPENDERS
- ☐ SWEATER

- ☐ TAFFY
- ☐ TIGHTS
- ☐ TIME
- ☐ TRUTH
- ☐ YARN
- ☐ YAWN
- ☐ YOUR MIND

```
K V S S A V N A C T L E B F W
T R U T H Y A P O I N T I M E
N D O H O G A B C I T S A L P
S O E G H O B W L Y H S Y H A
K I I I S E B S N E N R A Y T
C B I T P W E Y R B G R M L I
O K N O A H E M P U G S S O E
S C R Y T N A A E D B D H Y N
I E A O O N I L T G J B O M C
A H L M S J I G S E S U E G E
F C L C O M L D A T R K S R U
A Y O V S O E N C M A F G E A
C A C E V U S A I L I F S K R
T P W E J W M N L S H D F D B
S U S P E N D E R S T O R Y V
```

Hairpins date back about 10,000 years. U-shaped hairpins, called "bobbing pins," were introduced in 17th-century France to hold bobbed hair in place under wigs. The English changed the term to "bobby pins." Various types of fasteners are listed below.

☐ ANCHOR
☐ BARRETTE
☐ BELT
☐ BOLT
☐ BRACE
☐ BRAID
☐ BUTTON
☐ CATCH
☐ CHAIN
☐ CLAMP
☐ CLASP
☐ CLIP
☐ CLOTHESPIN
☐ DOWEL
☐ HASP
☐ HITCH
☐ HOOK
☐ LATCH
☐ LOCK
☐ MOORING
☐ NAIL
☐ RIVET
☐ ROPE
☐ RUBBER BAND

☐ SCREW
☐ SEAL
☐ SKEWER
☐ SNAP
☐ SPIKE
☐ STAPLE
☐ STRAP

☐ STRING
☐ TAPE
☐ THUMBTACK
☐ TWINE
☐ VISE
☐ WIRE
☐ ZIPPER

```
O E A S T C S P I K E N I T B
H R T R A B A T G N I R T S T
W R W T P R D N A I L U E L C
L C C T E S I V C P E B E S L
M H E P O R A V T H L B K R L
O A P V O A R L E O O E B A T
D I P O P W B A C T W R W P G
Z N M W G E I K B E A B I O L
S P S A H N H R R C L A M P D
K A W V C I T C E W B N O I L
N N B P T W S E A L U D B L V
K S K C A T B M U H T I Z C R
N H H O L R Z P E T T L Z L O
E V Z A O M T V U U O R O O R
V C L O T H E S P I N A H B K
```

The 5-letter words below are found in the diagram in a V shape pointing left, right, up, and down. The key to finding them all is just around the corner!

☑ APRON
☐ BALLS
☐ BOGEY
☐ CADDY
☐ CARDS
☐ CARRY
☐ CARTS
☐ CHIPS
☐ CHOKE
☐ CLUBS
☐ DIVOT
☐ DRIVE
☐ EAGLE
☐ FLAGS
☐ FLIER
☐ GREEN
☐ HEADS
☐ HOLES
☐ HOOKS
☐ IRONS
☐ LINKS
☐ PITCH
☐ PUNCH
☐ PUTTS
☐ ROUGH
☐ ROUND

☐ RULES
☐ SCORE
☐ SHAFT
☐ SHANK
☐ SHOES
☐ SLICE
☐ SPOON

☐ SPORT
☐ SWING
☐ TRAPS
☐ TREES
☐ WATER
☐ WEDGE
☐ WOODS

```
S J F H T U L F M O S R J L I
C E E R O I G I L K E N N R N
T E E R G K S H N I T K O O K
N R N N G D L P D R C S O R O
B D A O O E P D O A U H W P P
E P B M R O Y U R D C L S I C
S B E P O S W O N D E A N A W
S P A G L E C C R S S G R A S
K E Y L D S H A A E I R T T U
X N O H E F G P L P Y H O E S
S H A A C S I G S F D V C T R
S H O S R T Q E A B H C I O S
S T A O P U U D S E I E U D V
Z F K V L U B T R C V L A N Y
T S W C H G T S E I A I S W D
```

Catalonia is an autonomous Spanish border territory that connects Mediterranean Spain to France. It is comprised of four provinces, one of which is Barcelona, where more than a third of the region's population resides.

- ALMONDS
- BADALONA
- BALEARIC Islands
- BARCELONA
- BEACHES
- BERGA
- BLANES
- CALELLA
- CERVERA
- COAL
- CORK
- COSTA Dorada
- FRANCE
- FRUIT
- GANDESA
- GERONA
- LA MOLINA
- LEAD
- LERIDA
- MANRESA
- MATARO
- OLIVES
- PORT BOU

- POTATOES
- RIALP
- RICE
- RIPOLL
- SABADELL
- SEO DE URGEL

- SITGES
- SPAIN
- TARRASA
- TOURISM
- TREMP
- VINEYARDS

```
T I L G G R D K M E L C D O P
N O P L I A U K S E H C A E B
F C U P E D N O A C T S L C A
A N O R E G V D H I E F M N L
D L C S I A R I E R U T O A E
L O O P T S K U N S R L N R A
F E R B O A M A E E A N D F R
B R K A B R M O M D Y Y S R I
O S U N T R T P A C O A L O C
L E R I D A M B L S B E R G A
I G E L T T M I O A E A S D G
V T G O U E M T D U I N P U S
E I P M E R C E R V E R A F T
S S Y A N O L E C R A B I L H
G A L L E L A C L L Y N N H B
```

Actor Robert Duvall made his film debut in 1963 as the mysterious Boo Radley in "To Kill a Mockingbird." The small role launched his career as one of Hollywood's most sought-after character leads and supporting players. Below are titles of Robert Duvall's big and small screen credits.

- ☐ APOCALYPSE Now
- ☐ BADGE 373
- ☐ BETSY, The
- ☐ BREAKOUT
- ☐ BULLITT
- ☐ CAPTAIN Newman, (M.D.)
- ☐ CHASE, The
- ☐ COLORS
- ☐ CONVER-SATION, The
- ☐ COUNT-DOWN
- ☐ DAYS of Thunder
- ☐ DETECTIVE, The
- ☐ EAGLE Has Landed, The
- ☐ GOD-FATHER, The
- ☐ GREAT Santini, The
- ☐ HAND-MAID'S Tale, The
- ☐ JOE KIDD
- ☐ LADY Ice

- ☐ LAWMAN
- ☐ M*A*S*H
- ☐ NATURAL, The
- ☐ NETWORK
- ☐ NEWSIES
- ☐ OUTFIT, The
- ☐ PURSUIT of (D.B.) Cooper, The

- ☐ RAIN PEOPLE, The
- ☐ RAMBLING Rose
- ☐ REVOLUTIONARY, The
- ☐ TENDER Mercies
- ☐ TOMORROW
- ☐ TRUE Confessions

```
K W B A P O C A L Y P S E S I
E T U Y I U J O E K I D D S Y
G E L G A E K N U B D H E R R
D N L C G R E A T N K A A O A
A D I A O W J A L A T N O L M
B E T W S N Y S W M O D Y O B
E R T I E W V S R I C M O C L
H E E V I T C E T E D A C W I
N S Y A D O H U R E S I A O N
A T A N K T L E S S B D P R G
M H I M A O V U D I A S T R P
W Y C F V P U R S U I T A O V
A T D E T N A T U R A L I M B
L O R A T U E S A H C M N O S
G O R E L P O E P N I A R T N
```

A radio station's listeners are most familiar with its disc jockeys and newscasters. But the station relies on the efforts of many other individuals, such as the salespeople and the station manager, to operate successfully. Here is a list of some on-air and behind-the-scenes people and terms associated with radio stations.

☐ ANTENNA
☐ CALL letters
☐ COMMERCIALS
☐ CONTESTS
☐ CONTROL room
☐ DIALS
☐ DIRECTOR
☐ DISC jockey
☐ ENGINEER
☐ FEATURES
☐ HEAD-PHONES
☐ LISTENERS
☐ LIVE
☐ MANAGER
☐ MUSIC
☐ NEWS
☐ ON THE AIR
☐ PRODUCER
☐ PROMOTION
☐ RANGE
☐ RATINGS
☐ RECORDS
☐ REQUESTS

☐ SCHEDULE
☐ SHOWS
☐ SONGS
☐ SPECIALS
☐ SPORTS
☐ STUDIO

☐ TALK radio
☐ TAPES
☐ TIMING
☐ TRAFFIC report
☐ TRANSMIT
☐ WEATHER

```
U T R A N S M I T O K L P P R
N I P V E T E R E C O R D S E
A M P R E G A N A M O U G E Q
L I R Q O F N L O M U N N P U
O N O P F D L A O H O H D A E
R G T I L A U T R S P O R T S
T V C S L A I C E P S D I P T
N V E O C O M M E R C I A L S
O D R N N H A S E R U T A E F
C D I T C T E N G I N E E R H
I F D H N S E D N N S V L T W
S G F E L T I S U E I W G M K
U Q W A S R G D T L T T O L H
M S I I O I D U T S E N A H H
C D L R E H T A E W I T A R S
```

Navigation is the skill of determining a vehicle's position and directing its movement. In ancient times, the positions of celestial bodies and wind direction were used. The Middle Ages brought the use of simple charts and compass points. Today, ships and planes use satellite navigation.

☐ ANGLE   ☐ OCEAN   ☐ SPEED

☐ BEACON   ☐ RADAR   ☐ STARS

☐ CELESTIAL   ☐ SEXTANT   ☐ TIME

☐ CHART   ☐ SHIP   ☐ WATER

☐ COMPASS   ☐ SONAR   ☐ WEST

☐ COMPUTER   ☐ SOUTH   ☐ ZENITH

☐ COURSE

☐ CURRENT

☐ DEGREE

☐ DIRECTION

☐ DISTANCE

☐ EAST

☐ ELECTRONIC

☐ FIXES

☐ GYROSCOPE

☐ HORIZON

☐ LATITUDE

☐ LONGITUDE

☐ LORAN

☐ MOON

☐ NADIR

☐ NAVIGATOR

☐ NORTH

```
O S R C B A F I X E S E I O P
X E P O M E B B M H A P X T I
E Y U M T L A I T S E L E C H
C V S P Y A T C T N A T X E S
H E D U T I G N O L E F L R D
I C L T E V S I C N U R A C H
Z N U E X P T L V N L T R O B
I A H R C C O M P A S S R U C
C T H T E T E C T E N I T R C
V S T R U E R I S C Z G U S M
F I I R R O T O M O N R L E X
E D N G A U S O N A R O L E U
T S E W D H O O D I B Y R W H
S D Z E A N C I N Z C D G T Z
W A T E R B R A Z B B B T B I H
```

By age 9 Johannes Brahms was a gifted pianist, and by age 20 he was already a much-respected composer. During the last thirty years of his life he often went on tours to conduct and play his own compositions, but he refused to leave the European continent.

- ☐ "ACADEMIC Festival Overture"
- ☐ "ALTO Rhapsody"
- ☐ BALLADS
- ☐ BEARD
- ☐ CHAMBER music
- ☐ CHILD prodigy
- ☐ COMPOSER
- ☐ CONCERTOS
- ☐ CONDUCTOR
- ☐ DOUBLE Concerto
- ☐ DUET
- ☐ "FOUR SERIOUS Songs"
- ☐ GERMAN
- ☐ HAMBURG (birthplace)
- ☐ HONORS
- ☐ "HUN-GARIAN Dances"
- ☐ LIEDER (German songs)
- ☐ MUSIC
- ☐ PIANO
- ☐ QUARTETS

- ☐ RECITAL
- ☐ SERENADES
- ☐ SONATAS
- ☐ STYLE
- ☐ SYMPHONIES
- ☐ TEACHER
- ☐ TOUR

- ☐ "TRAGIC Overture"
- ☐ TRIOS
- ☐ VIENNA
- ☐ VIOLIN Concerto
- ☐ WALTZES
- ☐ "WIEGENLIED" ("Lullaby")

```
E S U O I R E S R U O F F M Z
S T Y L E R B P O R R N S U F
R E C I T A L T V E E Y O S H
M T N O U C L H H I M D S I C
T R E B M A H C O P E D E C Y
S A U C O D A I H N A N R I D
A U H O W E E O L L O R N G L
T Q U M T M N I L D O R A A G
A N N P O I W A L T Z E S R V
N H G O E C B D C N O I U T M
O N A S N D O U B L E B F B Z
S E R E N A D E S Q M G L Y Q
S O I R T N I T N A M R E G B
F L A C O U Y P H N I L O I V
C O N C E R T O S D R A E B W
```

This puzzle has been grounded because all of the hidden words of 4 or more letters can either precede or follow GROUND. We have looped one word for you and provided the first letters of those remaining.

Word list on page 290

A <u>BOVE</u>

A _____

B _____

B _____

B _____

B _____

B _____

C _____

C _____

C _____

C _____

C _____

F _____

F _____

F _____

F _____

G _____

L _____

L _____

M _____

P _____

P _____

P _____

R _____

S _____

S _____

S _____

S _____

S _____

S _____

S _____

T _____

U _____

W _____

W _____

W _____

W _____

Z _____

```
D S C Q H P R F N F D C O K W
W S S G P I A P D L G F U A U
W A O U Z I H M F O L S V I T
C M T E R O F A C O V E R Y R
N R R E F F E C Z R C D W U T
S O E B R E A K I N G A O S Y
T C K W E L K C A T S R B A H
A R O C E R P T E Q S A L T O
T U R R A L S F U V L P O Q G
E L T T A B K I P L O L E S S
P E S N U P R S V K C B R E U
G L A S S R O H R Y F E A R D
H L E V E L W I R E D Q H V W
Q W O L E B C N T N T L D G A
L O R T N O C G U K R P W Y G
```

Evidence of the use of costumes is found throughout recorded history. Theater, which developed from ancient religious rites, has preserved the use of costumes, setting them apart from everyday clothes by sometimes distorting familiar styles and by creating outfits from other historical periods and other countries. Here is a list of words associated with theater costumes.

☐ BEADS
☐ BELT
☐ BOWS
☐ BROCADE
☐ CAPE
☐ CAPS
☐ DESIGNS
☐ DRESS
☐ ELEGANT
☐ ENSEMBLE
☐ FABRICS
☐ FRINGE
☐ FURS
☐ GARB
☐ GLITZ
☐ GLOVES
☐ GOWN
☐ HATS
☐ HEMS
☐ JACKET
☐ NECKLACE
☐ ORNATE
☐ PATTERNS
☐ RIBBON
☐ RUFFLES
☐ SASH

☐ SATIN
☐ SCARFS
☐ SEQUINS
☐ SEWN
☐ SILK
☐ STRIPES

☐ STYLES
☐ SUIT
☐ TAPE measure
☐ THREAD
☐ TURBAN
☐ VELVET

```
U I Y O B N T E K C A J T C M
B N R G Y D W Z G L I T Z A D
W O A S K A Z E R N S K D P E
M R W D F E S N S N I U Q E S
B S U S T R I P E S E R I D I
K A B F Y H A C A L E S F T G
N E G M F T K C B C R R B E N
A Y L E S L B M S U Z T D R S
B R O C A D E N F H N D I U I
R P V C T S A S H A A B S Y L
U V E N N T D M G O B T E A K
T R S E P A S E K O Y R S L M
M K U S W P L H N L W E I O T
O R N A T E V L E V I N F C G
P A T T E R N S A T I N I Z S
```

The eyes speak volumes, as is often said, and this puzzle supports that thought with words that describe what eyes do.

☐ ATTEND   ☐ NOTICE   ☐ SCRUTINIZE

☐ BEHOLD   ☐ OBSERVE   ☐ SQUINT

☐ BLINK   ☐ OGLE   ☐ STARE

☐ DETECT   ☐ PEEK   ☐ SURVEY

☐ DISCERN   ☐ PEER   ☐ VIEW

☐ DISTINGUISH   ☐ PERCEIVE   ☐ WATCH

☐ ESPY   ☐ RECOGNIZE   ☐ WINK

☐ EXAMINE   ☐ SCAN   ☐ WITNESS

☐ GANDER

☐ GAPE

☐ GAZE

☐ GLANCE

☐ GLARE

☐ GLIMPSE

☐ INSPECT

☐ LEER

☐ LOOK

☐ MARK

☐ NOTE

```
A M T R E E L G O E K H D B A
G Q X S M V T A C B L I N K Y
G E H S I U G N I T S I D E M
E D N E T T A D G C K E V E W
E E W N Z L P E E E S R R P E
R T O T G I E R U P U Q A V P
I E C I T O N H M S K T T M E
V C C W Q I S I O N N N D S R
O T A O Y Z L N T I I S T K C
R S R B G G I E K U W A D D E
G H I N S N A S Q O R L H R I
A W C I O C I S P E O C A U V
I P S T R G A Z E H S L S H E
K B E X A M I N E U G P M G D
P E K S C W K B R R S S Y X R
```

This puzzle is ruled by similes whose words of comparison containing 4 or more letters are hidden in the diagram. The first letter of each missing word has been provided for you. Word list on page 253

C LEAN
as a
W HISTLE

C _____
as a
B _____

C _____
as a
C _____

C _____
as a
B _____

F _____
as a
B _____

H _____
as a
L _____

H _____
as a
R _____

H _____
as a
K _____

H _____
as a
H _____

L _____
as a
F _____

Q _____
as a
M _____

S _____
as a
T _____

S _____
as
M _____

S _____
as a
W _____

S _____
as an
A _____

S _____
as a
M _____

S _____
as
H _____

T _____
as
T _____

T _____
as
L _____

```
B D B S H C K M D G K D Y U A
S E L H N R O B B U T S R D R
M O L A S S E S N H I M R I W
W C W U T K M B G K R A L G B
Y H H E M C H I M D H R I C E
B P I M S O A H B U T T O N E
Y U P S T R I I N D C O H H D
Q K C A T I O G V H L U L N N
F P I S H L R H P E W G C L T
N S C T I Y E S U O M H K R F
M D T G E S H A R P F C N O B
E H H N V E T R T A I R A U Y
A T O L E N A I P H E Y E I O
C H U M S W E E T B E L L E F
B A E C H W F H G E E R C M W
```

242

It's easy to relate to this puzzle because all of the words listed below describe various sorts of relationships.

- ☐ AFFILIATE
- ☐ AIDE
- ☐ ALLY
- ☐ ASSISTANT
- ☐ ASSOCIATE
- ☐ AUNT
- ☐ BROTHER
- ☐ BUDDY
- ☐ CHUM
- ☐ COHORT
- ☐ COLLEAGUE
- ☐ COMPANION
- ☐ COMRADE
- ☐ CONSORT
- ☐ COUSIN
- ☐ COWORKER
- ☐ DAUGHTER
- ☐ ESCORT
- ☐ FATHER
- ☐ FIANCE
- ☐ FRIEND
- ☐ HELPER
- ☐ HUSBAND
- ☐ KINSMAN
- ☐ MATE
- ☐ MOTHER
- ☐ NEPHEW
- ☐ NIECE
- ☐ PARENT
- ☐ PARTNER
- ☐ PEER
- ☐ RELATIVE
- ☐ RIVAL
- ☐ SISTER
- ☐ SPOUSE
- ☐ UNCLE
- ☐ WIFE

```
W Y P C N H E L P E R T G N R
V I H K T T W T H E C N A I F
S U F R N E C E A A O U V S G
M A T E E D L O H I L A C U S
V G R T D H N C N P L L W O D
T A S S I S T A N T E I Y C R
P B S I U E P O B U A N F F E
S I P S N M C T R S G I R F L
B C O W O R K E R B U I D E A
H O U C C C E I I O E H F E T
T M S E D P I N N N S A U R I
I R E T H G U A D S T N O G V
P A R T N E R M T H M H O M E
Y D D U B W N D E E O A H C F
R E H T O M T R O C S E N V M
```

Massive burls, or lumps, often grow on the trunks of older redwoods. These burls are valued for their beautiful grain and are often used for veneer. Small burls are sold for table decorations and will sprout when placed in water.

- ☐ BARK
- ☐ BRANCHES
- ☐ BURLS
- ☐ CALIFORNIA
- ☐ CIRCLES
- ☐ CLIMATE
- ☐ CLOSE
- ☐ COAST
- ☐ CONES
- ☐ FLOOR
- ☐ FOREST
- ☐ GRAIN
- ☐ GROW
- ☐ IMPRESSIVE
- ☐ LUMBER
- ☐ MASSIVE
- ☐ MOUNTAINS
- ☐ NEEDLES
- ☐ OREGON
- ☐ PARKS
- ☐ PRESERVE
- ☐ ROOTS
- ☐ SEEDS

- ☐ SEQUOIA
- ☐ SOFT
- ☐ STAND
- ☐ STUMPS
- ☐ SUNLIGHT
- ☐ TALL

- ☐ TREE
- ☐ TRUNKS
- ☐ UNITED States
- ☐ VALUED
- ☐ VENEER
- ☐ WEST Coast

```
P C M R Q W S D E E S G B R F
I E L U M B E R A P T R I B G
N T V O A Q N S M W A S M R R
H U A I S T V U T N E N A O O
C T U O S E T R C L O I W O W
A U F E I S S H D Q N A E L C
L T R E V T E E T H W T B F I
I O P R E S E R V E A N I K R
F D E T I N U T P M C U A V C
O R E G O N L N I M N O H R L
R O A U K I S L L L I M N E E
N O D S L L C T A I O U Q E S
I T S K R A P P A T G D R N S
A S K U E O V E E N E H M E T
L W B A R K K G W O D L T V P
```

This puzzle is a double treat! First find the underlined words from the recipe hidden in the diagram. Then clip the recipe and save it to make these delicious cookies.

ICEBOX OATMEAL COOKIES

1 cup butter	1½ cups flour
1 cup sugar	1 tsp. salt
1 cup brown sugar, packed	1 tsp. baking soda
2 eggs, beaten	3 cups instant oatmeal
1 tsp. vanilla	½ cup chopped walnuts

Cream together butter and sugars until light and fluffy. Add beaten eggs and vanilla. Sift together flour, salt, and soda; add to creamed mixture. Blend well. Add oatmeal and walnuts. Shape into rolls 1½ inches in diameter; wrap in waxed paper and chill overnight in refrigerator. Preheat oven to 350 degrees. Slice rolls into ¼-inch thick slices. Bake on an ungreased cookie sheet for 10 minutes. Makes 6 dozen.

```
Z I S D A S O D A B M I B T O G E T H E R
I B T G N H P D C A L U W A C P I N T O S
Y L H I G E D U K K Z A N R K R E T T U B
D E G R E E S E C I L S E G U E L A H F R
E N I L P T S E B N V A S M R H R L G E O
X D L P R N P D U G M A R E T E M A I D W
A E O U N A N T F E I T N K G A A K N H N
W H O Z C T S E D L N R H I R T O S R R C
C L V K E S L I T N U O R I L O A M E Y P
F S E H C N I N L A T F I S C L L P V D A
T D N Y M I X T U R E D F R T K A L O R R
X M C W B S U G A R S B A Y E P A H S W W
```

Locate and loop in the diagram only those words shown underlined in this poem.

METHUSELAH

Methuselah ate what he found on his plate,
And never, as people do now,
Did he note the amount of the calory count;
He ate it because it was chow.
He wasn't disturbed as at dinner he sat,
Devouring a roast or a pie,
To think it was lacking in granular fat
Or a couple of vitamins shy.
He cheerfully chewed each species of food,
Unmindful of troubles or fears
Lest his health might be hurt
By some fancy dessert;
And he lived over nine hundred years.

—Unknown

```
V D E C R O R Y N T L S M K V G V I Y Y
C H E W E D I S T U R B E D H I D D I L
O O A V V R D P F R C T T L C O D W G L
W E L P O E P D B O E Y H O B K N D I U
D T H I R U N G U E C S U G P U U O G F
P I H D F I R N N R B P S B I U O A T R
F S N I M A T I V B L E E E S M F R S E
C U I N N R N K N E L C L R D P L A T E
H C U U E K O C D G A I A M O U N T I H
O I L M V R A A Y U V E H V V P R R P C
W A O D E V I L S N Y S R A E F E U V A
R S S R R P L E S T N S A W K T A H W E
```

Locate and loop in the diagram only those words shown underlined in this poem.

So Fair, So Fresh

So fair, so fresh, so goodly unto see,
So well demeaned in all your governance,
That to my heart it is a great pleasance
Of your goodness when I remember me;
And trusteth fully where that ever I be,
I will abide under your obeisance-
So fair, so fresh, so goodly unto see,
So well demeaned in all your governance;
For in my thought there is no more but ye
Whom I have served without repentence,
Wherefore I pray you see to my grievance
And put aside all mine adversity-
So fair, so fresh, so goodly unto see,
So well demeaned in all your governance.

Charles D'Orleans

```
C E O D M S S I Y I C A W G S U E Y I R
Y E C F E T U O H T I W G H L W A L G I
B F C N A M U T T I E O E G O O D L Y R
U U R N E R E H T D O C D L D M V U C U
P G R E A T C A I D N S R N L U E F U T
Y B V F S S N B N A U S E E L E R H V N
N A R U I H A E V E N B B G V L S I M G
H E R I D N S E P F D R M I N E I P A R
P T L P E S I S L E E H E A R T T W F F
D A B H E R E H W P R A M V D H Y S V I
O O W A G P B F V G O V E R N A N C E L
R F T H G U O H T C M D R L O T N U V U
```

WORD SEEK 1

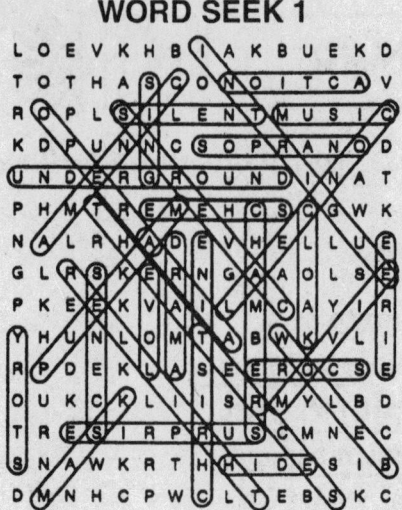

WORD SEEK 2

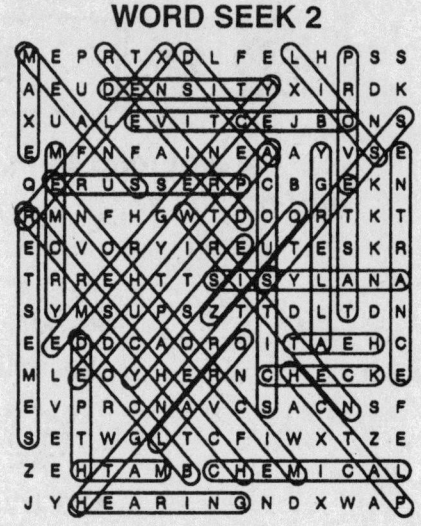

WORD SEEK 3

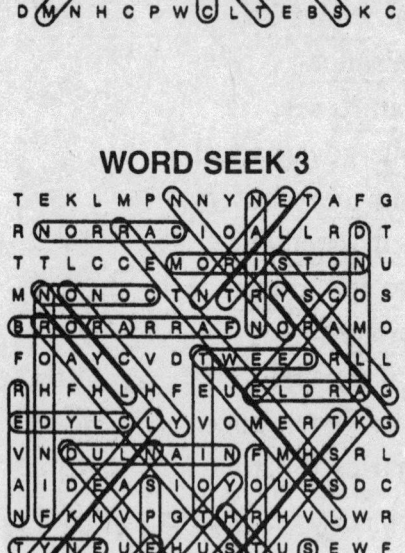

WORD SEEK 4

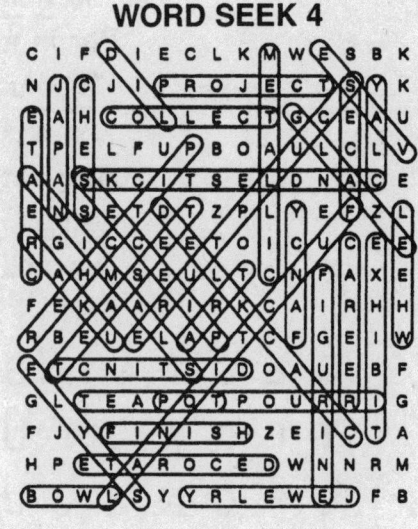

WORD SEEK 5

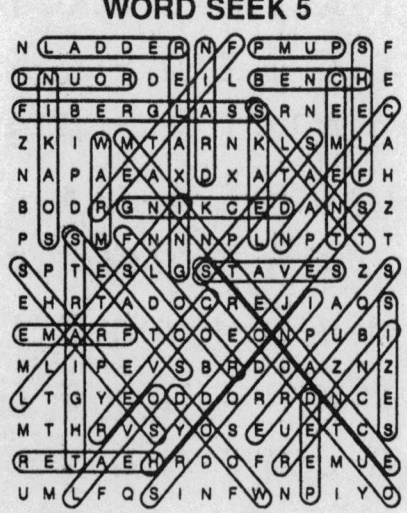

WORD SEEK 6

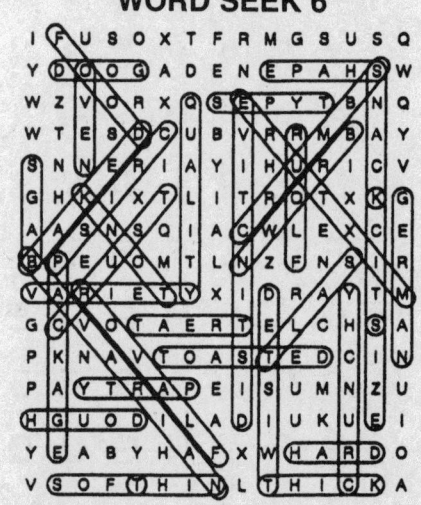

248

WORD SEEK 7

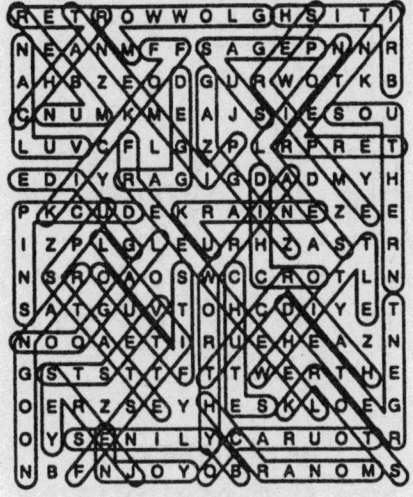

WORD SEEK 8

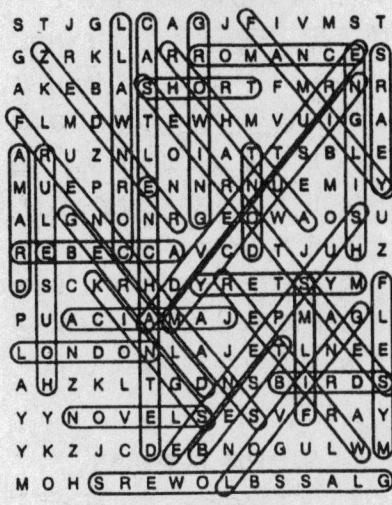

WORD SEEK 9

WORD SEEK 10

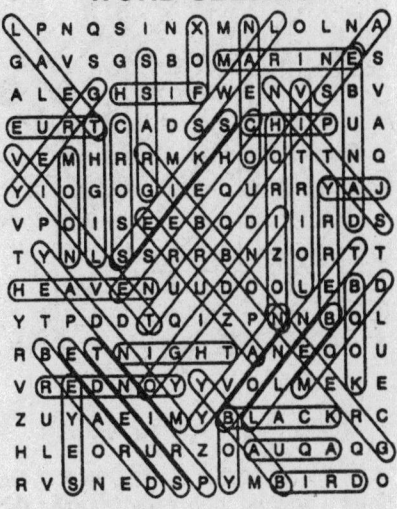

WORD SEEK 11

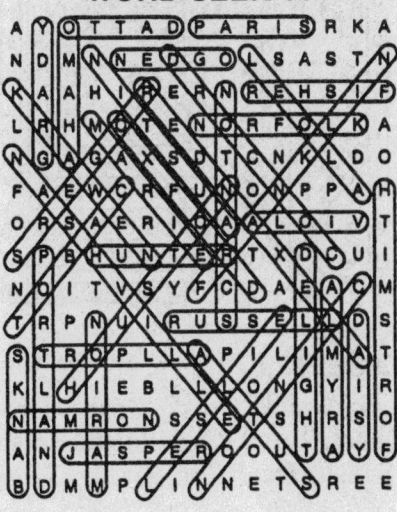

WORD SEEK 12

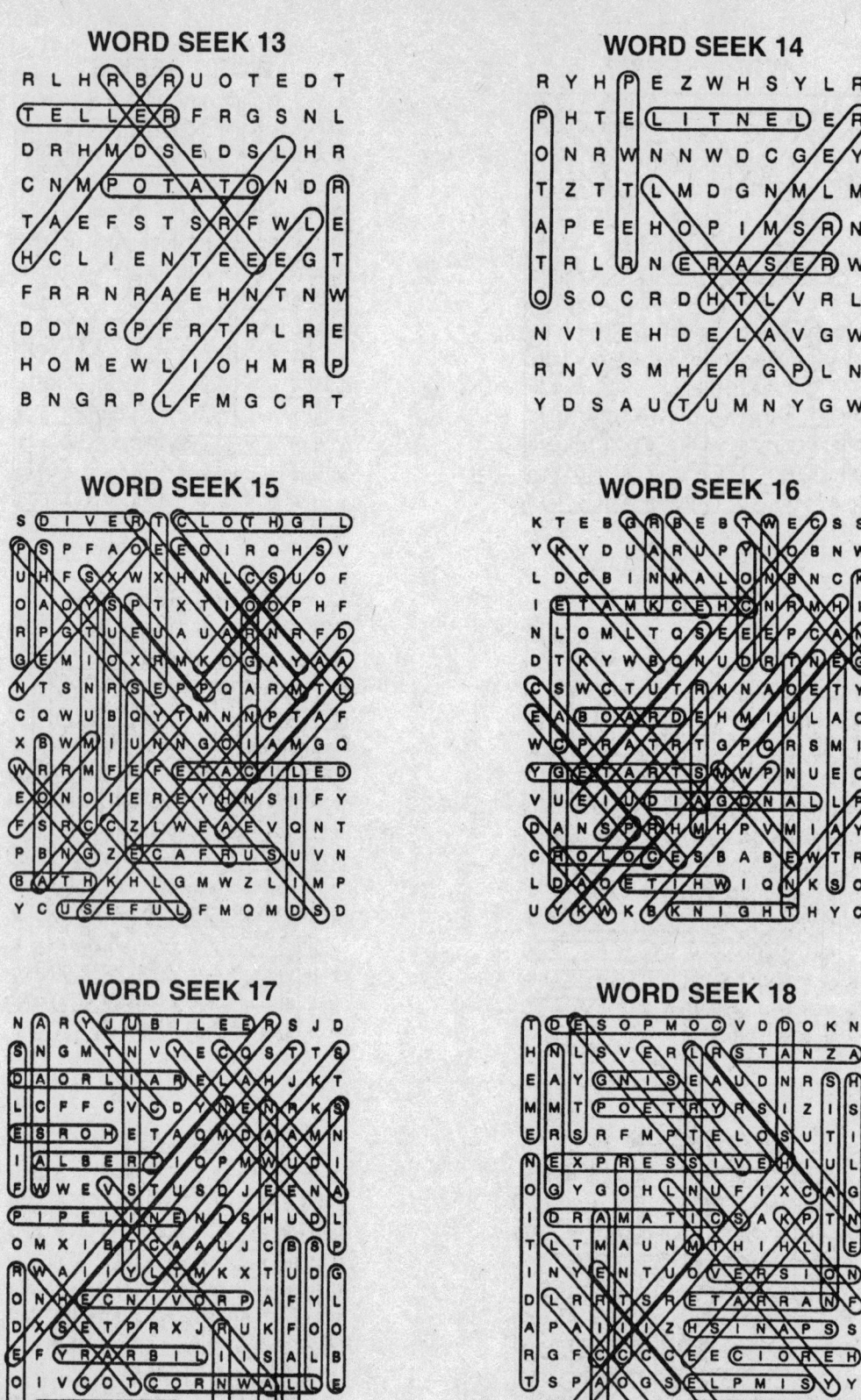

WORD LIST FOR WORD SEEK 9

Bang, Bark, Blast, Boom, Chirp, Clang, Clap, Click, Crack, Creak, Groan, Growl, Grunt, Gurgle, Honk, Howl, Jingle, Neigh, Peep, Quack, Ring, Roar, Rustle, Scream, Shout, Shriek, Sigh, Slam, Snore, Squeak, Squeal, Swish, Thud, Toll, Twang, Whack, Whimper, Whistle, Yell.

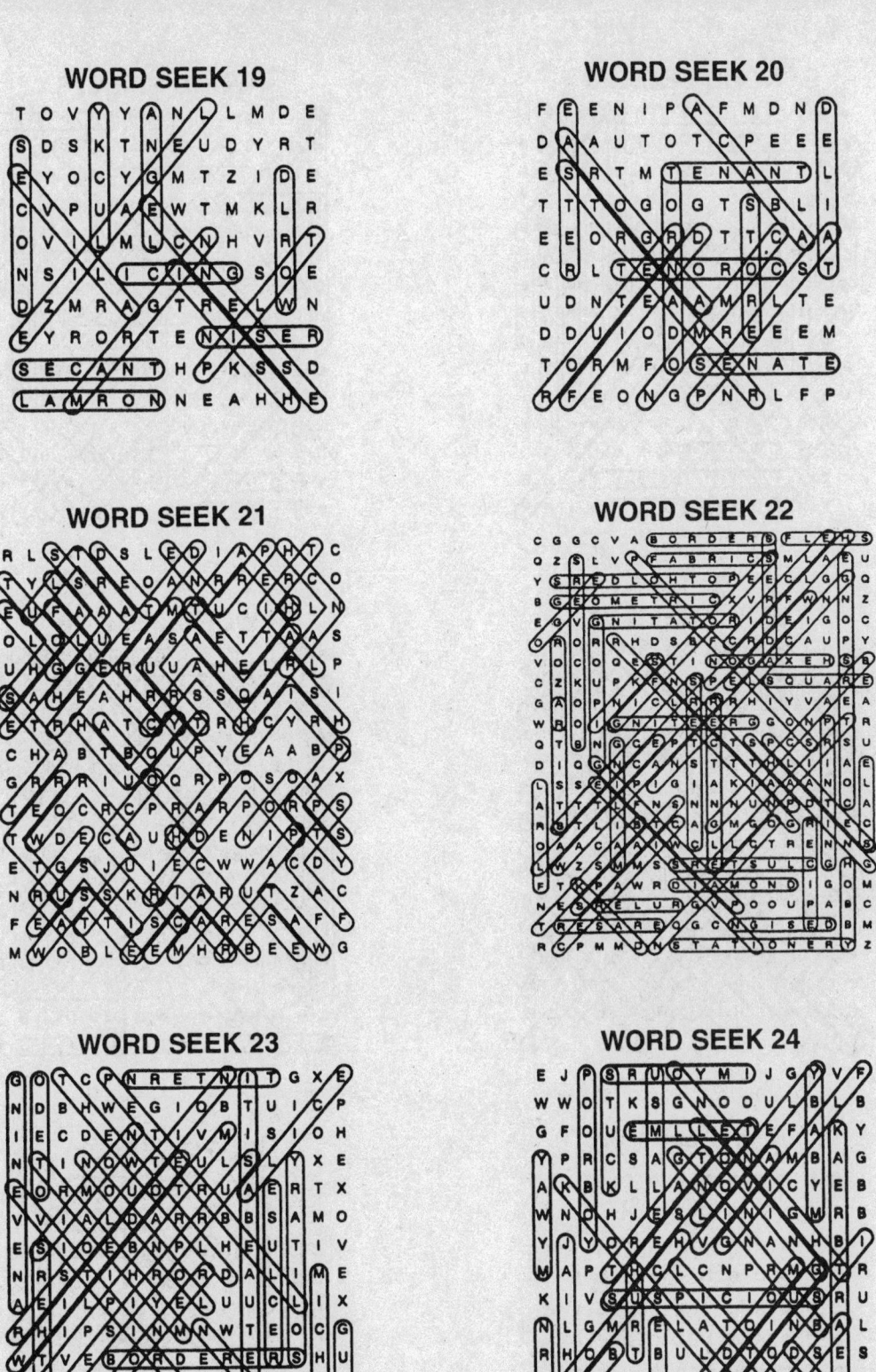

WORD SEEK 11 MYSTERY STATE

Arkansas - The Land of Opportunity - Apple blossom - Pine tree

WORD SEEK 25

WORD SEEK 26

WORD SEEK 27

WORD SEEK 28

WORD SEEK 29

WORD SEEK 30

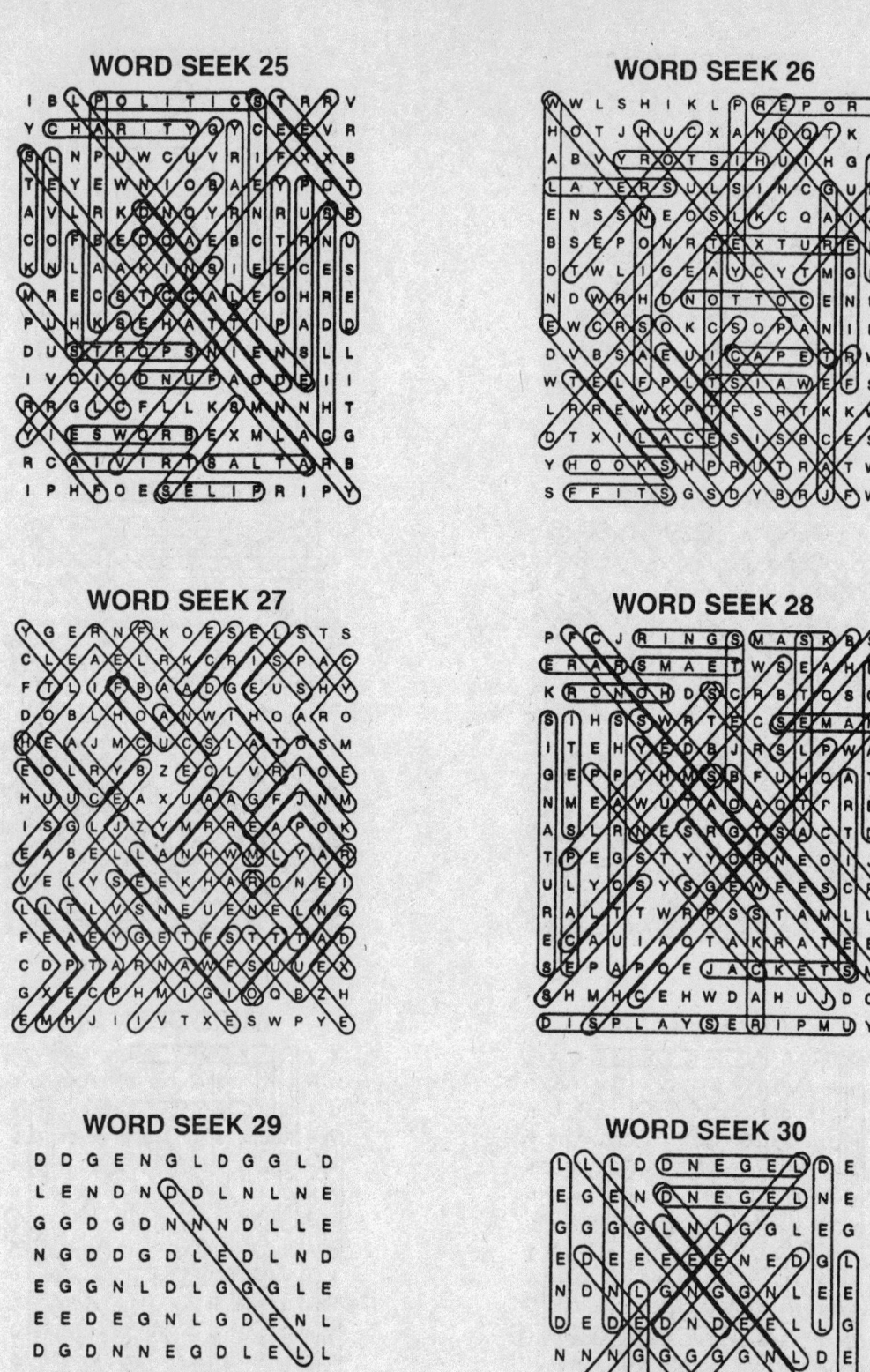

WORD LIST FOR WORD SEEKS 13 & 14
Eraser, Hammer, Lentil, Patrol, Pewter, Potato, Teller.

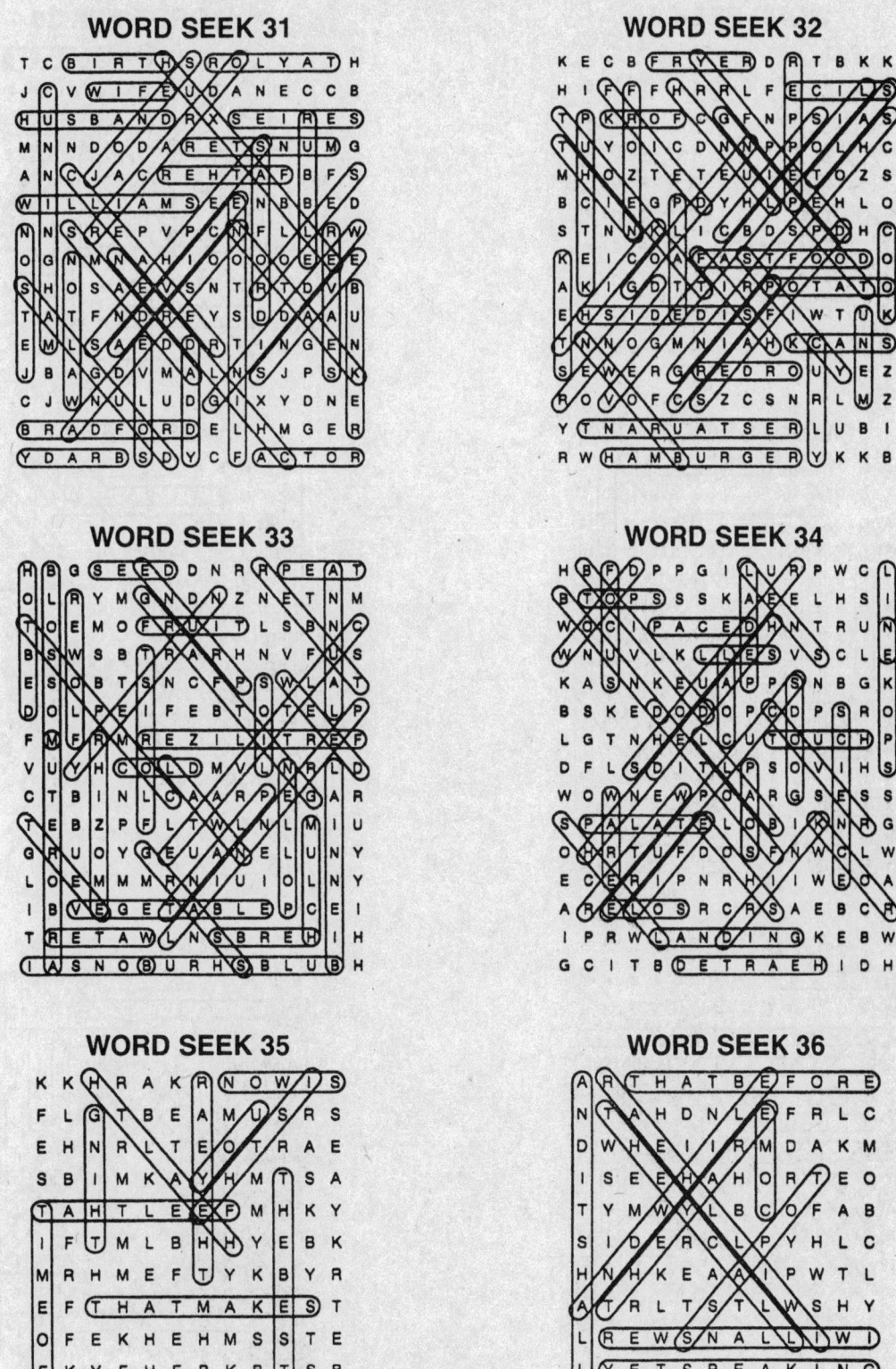

WORD SEEK 31

WORD SEEK 32

WORD SEEK 33

WORD SEEK 34

WORD SEEK 35

WORD SEEK 36

WORD LIST FOR WORD SEEK 243

Clean, Whistle, Clear, Bell, Cool, Cucumber, Cute, Button, Free, Bird, Happy, Lark, Hard, Rock, High, Kite, Hungry, Horse, Light, Feather, Quiet, Mouse, Sharp, Tack, Slow, Molasses, Smart, Whip, Straight, Arrow, Stubborn, Mule, Sweet, Honey, Thick, Thieves, Tough, Leather.

WORD SEEK 37

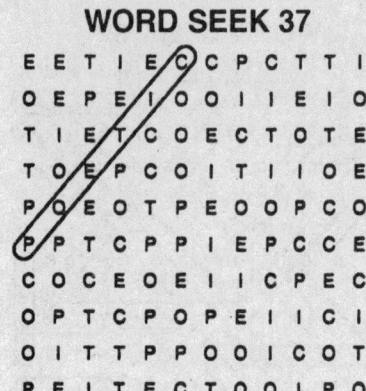

```
E E T I E C C P C T T I
O E P E I O O I I E I O
T I E T C O E C T O T E
T O E P C O I T I I O E
P O E O T P E O O P C O
P P T C P P I E P C C E
C O C E O E I I C P E C
O P T C P O P E I I C I
O I T T P P O O I C O T
P E I T E C T O O I P O
```

WORD SEEK 38

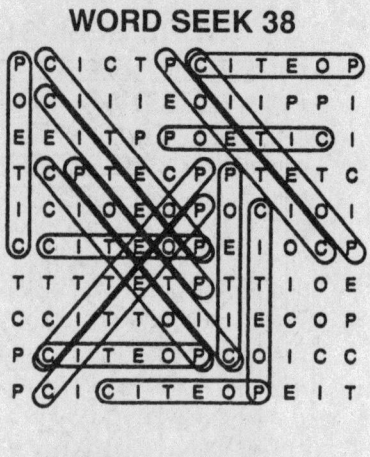

```
P C I C T P C I T E O P
O C I I I E O I P P I
E E I T P P O E T I C I
T C P T E C P P T E T C
I C I O E C P O C I O I
C I T E X O P E I C C
T T T E T P T T I O E
C C I T T O I I E C O P
P C I T E O P C O I C C
P C I T E O P E I T
```

WORD SEEK 39

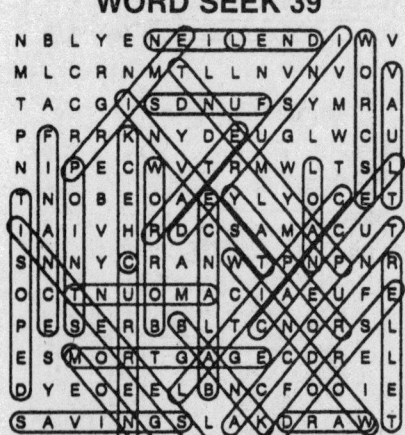

```
N B L Y E N E I L E N D I W V
M L C R N M T L L N V N V O V
T A C G I S D N U F S Y M R A
P F R R K N Y D E U G L W C U
N I P E C W V T R M W L T S L
T N O B E O A E Y L Y O C E T
I A I V H R D C S A M A C U T
S N N Y C R A N W T P N P N R
O C T N U O M A C I A E U F E
P E S E R B B L T C N O R S L
E S M O R T G A G E C D R E L
D Y E O E E L B N C F O O I E
S A V I N G S L A K D R A W T
S H S A C E Y T N N R A E U E
T Y M U Y P Y P E R C E N T S
```

WORD SEEK 40

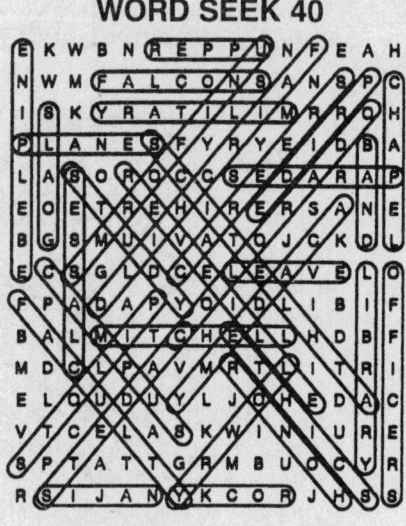

```
E K W B N R E P P U N F E A H
N W M F A L C O N S A N S P C
I S K Y R A T I L I M R R O H
P L A N E S F Y R Y E I D B A
L A B O R O C C S E D A R A P
E O E T R E H I R E R S A N E
B G S M U I V A T O J C K D
E C S G L D C E L X E A V E L O
F P A D A P Y O I D L I B I F
B A L M X I T C H E X L I H B F
M D C L P A V M R T I T R I O
E L O U D U Y L J C H E D A C
V T C E L A S K W I N I U R E
S P T A T T G R M B U O C Y R
R S I J A N Y K C O R J H S S
```

WORD SEEK 41

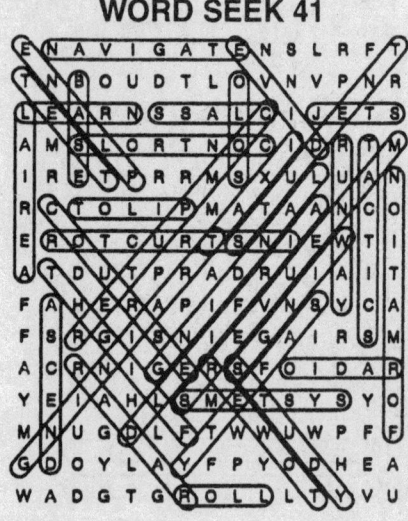

```
E N A V I G A T E N S L R F T
T N B O U D T L O V N V P N R
L E A R N S S A I C J E T S
A M S L O R T N O C I D R T M
I R E T R P R M S X U L U A N
R C T O L I P M A T A A N C O
E R O T C U R T S N I E W T I
A T D U T P R A D R U I A I T A
F A H E R A P I F V N S Y C A
F S R G I S N I E G A I R S M
A C R N I G E R G F O I D A R
Y E I A H L S M X E T S Y S O
M N U G O L F T W W U W P F
G D O Y L A Y F P Y O D H E A
W A D G T G R O L L L T Y V U
```

WORD SEEK 42

```
R L H X O O L G I F P S P S N
F S N A K E E K I L A J X A N S
V A D L N V E O R N A I E A U
E N K D A B A D G G S U H R O
R O H E H T O J A N M O D E I V
G V C V T X V O B V I P I G
E N A M X E L T T L N O X D B
S L X P R I J O I E I I O
P T A B N H O F K N E N E R T
P H A D T C V M O A D T T G D
M L E G I R M C F R E K L I M
X X D E T A T A H P D C V L
N E N C O R E X I L E U P E B
X A O H E R E C M S K R M N F
B V K D T S U C R I C H M X R
```

WORD SEEK 43

WORD SEEK 44

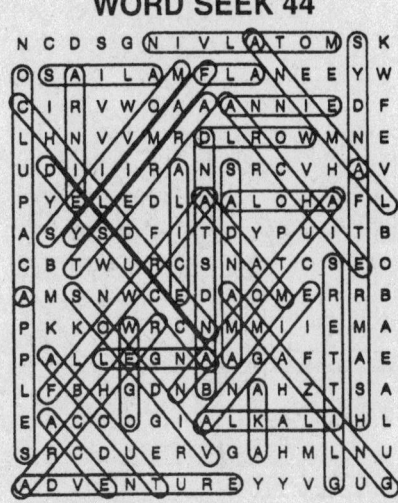

WORD SEEK 45

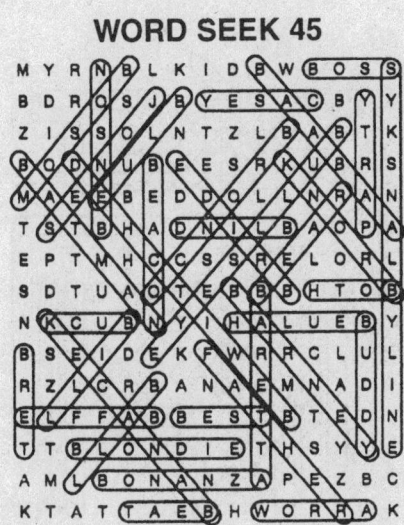

WORD SEEK 46

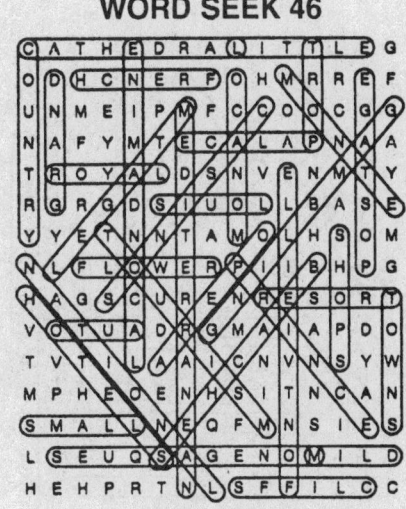

WORD SEEK 47

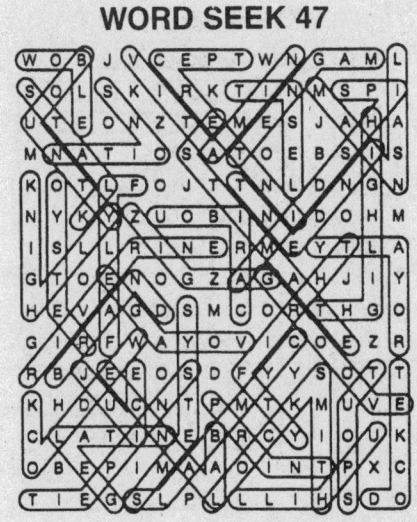

WORD SEEK 48

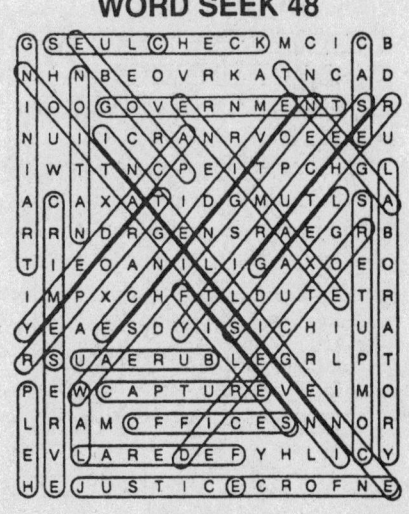

WORD SEEK 49

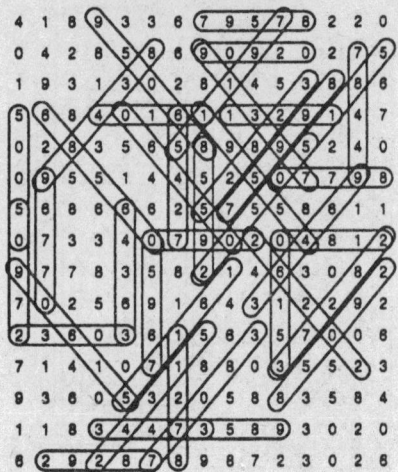

WORD SEEK 50

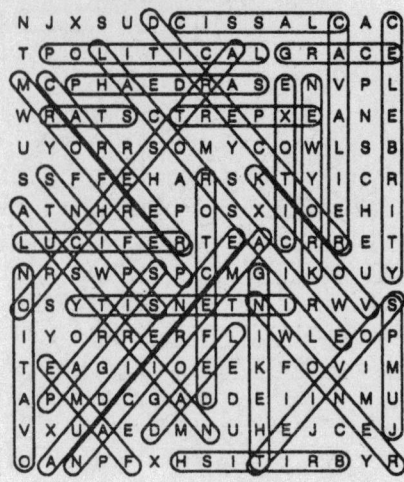

WORD SEEK 51

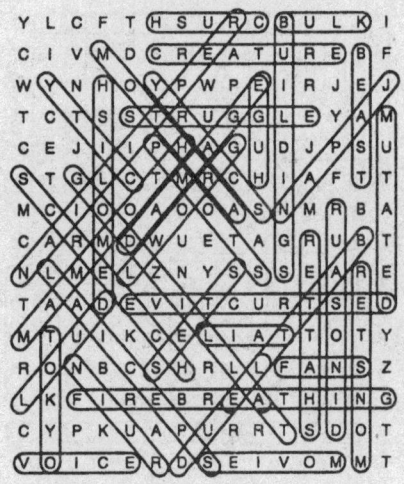

WORD SEEK 52

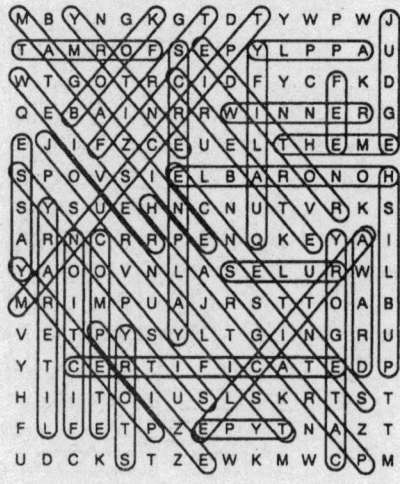

WORD SEEK 53

WORD SEEK 54

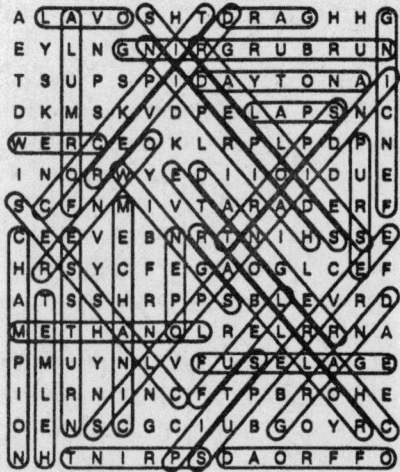

256

WORD SEEK 55

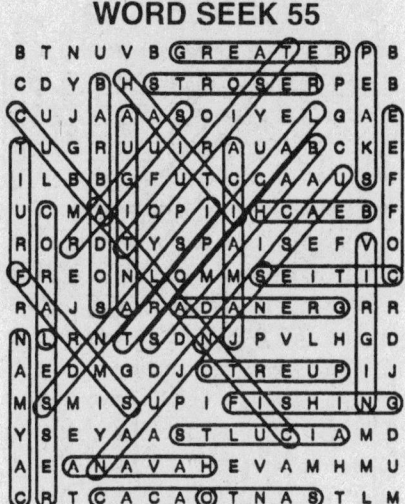

WORD SEEK 56

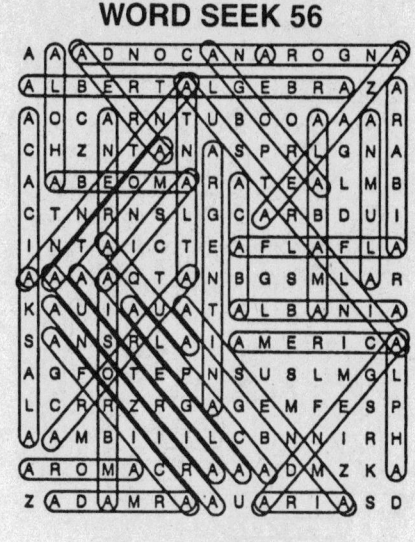

WORD SEEK 57

WORD SEEK 58

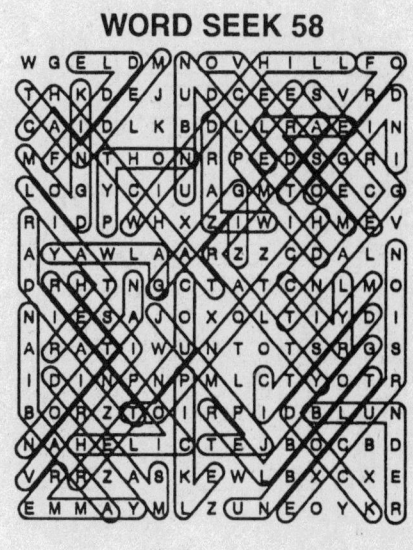

WORD SEEK 59

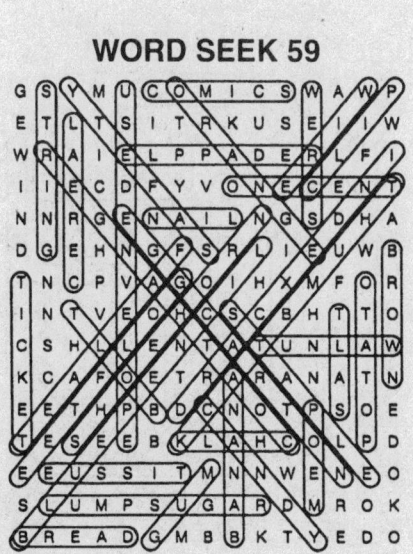

WORD SEEK 60

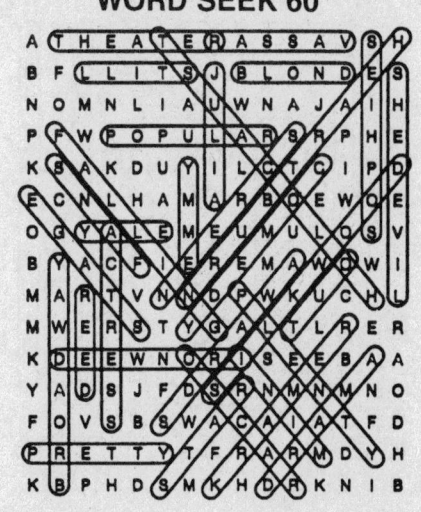

WORD SEEK 61

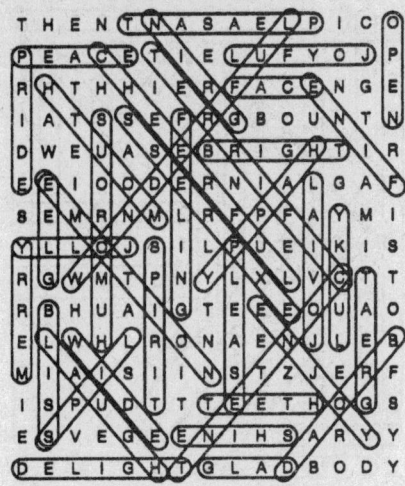

WORD SEEK 62

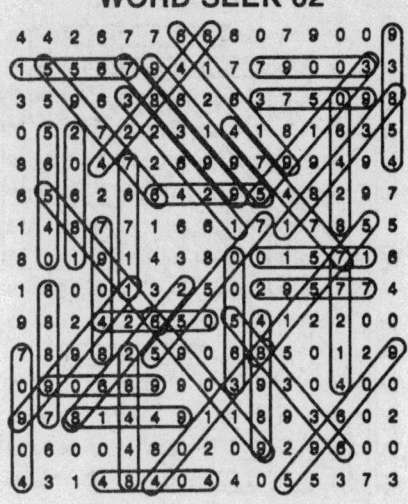

WORD SEEK 63

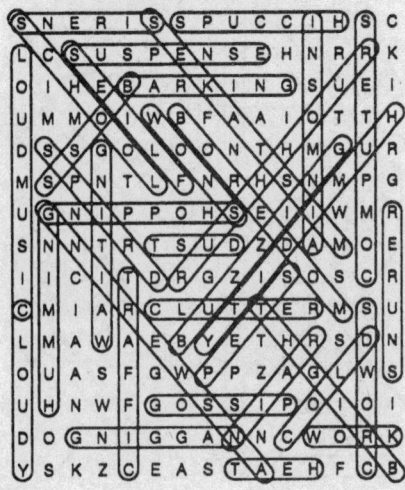

WORD SEEK 64

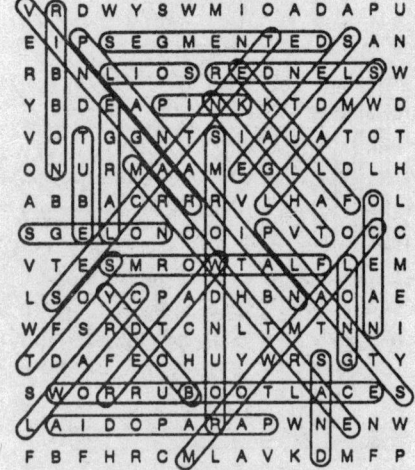

WORD SEEK 65

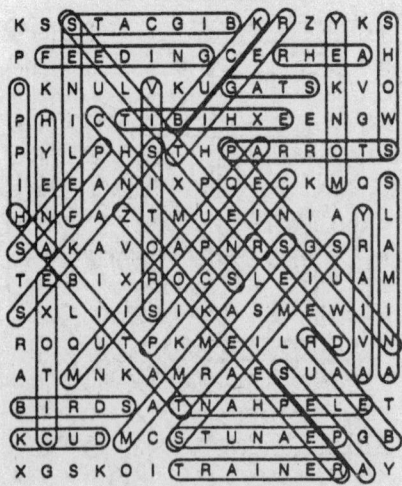

WORD SEEK 66

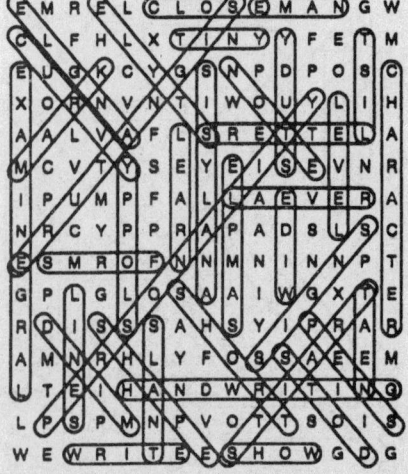

WORD SEEK 67

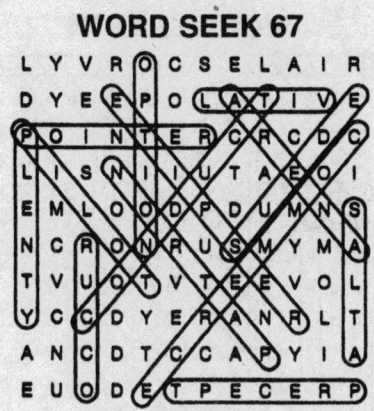

WORD SEEK 68

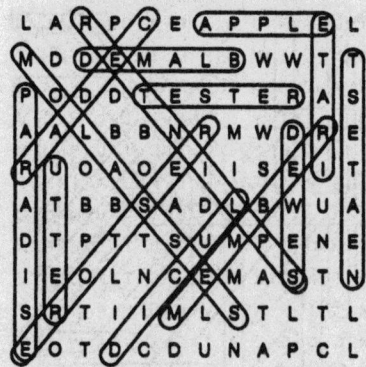

WORD SEEK 69

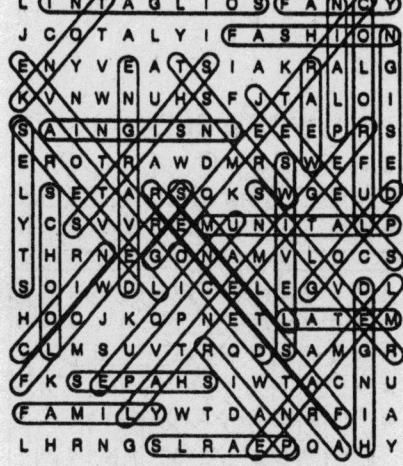

WORD SEEK 70

WORD SEEK 71

WORD SEEK 72

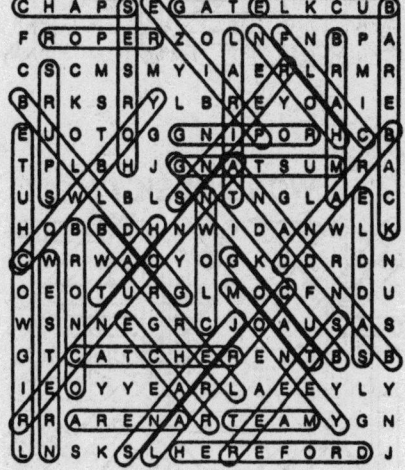

WORD LIST FOR WORD SEEK 56

Abaca, Acacia, Africa, Agenda, Agora, Alabama, Alaska, Albania, Alberta, Alfalfa, Algebra, Algeria, Aloha, Alpaca, Alpha, Alumna, Ambrosia, America, Amnesia, Amoeba, Anaconda, Angora, Antenna, Aorta, Aqua, Arabia, Area, Arena, Argentina, Aria, Arizona, Armada, Aroma, Asia, Atlanta, Aurora, Australia, Austria, Azalea.

WORD SEEK 73

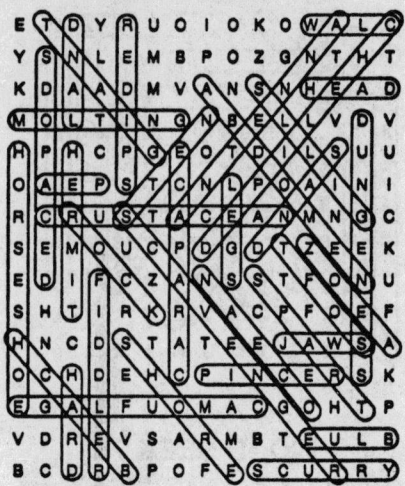

WORD SEEK 74

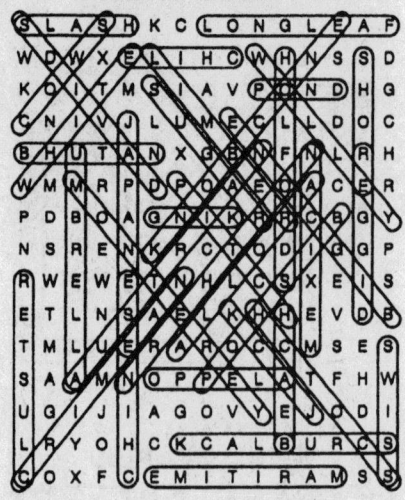

WORD SEEK 75

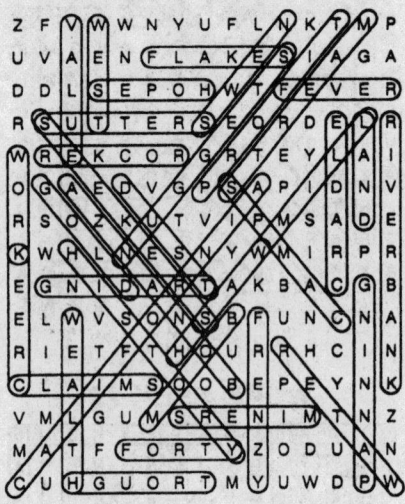

WORD SEEK 76

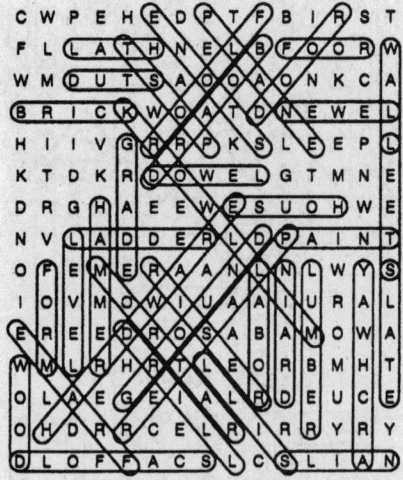

WORD SEEK 77

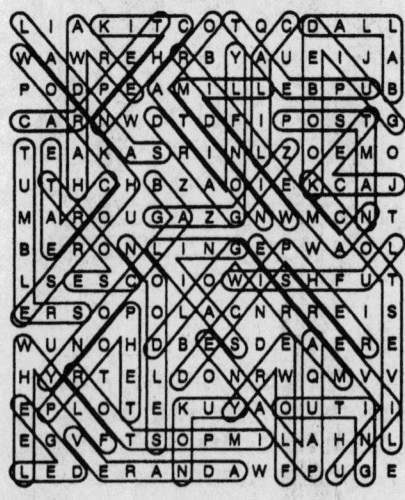

WORD SEEK 78

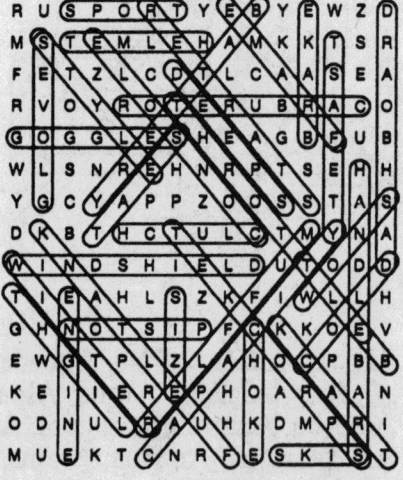

WORD SEEK 79

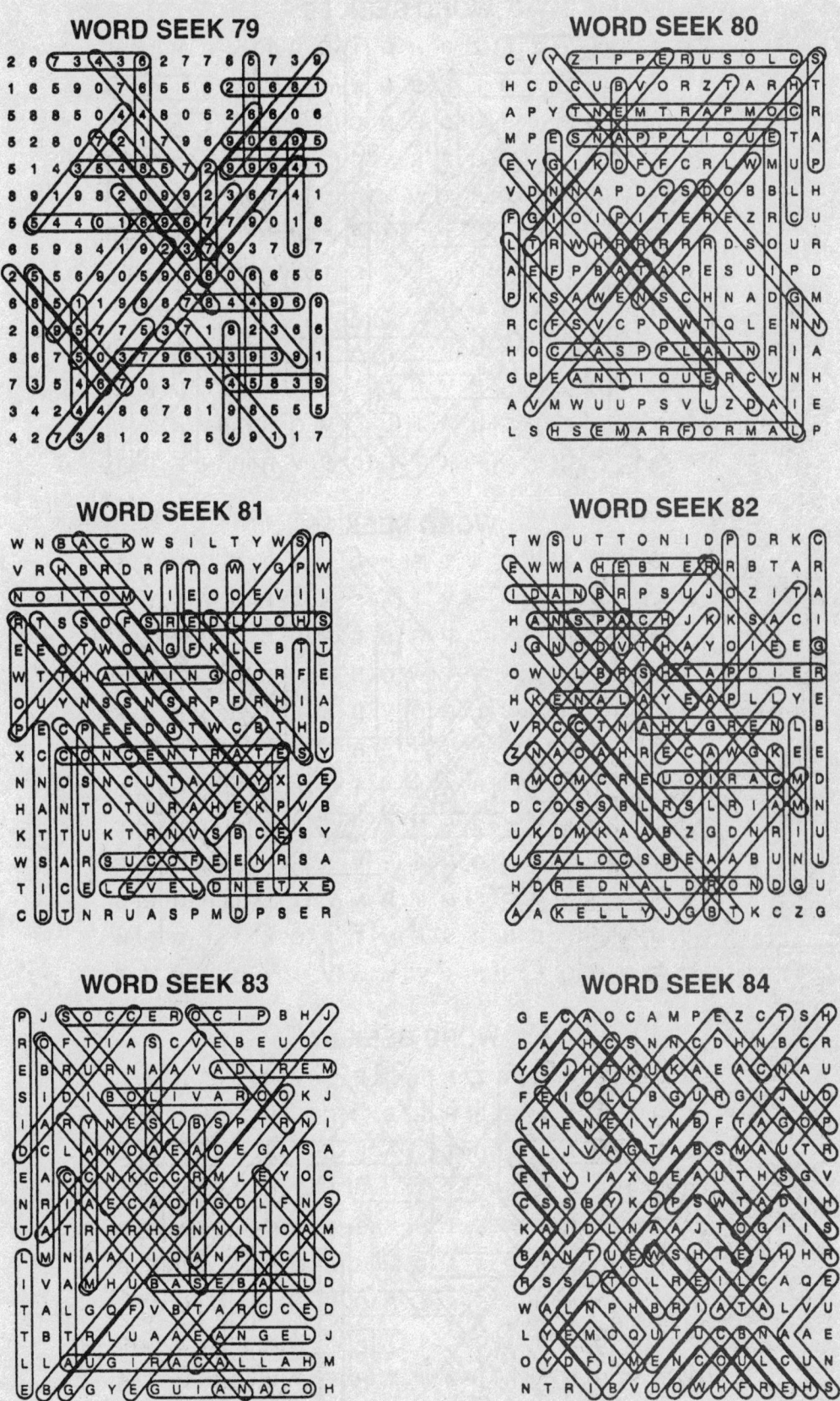

WORD SEEK 80

WORD SEEK 81

WORD SEEK 82

WORD SEEK 83

WORD SEEK 84

WORD SEEK 61 WIZARD WORDS
The nice thing about wearing a smile is that one size fits everybody.

261

WORD SEEK 85

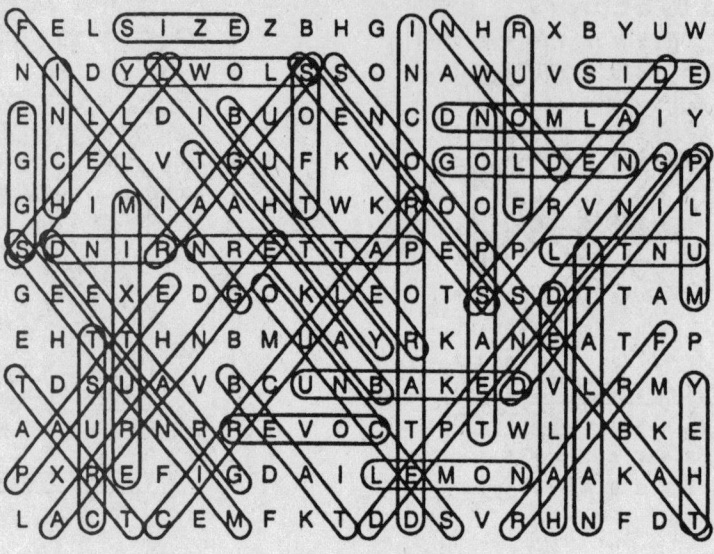

WORD SEEK 86

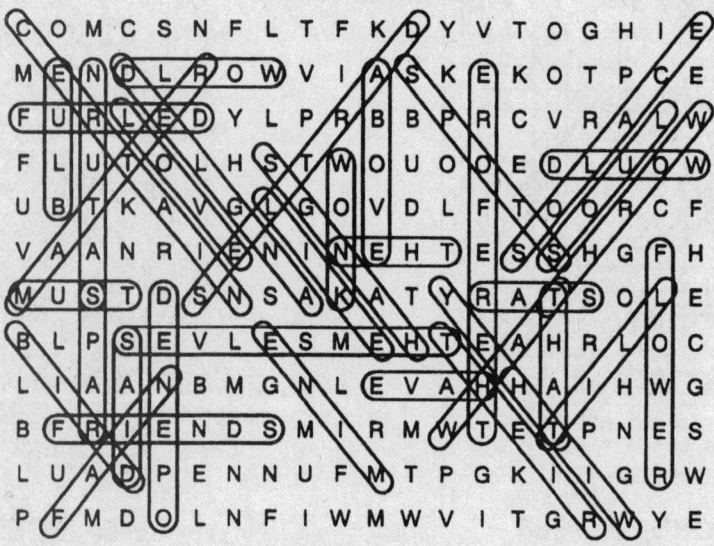

WORD SEEK 87

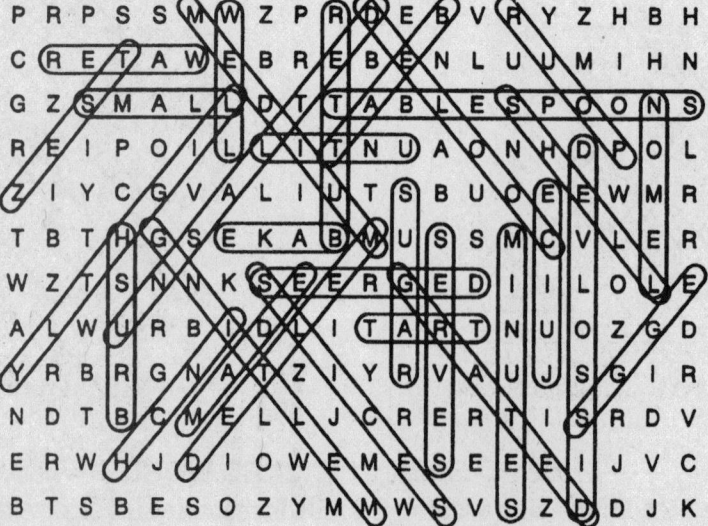

262

WORD SEEK 88

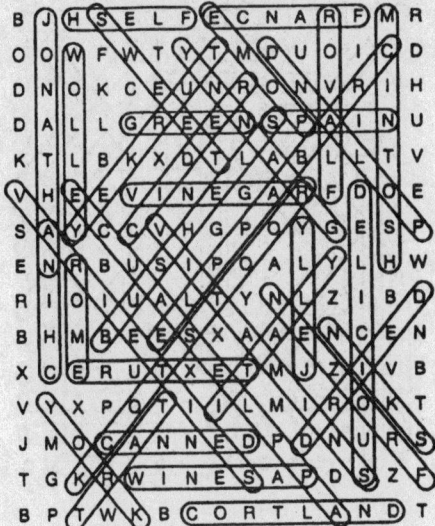

WORD SEEK 89

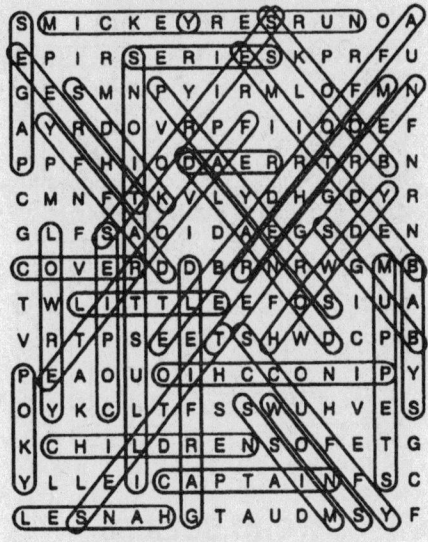

WORD SEEK 90

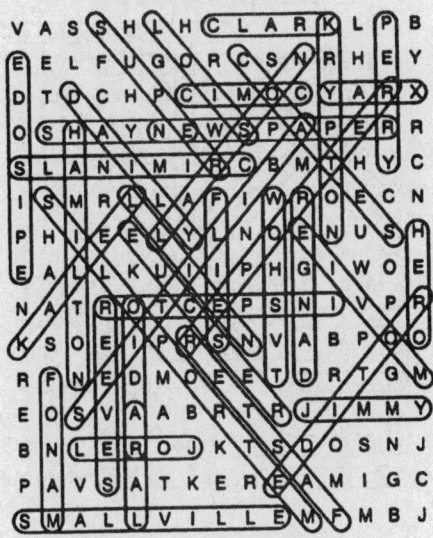

WORD SEEK 91

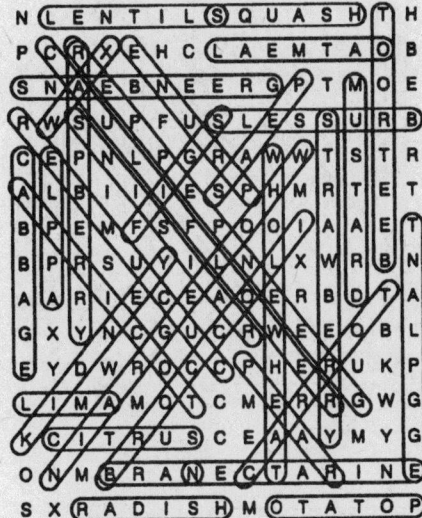

WORD SEEK 92

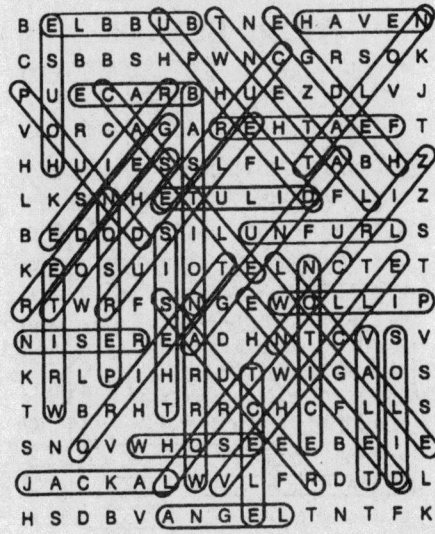

WORD SEEK 93

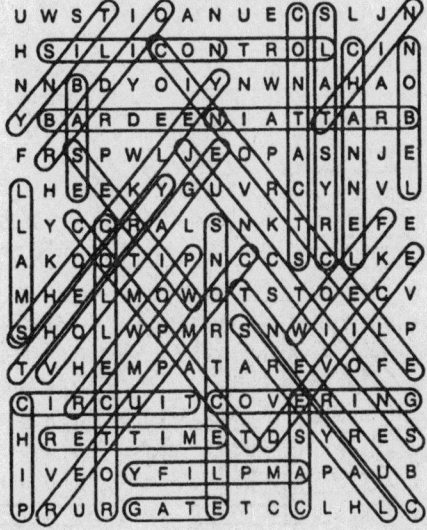

263

WORD SEEK 94

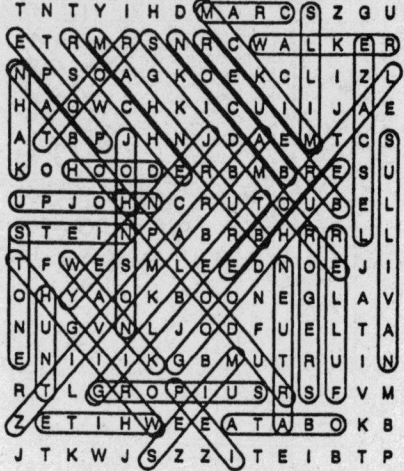

WORD SEEK 96

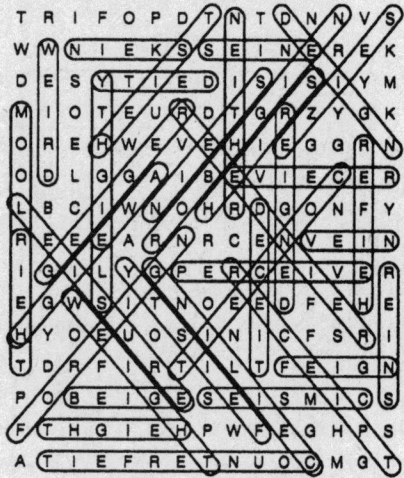

WORD SEEK 98

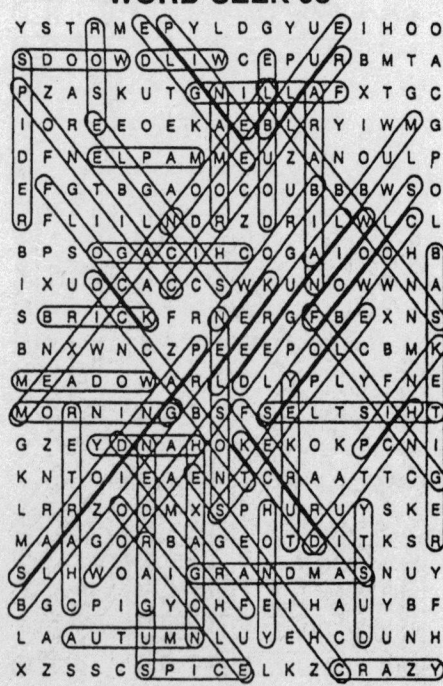

WORD SEEK 95

WORD SEEK 97

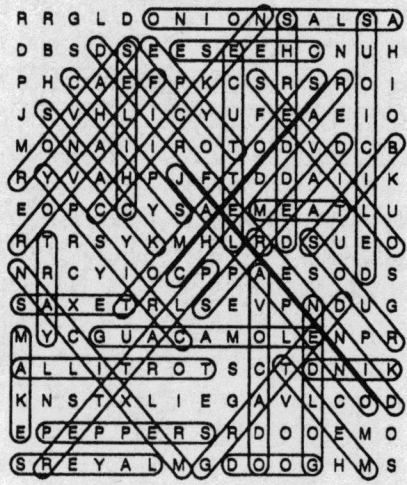

WORD SEEK 99

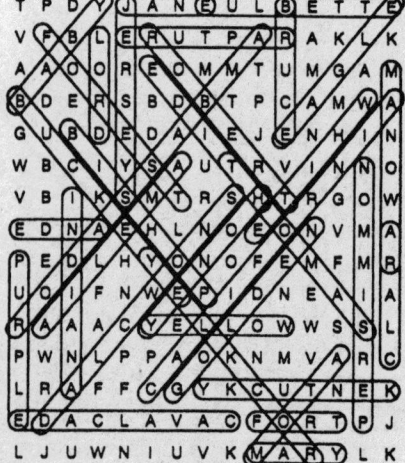

WORD SEEK 100

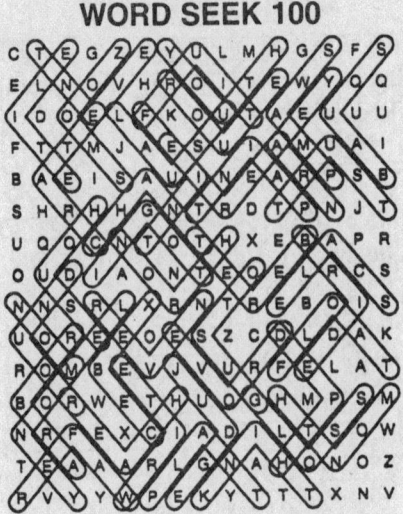

WORD SEEK 101

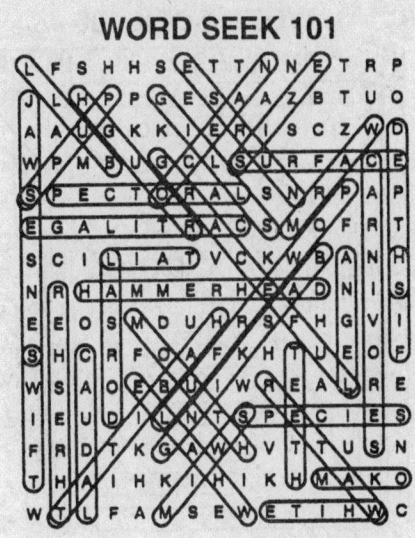

WORD SEEK 102

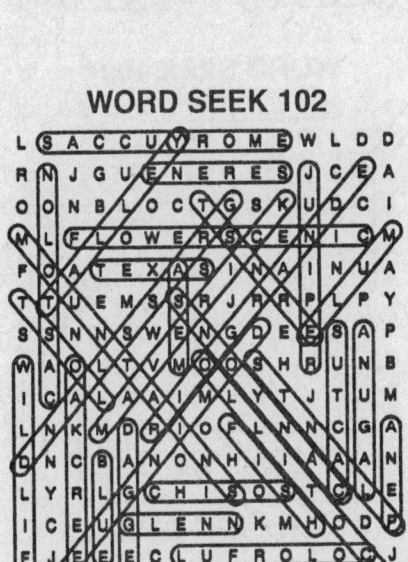

WORD SEEK 103

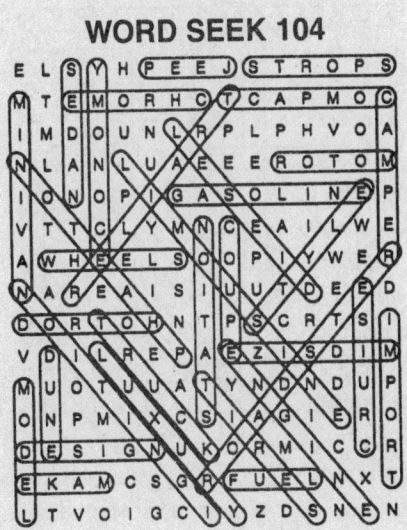

WORD SEEK 104

WORD SEEK 105

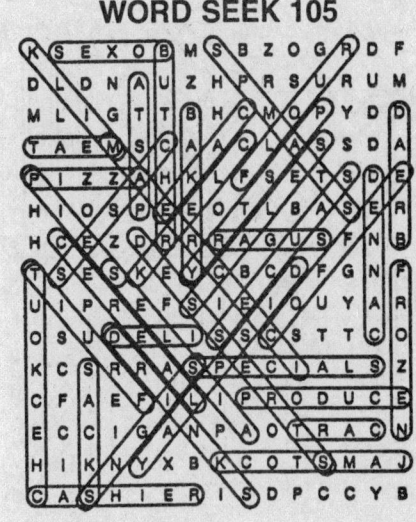

WORD SEEK 106

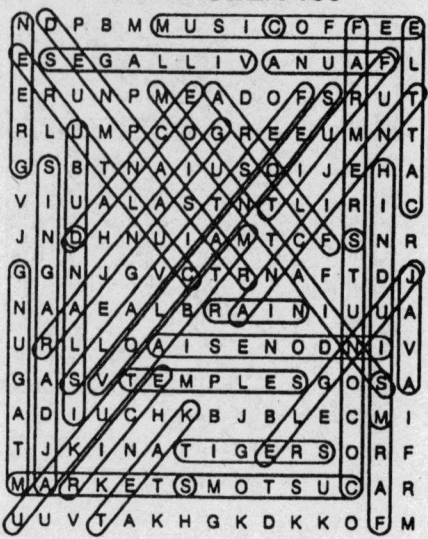

WORD SEEK 107

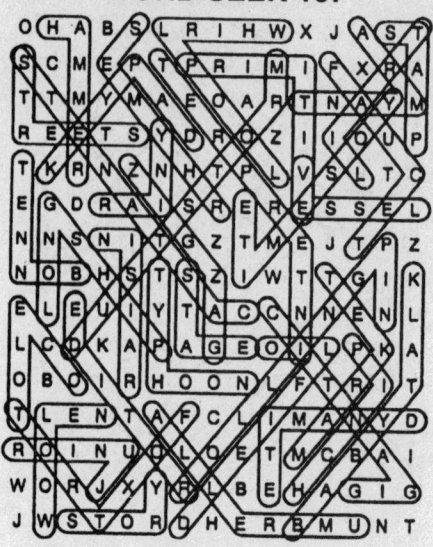

WORD SEEK 108

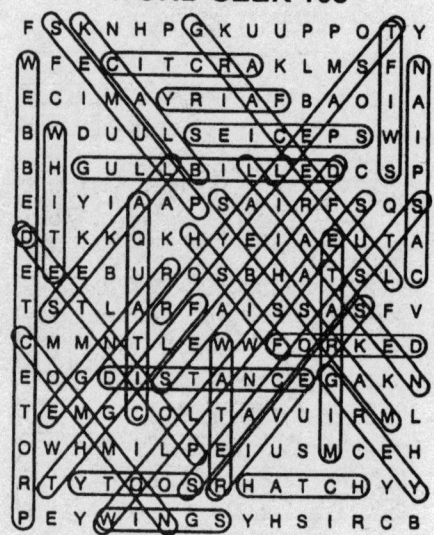

WORD SEEK 109

WORD SEEK 110

WORD SEEK 111

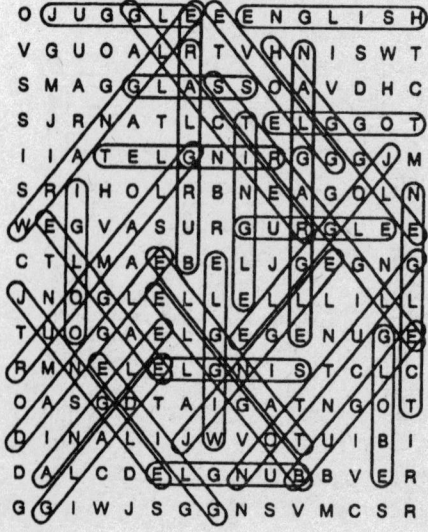

266

WORD SEEK 112

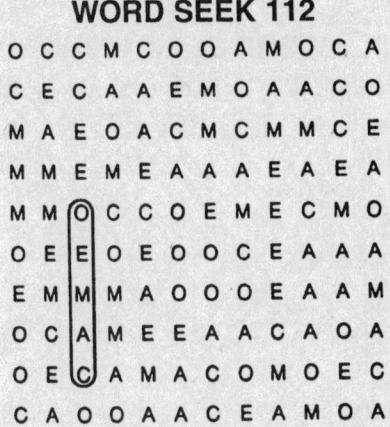

```
O C C M C O O A M O C A
C E C A A E M O A A C O
M A E O A C M C M M C E
M M E M E A A A E A E A
M M O C C O E M E C M O
O E E O E O O C E A A A
E M M M A O O O E A A M
O C A M E E A A C A O A
O E C A M A C O M O E C
C A O O A A C E A M O A
```

WORD SEEK 113

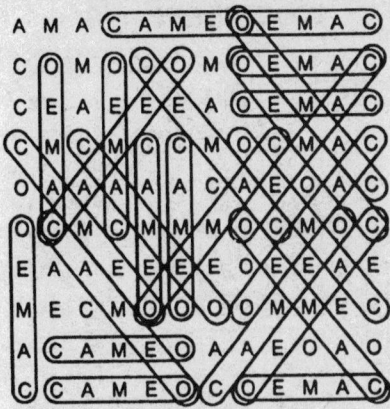

WORD SEEK 114

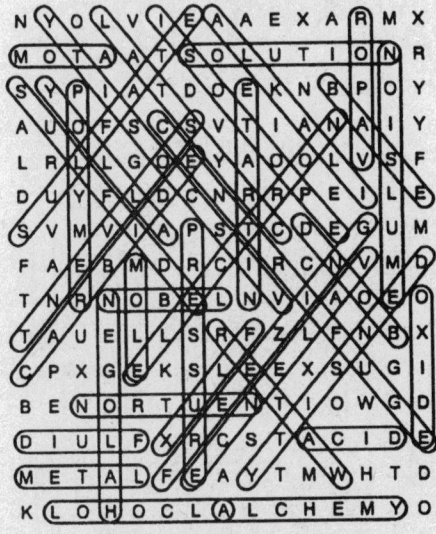

WORD SEEK 115

WORD SEEK 116

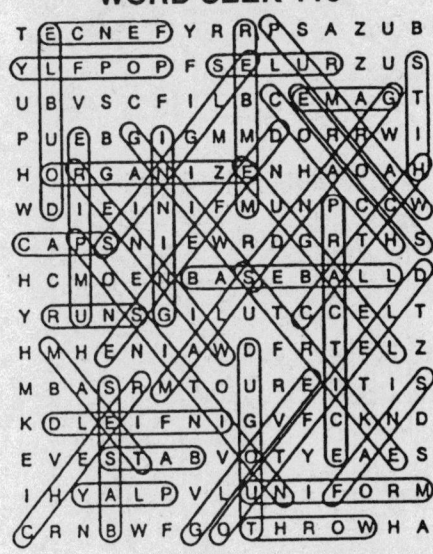

WORD SEEK 117

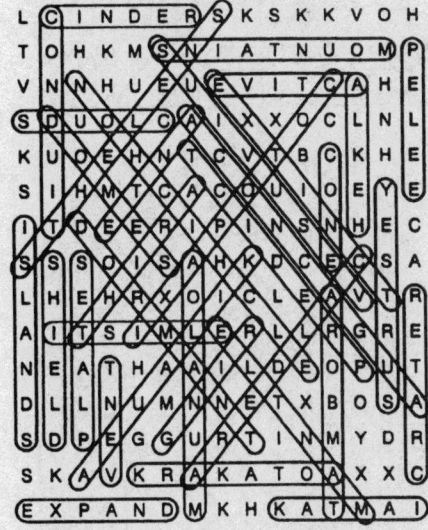

WORD LIST FOR WORD SEEK 111

Angle, Boggle, Bugle, Bungle, Burglar, Dangle, Eagle, English, Gargle, Glacier, Glade, Glamour, Glare, Glass, Glide, Globe, Glove, Glutton, Gurgle, Haggle, Igloo, Jingle, Joggle, Juggle, Jungle, Neglect, Raglan, Ringlet, Single, Straggle, Tangle, Tingle, Toggle, Wiggle, Wrangle.

WORD SEEK 118

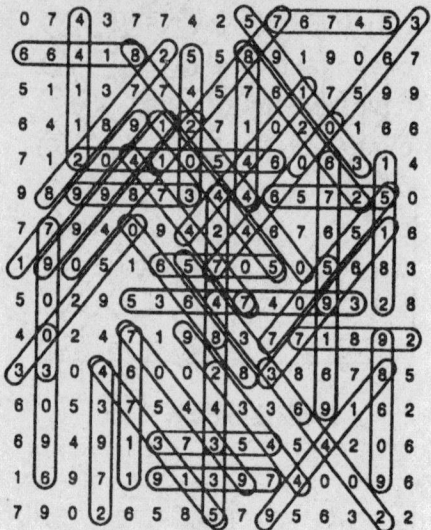

WORD SEEK 119

WORD SEEK 120

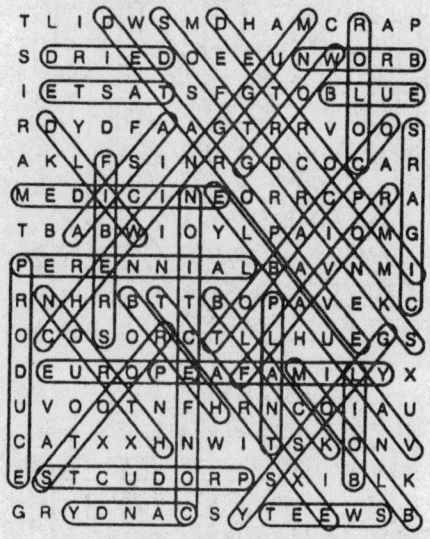

WORD SEEK 121

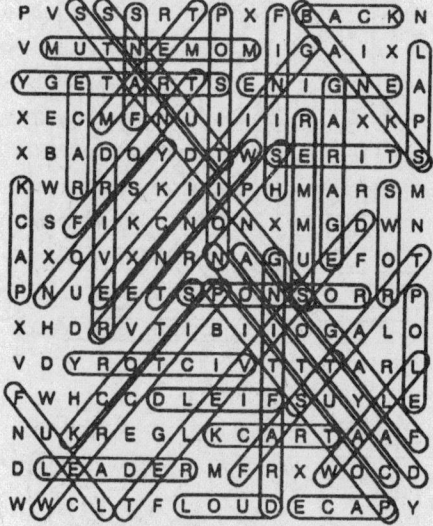

WORD SEEK 122

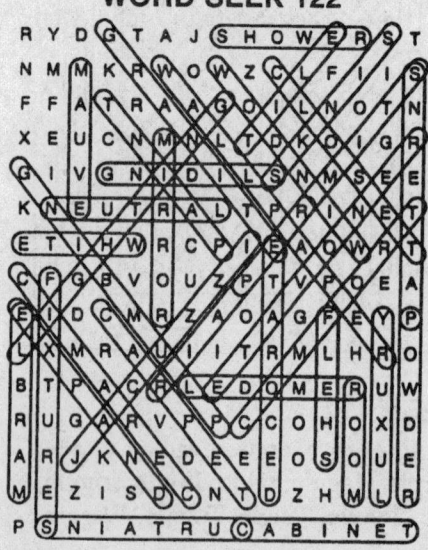

WORD SEEK 123

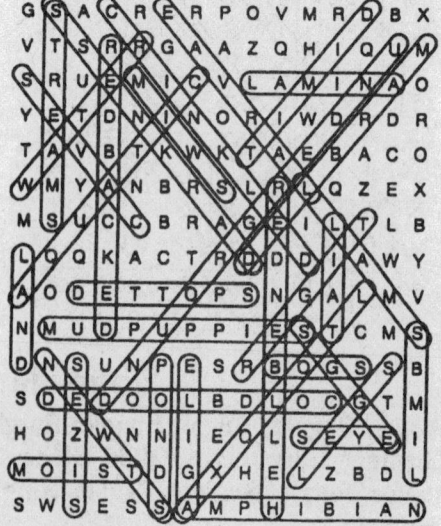

268

WORD SEEK 124

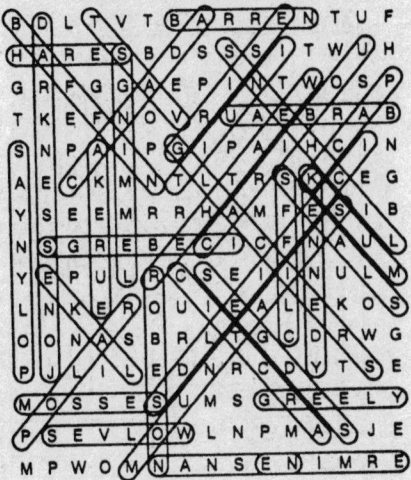

WORD SEEK 125

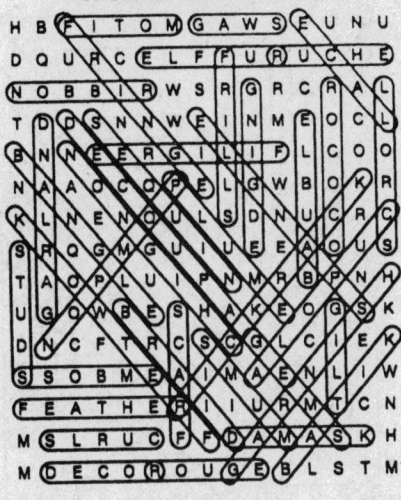

WORD SEEK 126

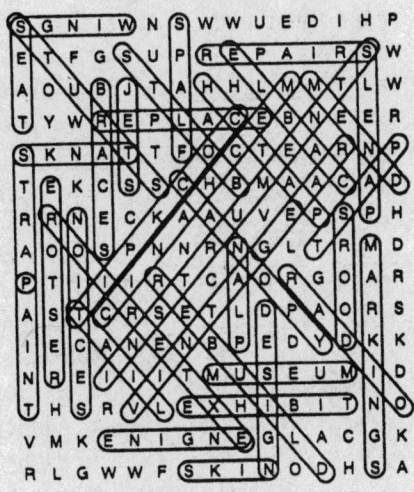

WORD SEEK 127

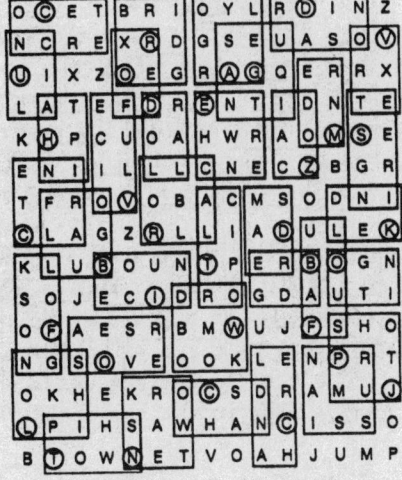

WORD SEEK 128

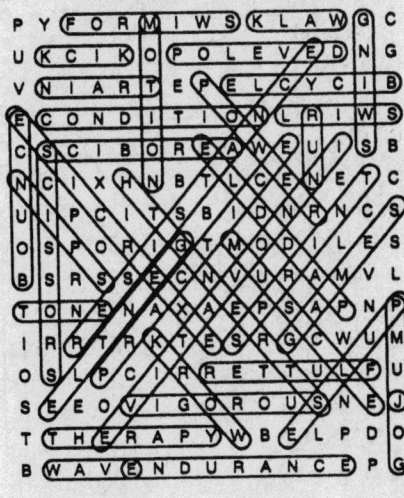

WORD SEEK 129

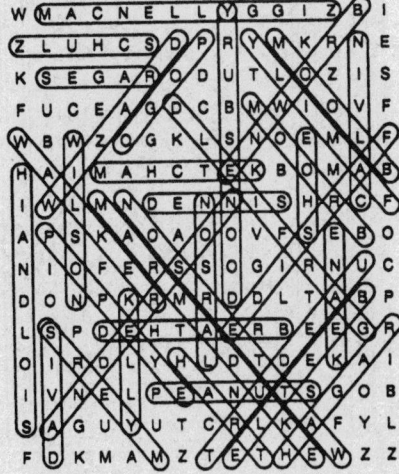

WORD SEEK 130

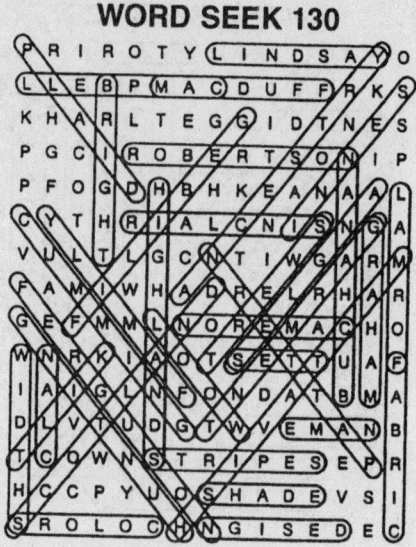

WORD SEEK 131

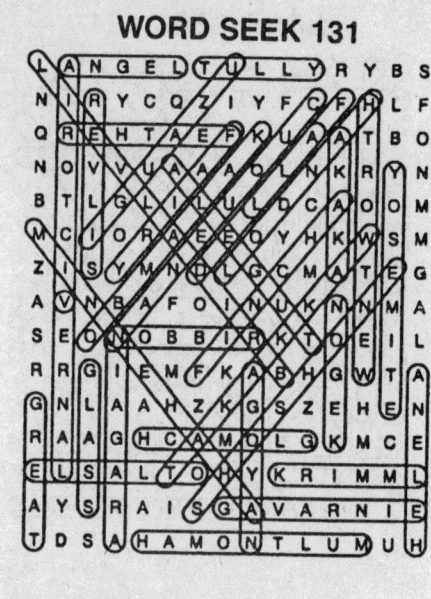

WORD SEEK 132

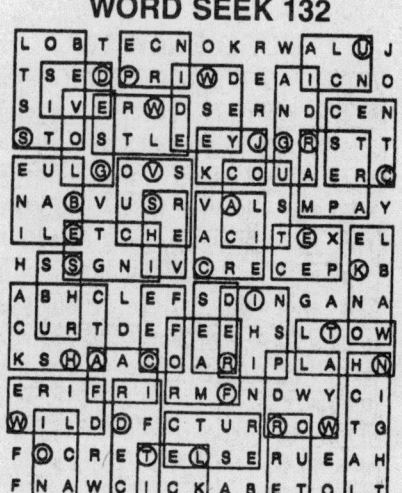

WORD SEEK 133

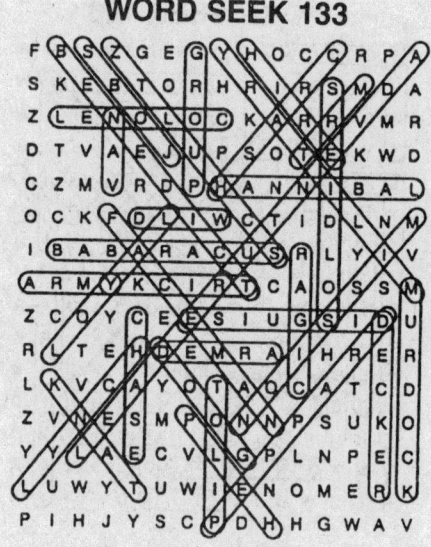

WORD SEEK 134

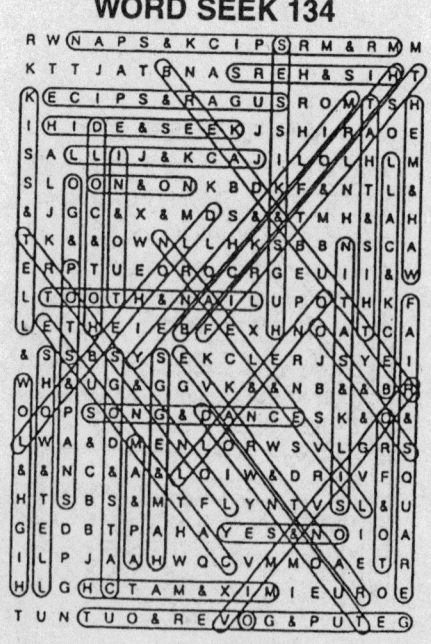

WORD SEEK 135

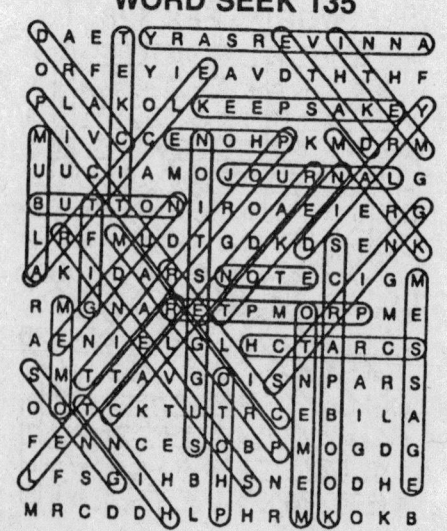

WORD SEEK 136

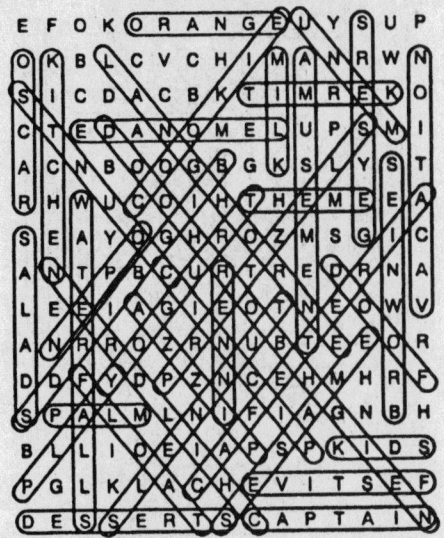

WORD SEEK 137

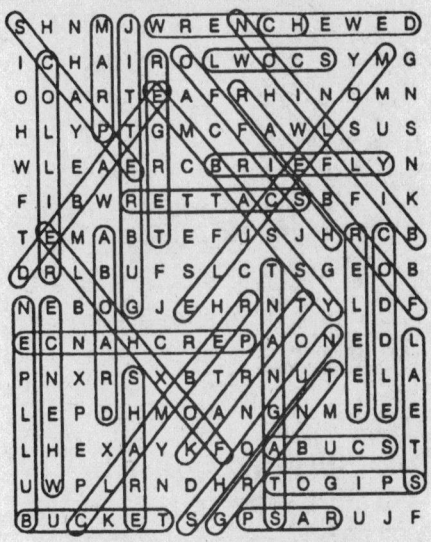

WORD SEEK 138

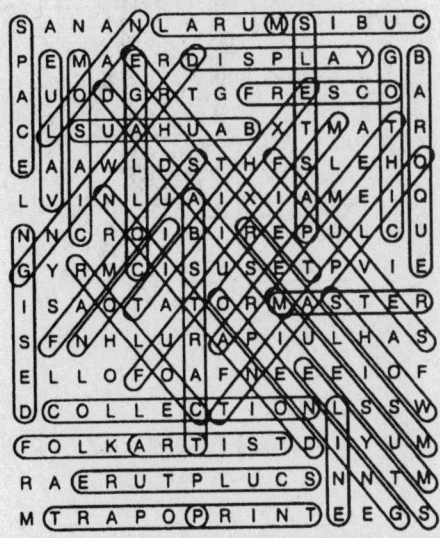

WORD SEEK 139

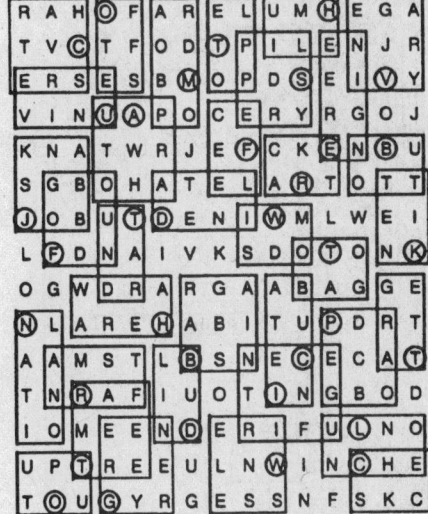

WORD SEEK 140

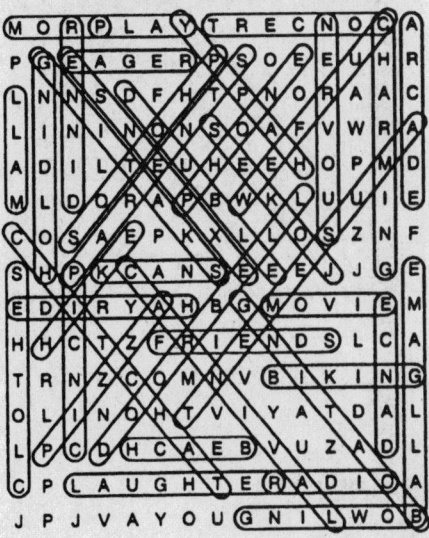

WORD SEEK 141

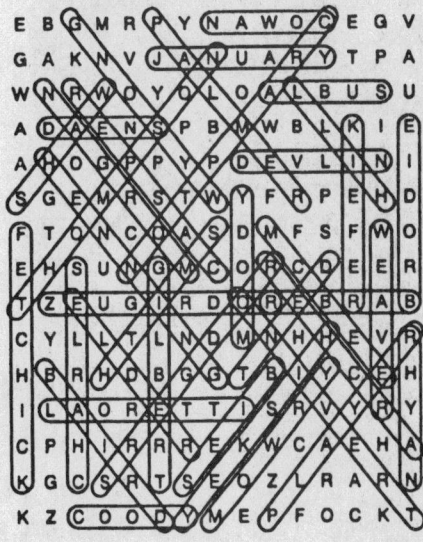

WORD SEEK 142

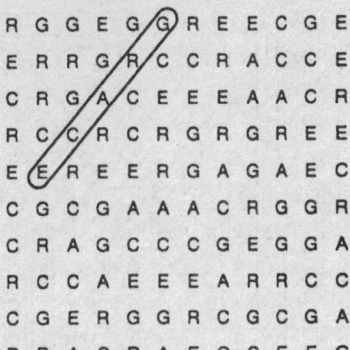

```
R G G E G G R E E C G E
E R R G R C C R A C C E
C R G A C E E E A A C R
R C C R C R G R G R E E
E E R E E R G A G A E C
C G C G A A A C R G G R
C R A G C C C G E G G A
R C C A E E E A R R C C
C G E R G G R C G C G A
R R A C R A E G C E E G
```

WORD SEEK 143

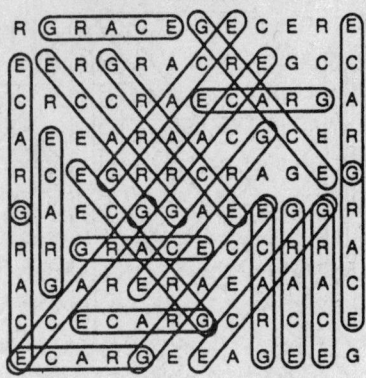

WORD SEEK 144

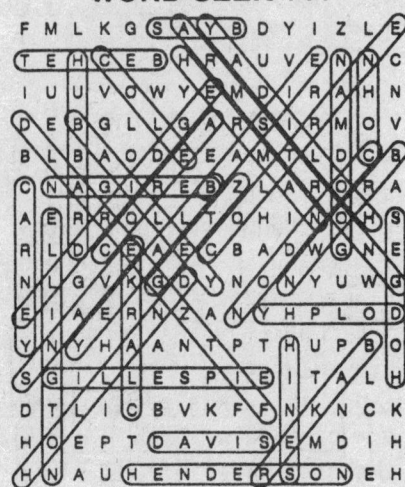

WORD SEEK 145

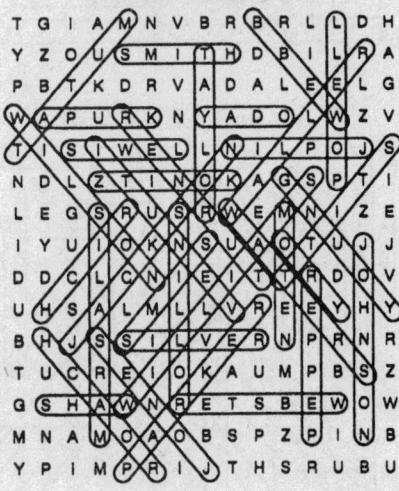

WORD SEEK 146

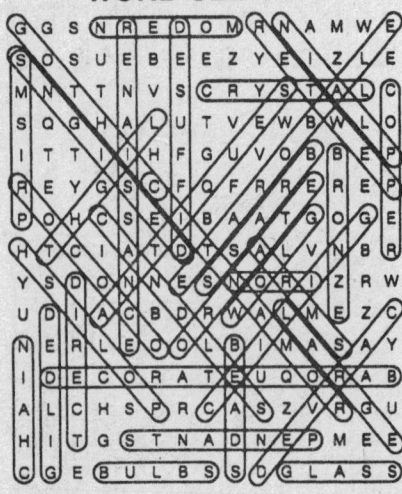

WORD SEEK 147

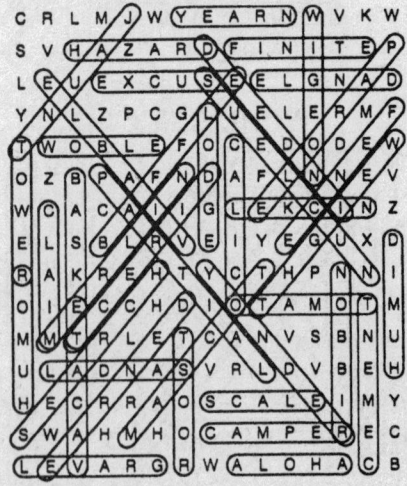

WORD SEEK 133 TV TITLE
THE A-TEAM

WORD SEEK 138 WIZARD WORDS
An art gallery is a hall of frame.

WORD SEEK 148

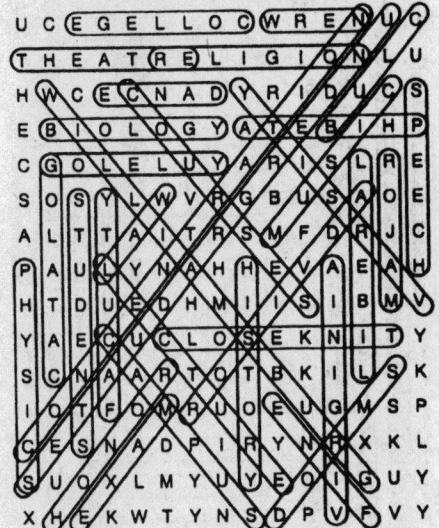

WORD SEEK 150

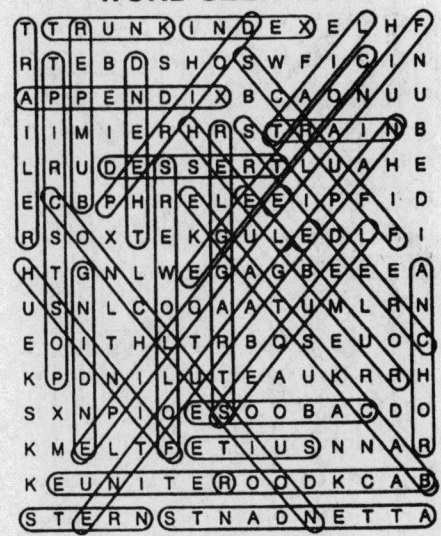

WORD SEEK 152

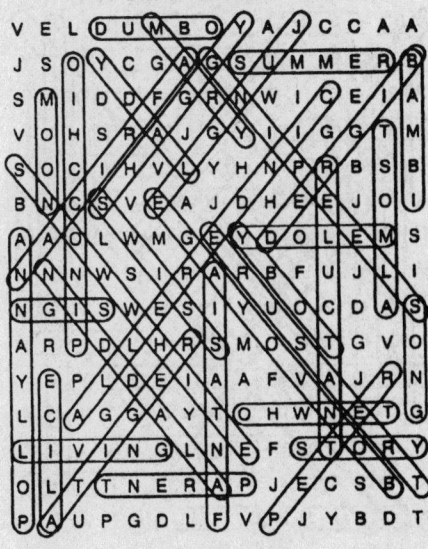

WORD SEEK 149

WORD SEEK 151

WORD SEEK 153

273

WORD SEEK 154

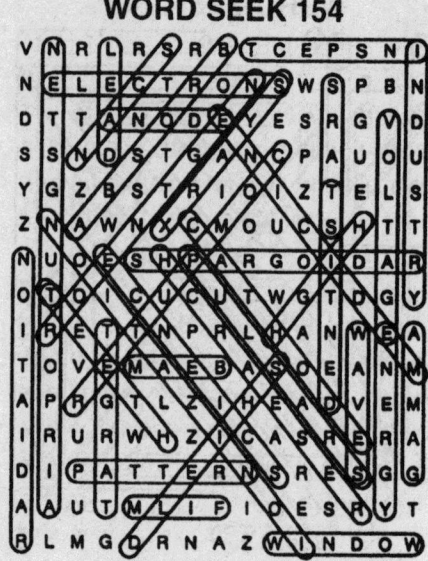

WORD SEEK 155

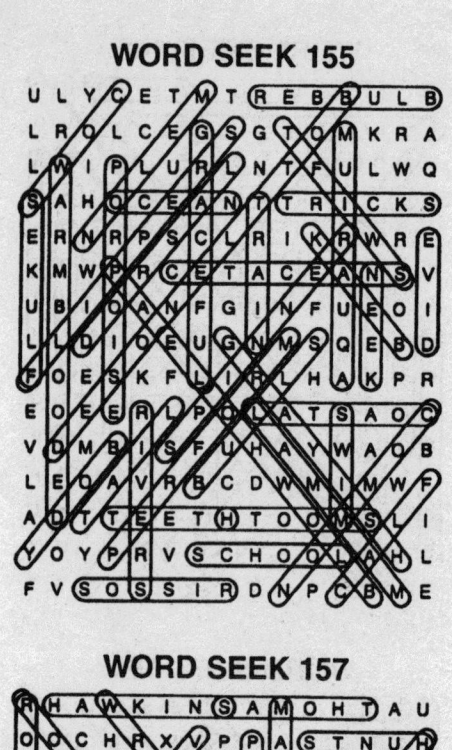

WORD SEEK 156

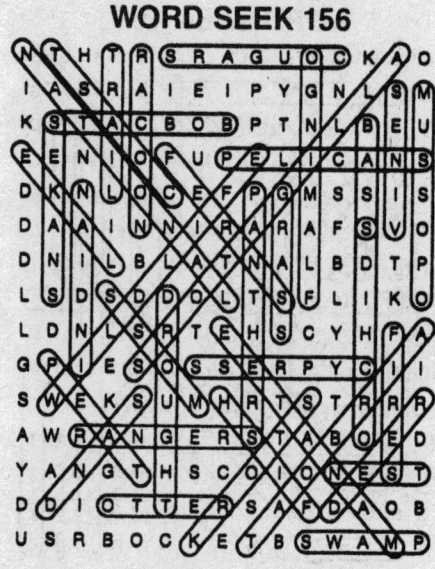

WORD SEEK 157

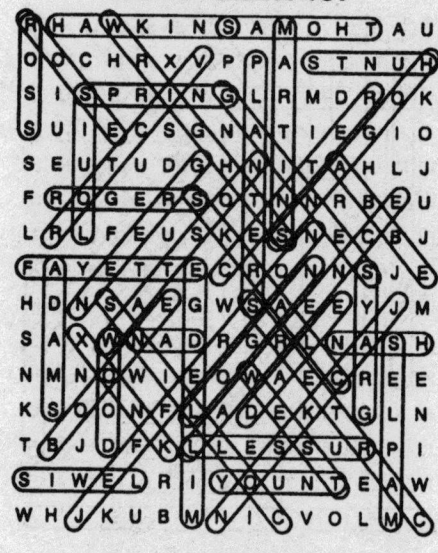

WORD SEEK 158

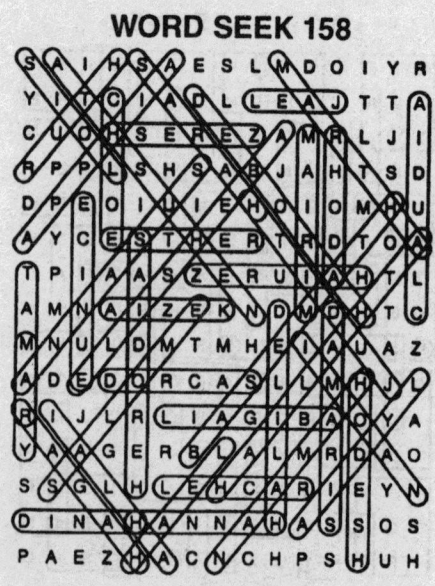

WORD SEEK 159

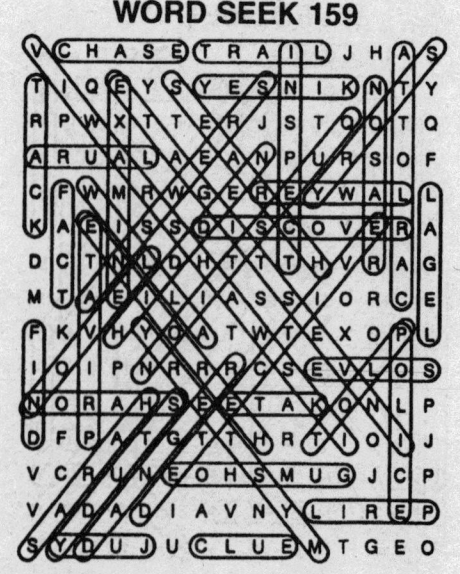

WORD SEEK 160

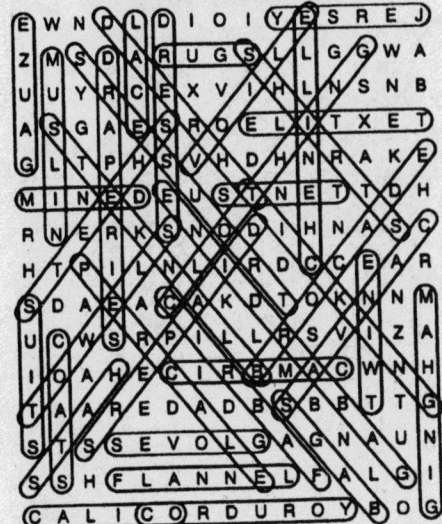

WORD SEEK 161

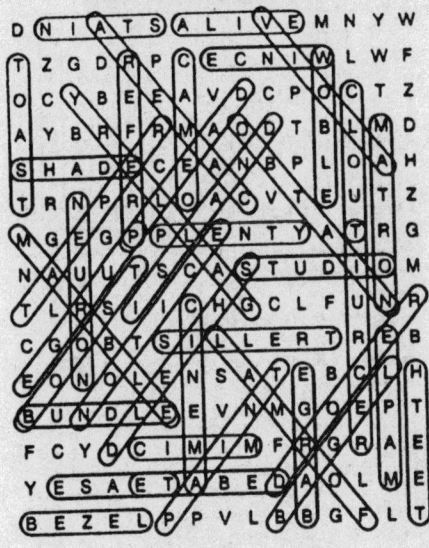

WORD SEEK 162

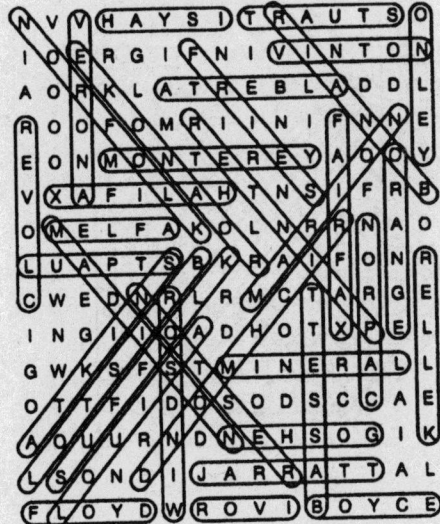

WORD SEEK 163

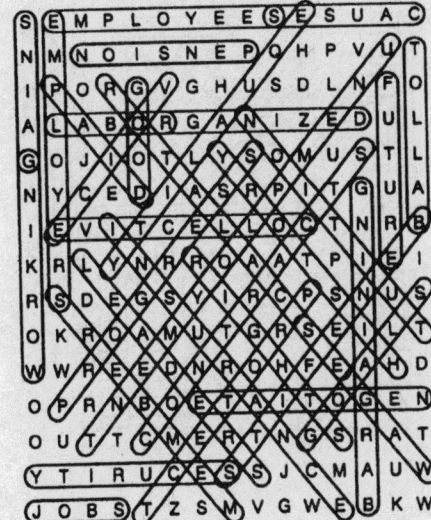

WORD SEEK 164

WORD SEEK 165

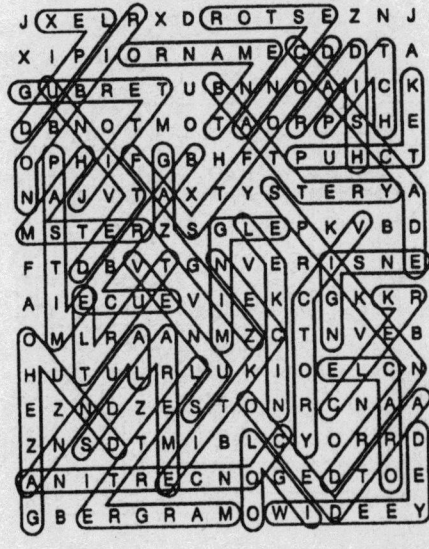

WORD SEEK 166

WORD SEEK 167

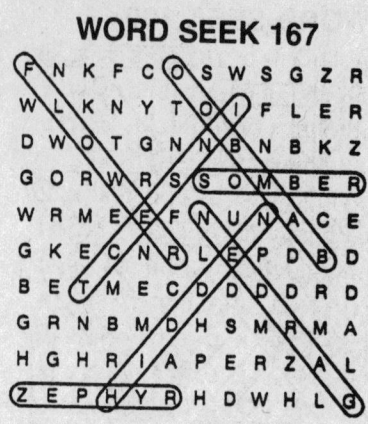

WORD SEEK 168

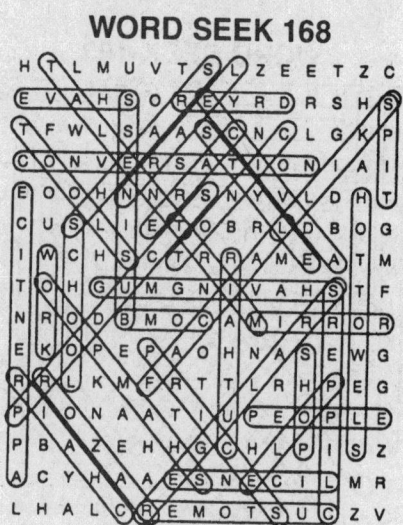

WORD SEEK 169

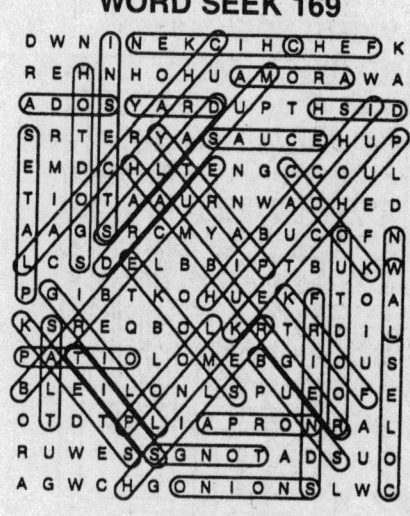

WORD SEEK 170

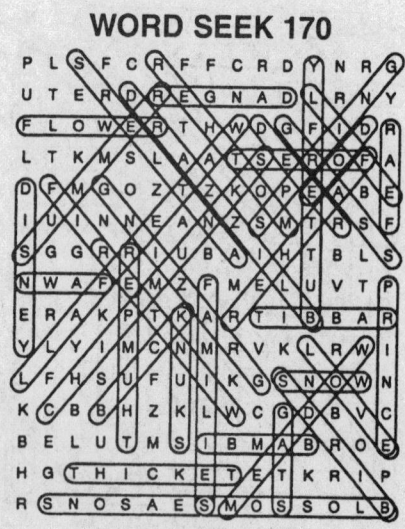

WORD SEEK 171

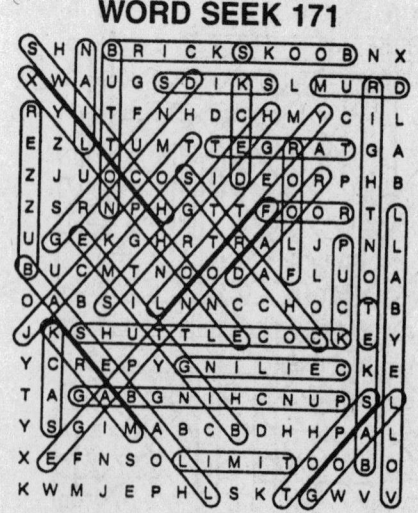

276

WORD SEEK 172

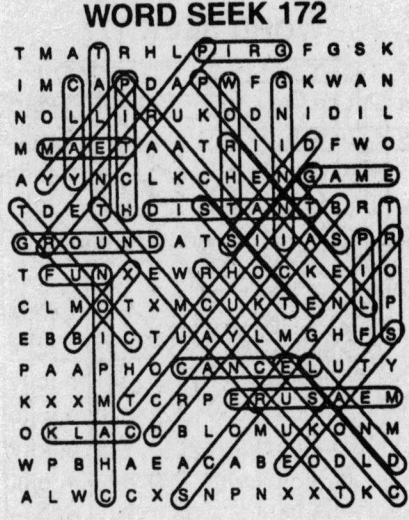

WORD SEEK 173

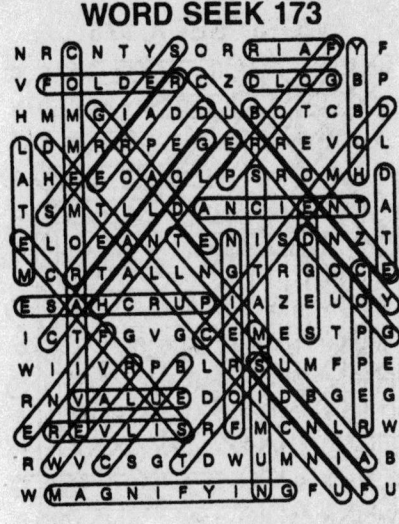

WORD SEEK 174

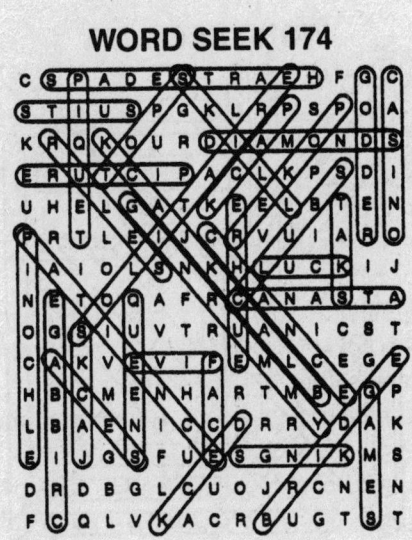

WORD SEEK 175

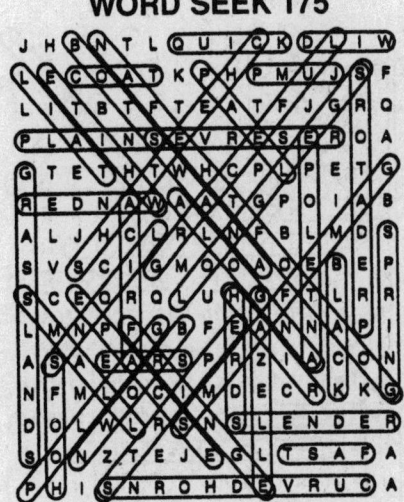

WORD SEEK 162 MYSTERY STATE

Virginia — Old Dominion — Flowering Dogwood — Cardinal

WORD LIST FOR WORD SEEKS 166 & 167

Bamboo, Flower, Garden, Hidden, Insect, Somber, Zephyr.

WORD LIST FOR WORD SEEK 171

Baseball, Basket, Big time, Books, Bricks, Button, Buzzer, Ceiling, Charts, Deck, Drum, Floor, Front page, Goal, Ground, Heights, Jackpot, Limit, Lottery, Mark, Nail, Puck, Punching bag, Right note, Road, Roof, Sack, Shuttlecock, Skids, Spot, Switch, Target, Volleyball, Xylophone.

WORD SEEK 176

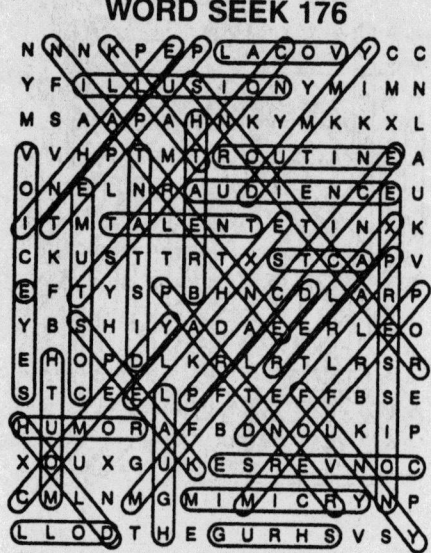

WORD SEEK 177

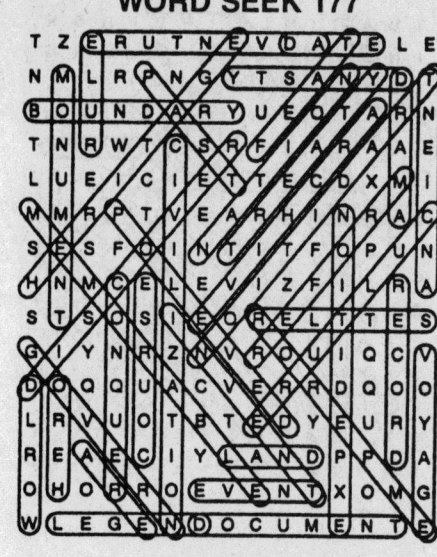

WORD SEEK 178

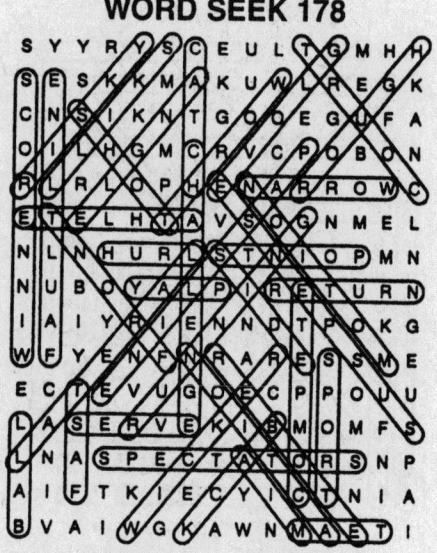

WORD SEEK 179

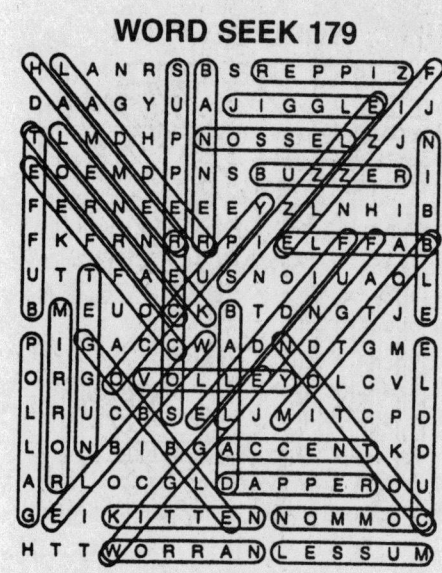

WORD SEEK 180

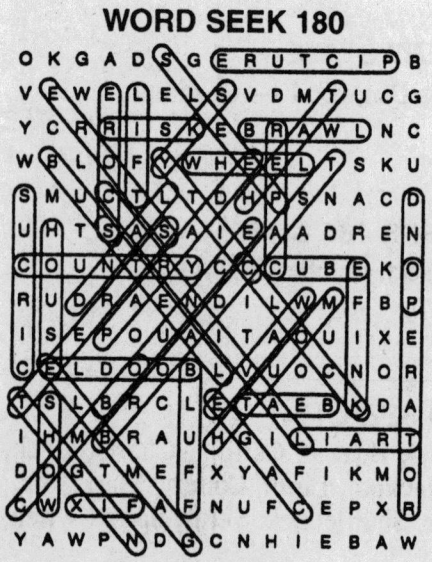

WORD SEEK 181

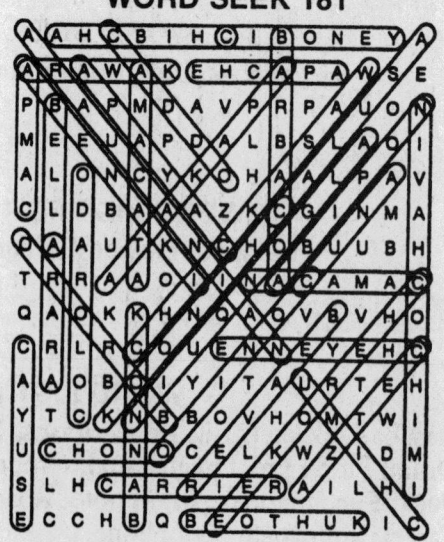

WORD SEEK 182

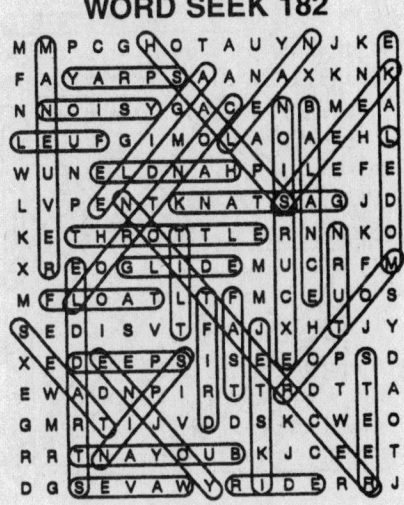

WORD SEEK 183

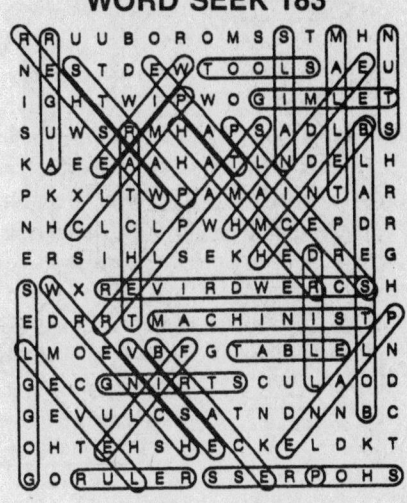

WORD SEEK 184

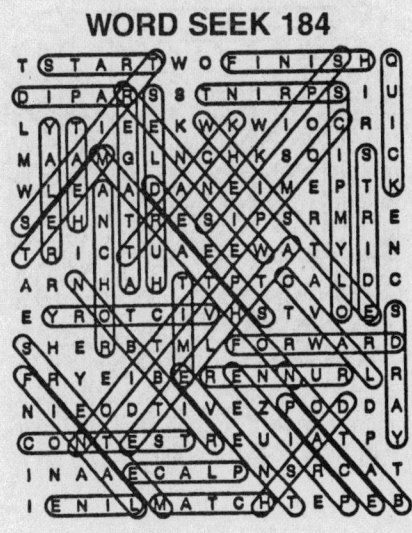

WORD SEEK 185

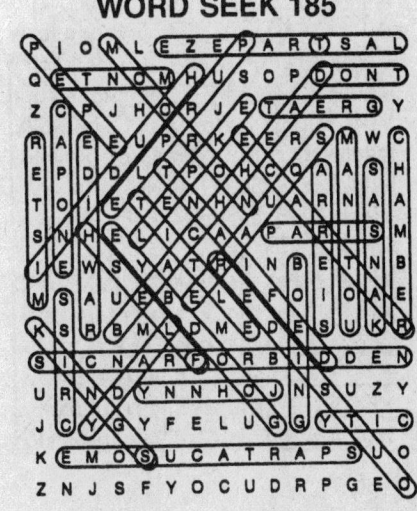

WORD SEEK 186

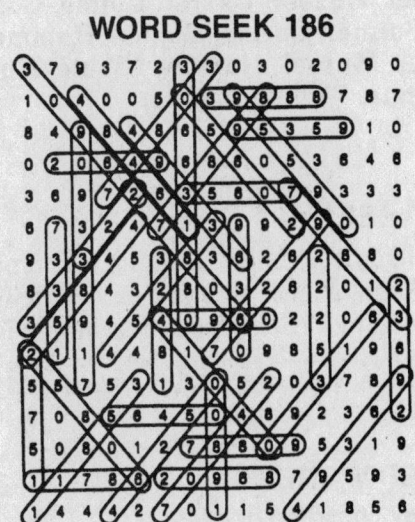

WORD SEEK 187

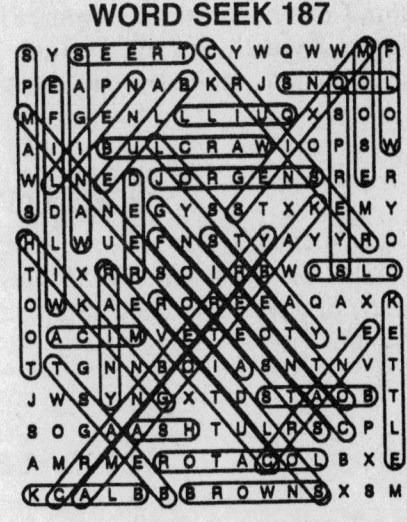

WORD SEEK 188

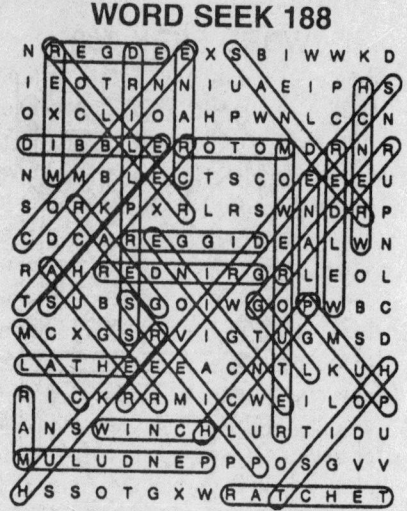

WORD SEEK 189

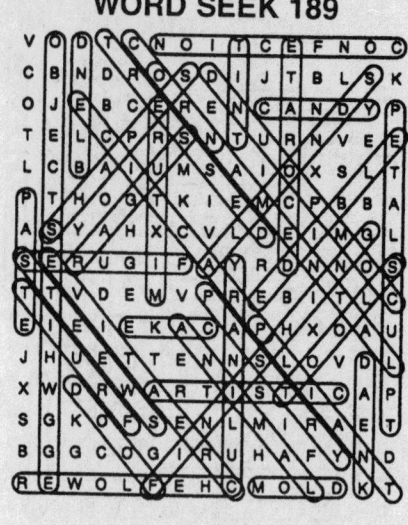

WORD SEEK 190

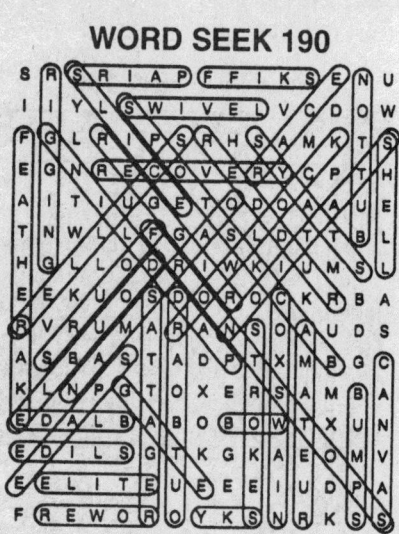

WORD SEEK 191

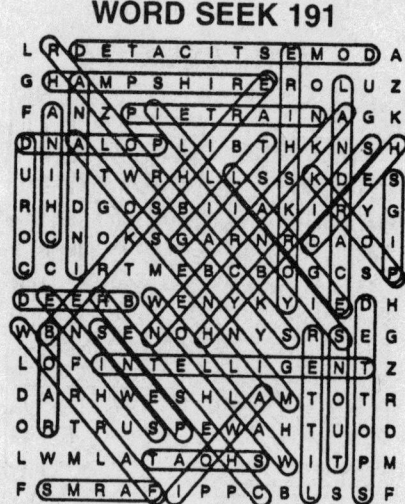

WORD LIST FOR WORD SEEK 179

Accent, Baffle, Ballad, Banner, Bottom, Buffet, Buzzer, Carrot, Coffee, Common, Cotton, Cuddle, Dapper, Fiddle, Fizzle, Funnel, Gallop, Gobble, Hammer, Jiggle, Kennel, Kitten, Ladder, Lesson, Mirror, Mussel, Narrow, Nibble, Nugget, Occupy, Sizzle, Soccer, Supper, Volley, Wiggle, Wobble, Zipper.

WORD LIST FOR WORD SEEK 183

Auger, Bench, Blades, Bolts, Brace, Clamp, Drill, File, Gimlet, Goggles, Hammer, Handle, Level, Machinist, Mallet, Nails, Nuts, Parts, Plane, Pliers, Press, Ratchet, Ruler, Screwdriver, Shop, Stapler, String, Table, Tape, Tools, Vise, Washer, Wire, Wrench.

WORD SEEK 184 WIZARD WORDS

Two silkworms were in a race - they ended up in a tie.

WORD SEEK 192

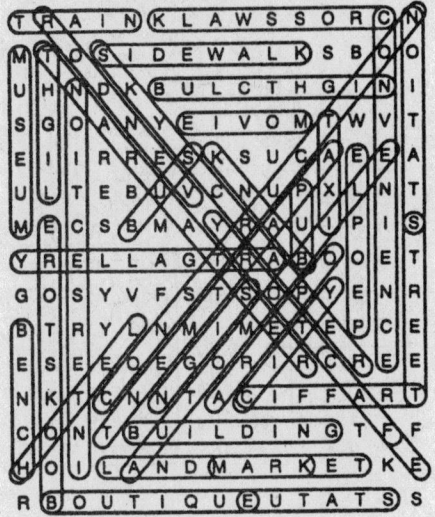

WORD SEEK 193

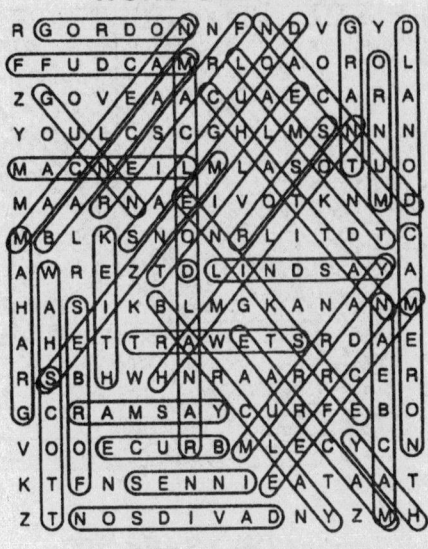

WORD SEEK 194

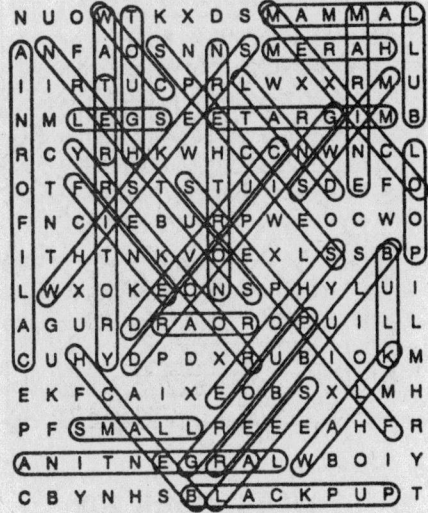

WORD SEEK 195

WORD SEEK 196

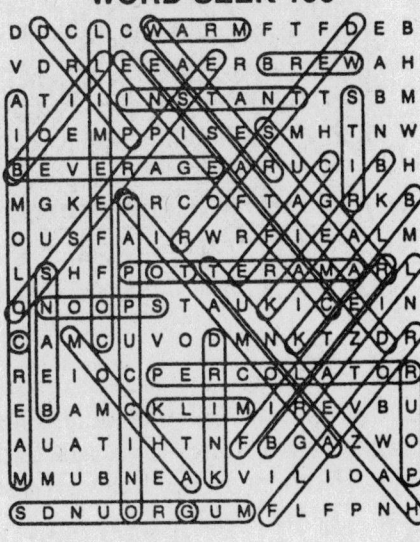

WORD SEEK 197

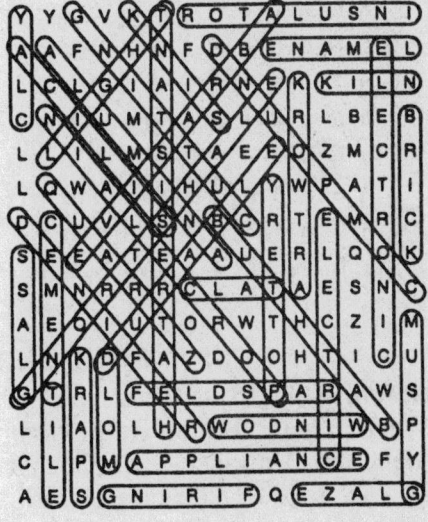

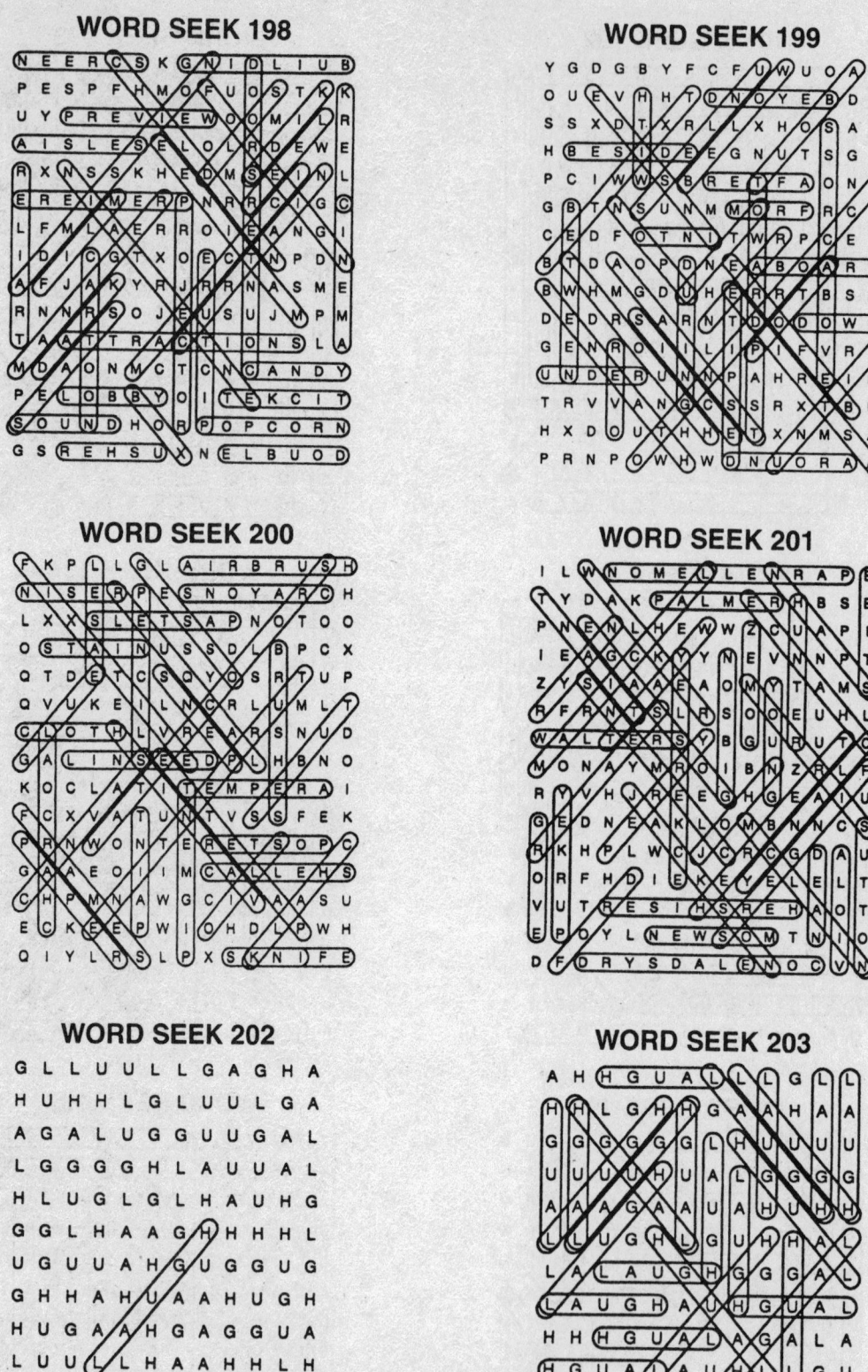

WORD SEEK 198

WORD SEEK 199

WORD SEEK 200

WORD SEEK 201

WORD SEEK 202

WORD SEEK 203

WORD LIST FOR WORD SEEK 195

Apron, Banjo, Bass, Beads, Bonnet, Braid, Cable, Cello, Cord, Fiber, Fiddle, Floss, Fringe, Guitar, Halter, Harp, Hemp, Jute, Kite, Lariat, Lasso, Lute, Lyre, Macrame, Mandolin, Marionette, Mobile, Parcel, Piano, Puppet, Ribbon, Rope, Shawl, Tassel, Thread, Twine, Ukelele, Viola, Violin, Wick, Yarn.

WORD SEEK 204

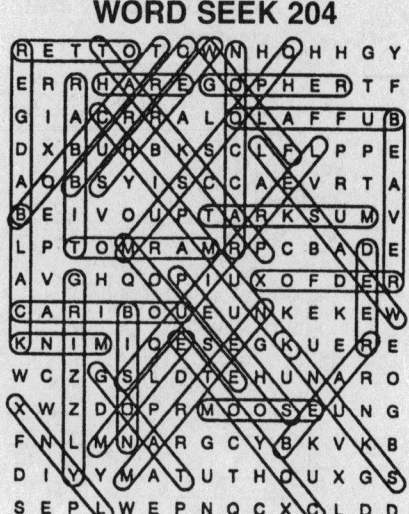

WORD SEEK 205

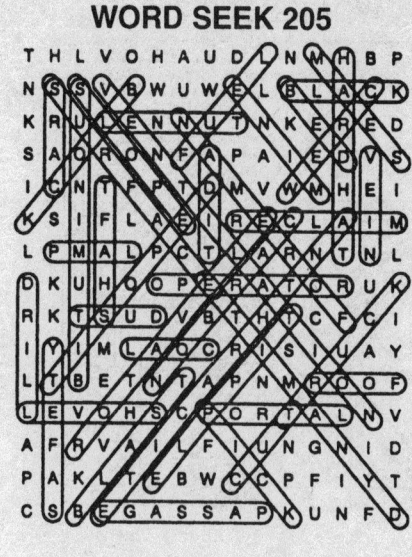

WORD SEEK 206

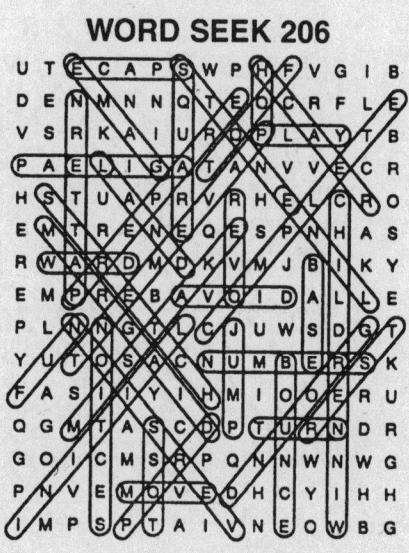

WORD SEEK 207

WORD SEEK 208

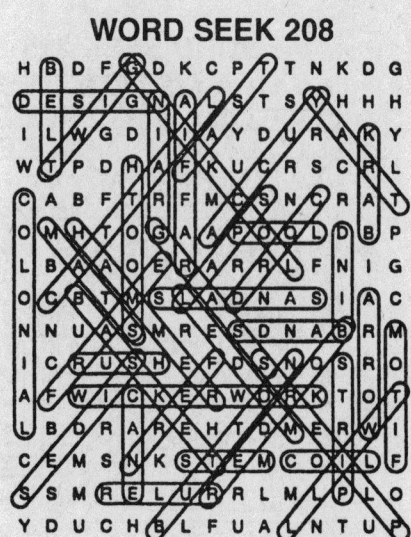

WORD SEEK 209

WORD SEEK 210

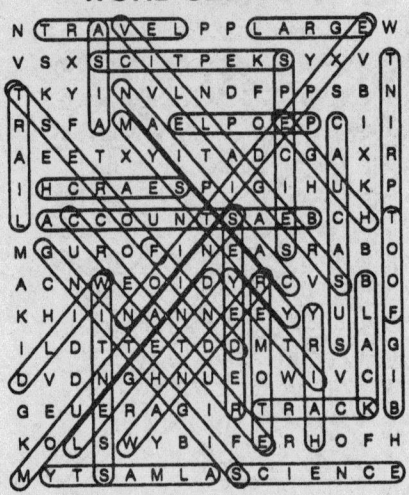

WORD SEEK 211

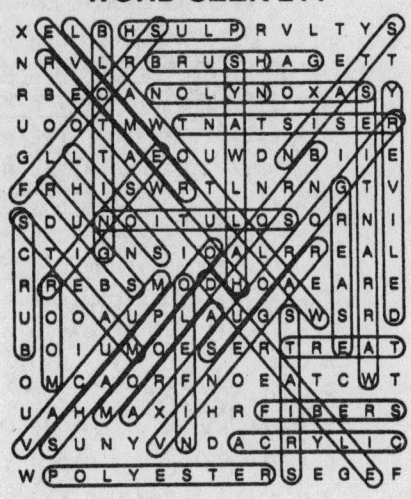

WORD SEEK 212

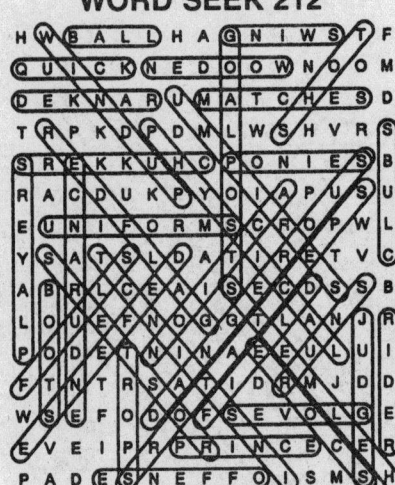

WORD SEEK 213

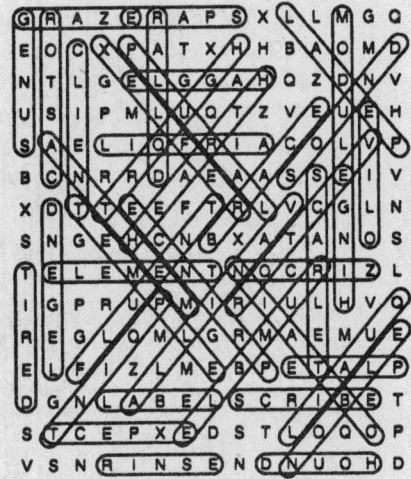

WORD SEEK 214

WORD SEEK 215

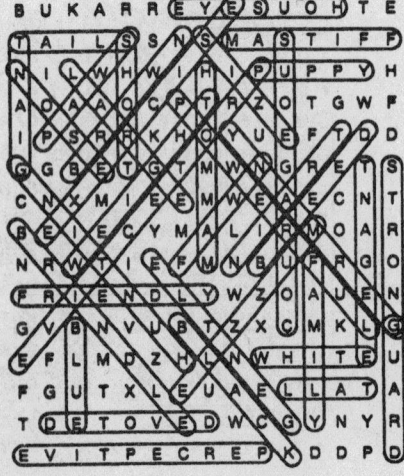

WORD SEEK 216

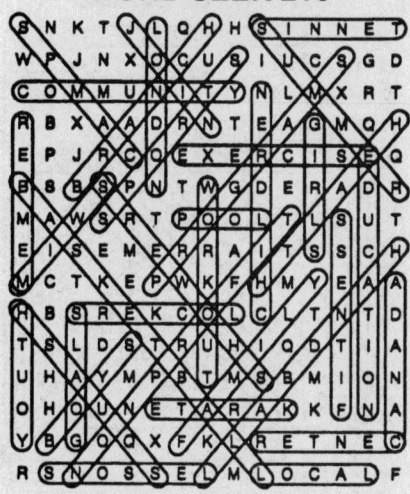

WORD SEEK 217

WORD SEEK 218

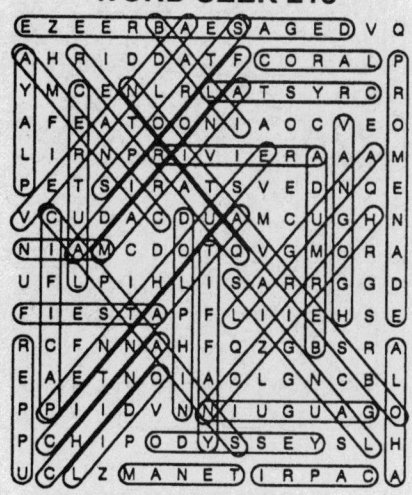

WORD SEEK 219

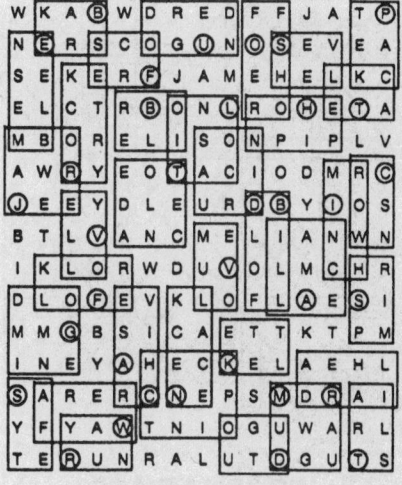

WORD SEEK 220

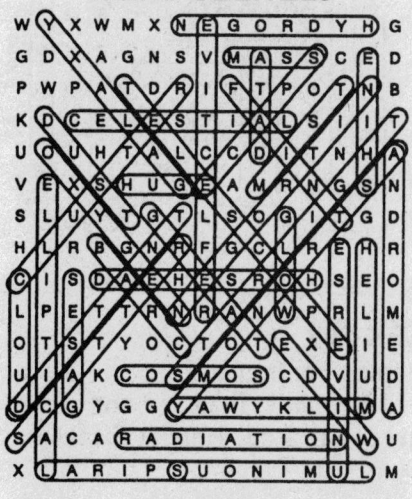

WORD SEEK 221

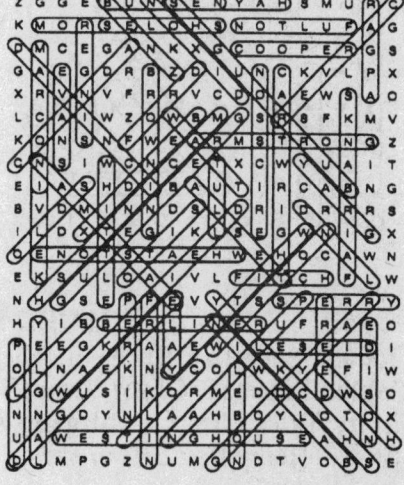

285

WORD SEEK 222

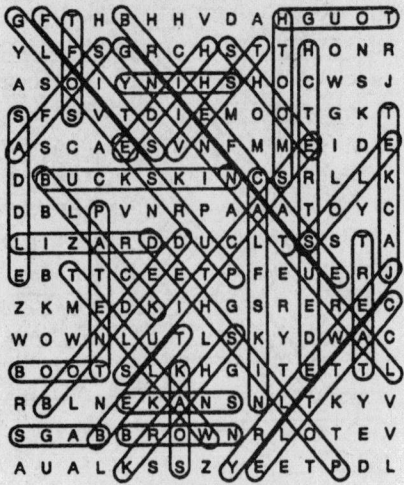

WORD SEEK 223

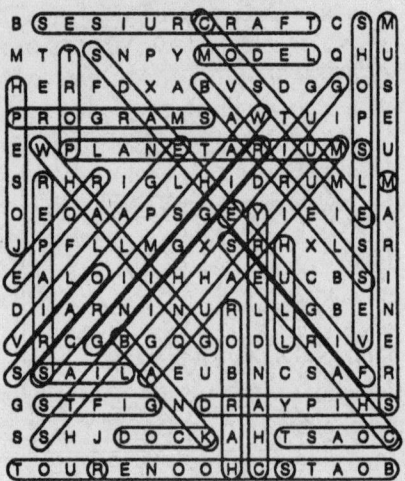

WORD SEEK 224

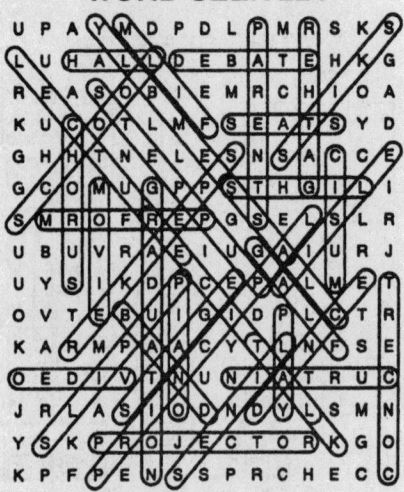

WORD SEEK 225

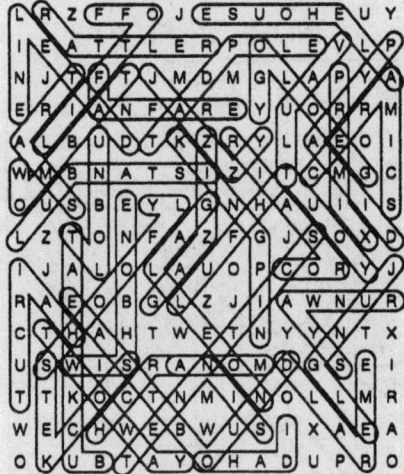

WORD SEEK 226

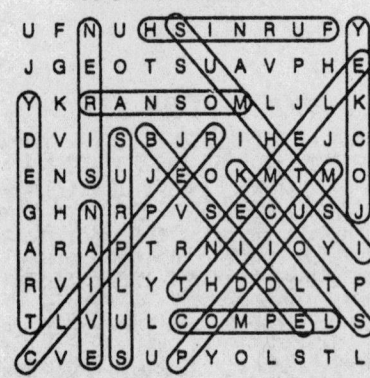

WORD SEEK 227

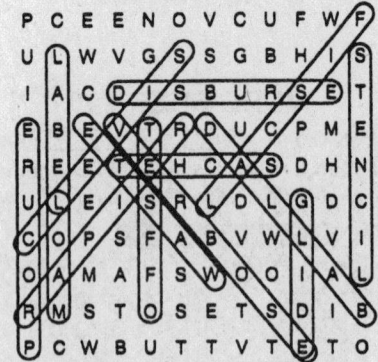

WORD LIST FOR WORD SEEK 217

Johann Sebastian Bach, Elizabeth Barrett Browning, James Fenimore Cooper, Ralph Waldo Emerson, Oliver Wendell Holmes, John Fitzgerald Kennedy, Francis Scott Key, Mary Tyler Moore, Wolfgang Amadeus Mozart, Edgar Allan Poe, Harriet Beecher Stowe, Henry David Thoreau.

WORD SEEK 228

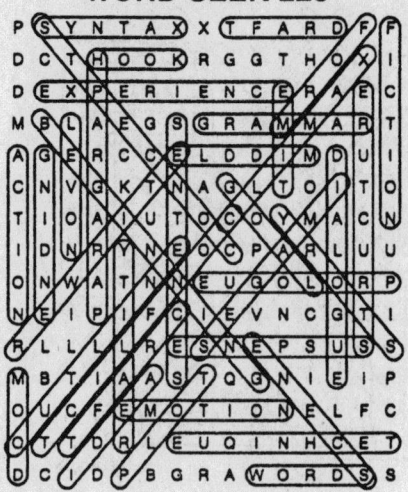

WORD SEEK 229

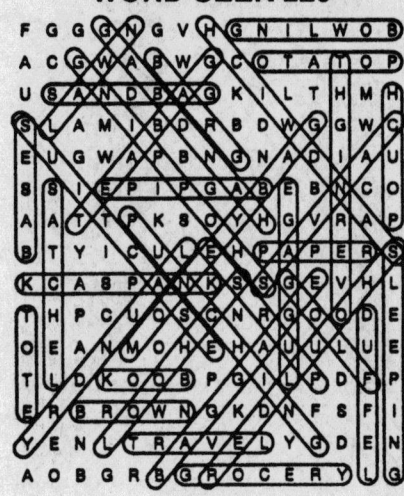

WORD SEEK 230

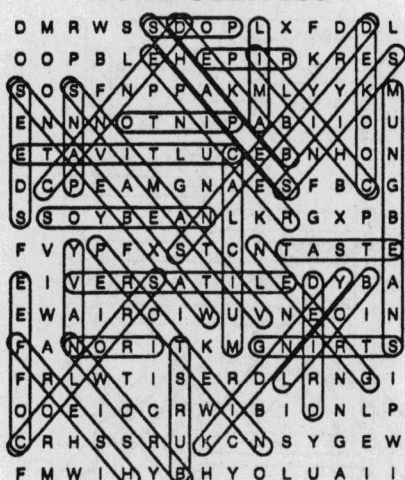

WORD SEEK 231

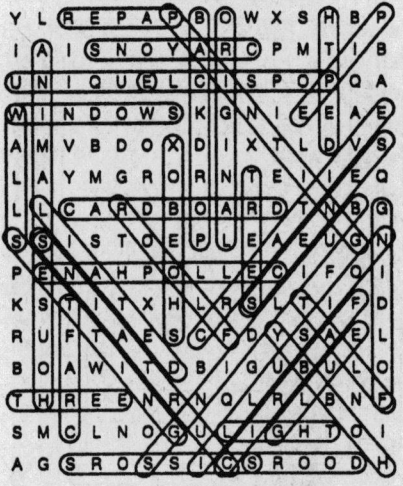

WORD SEEK 232

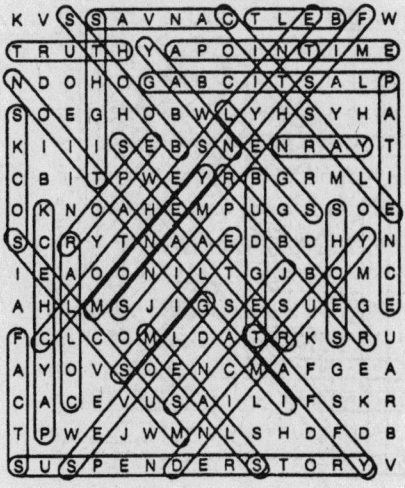

WORD SEEK 233

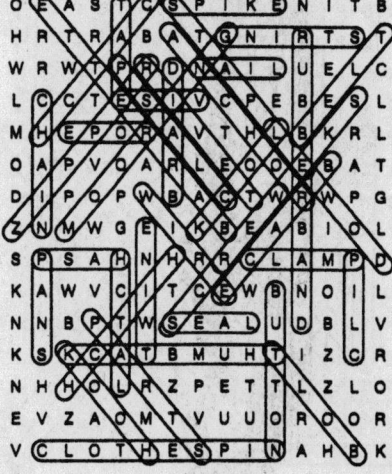

WORD SEEK 234

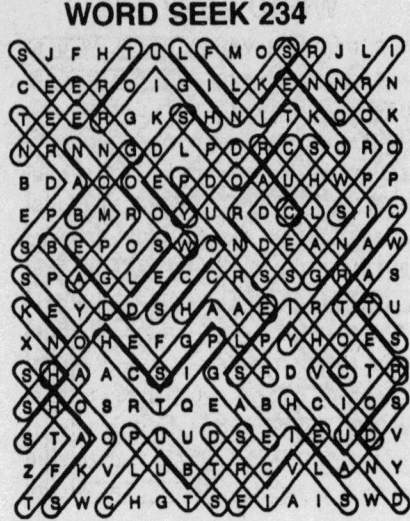
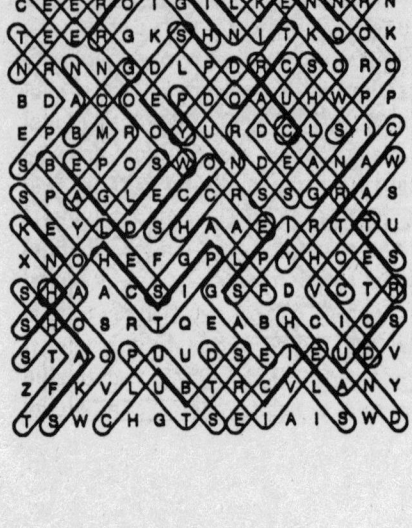

WORD SEEK 235

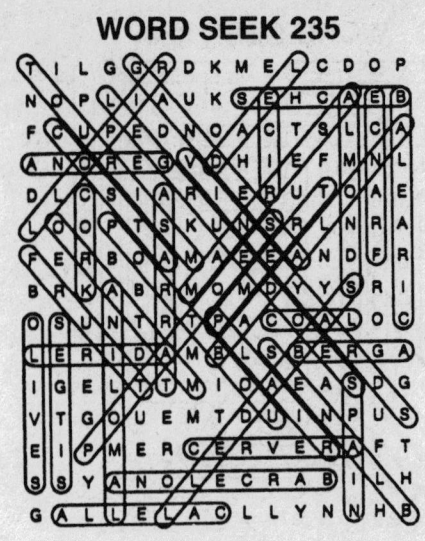

WORD SEEK 236

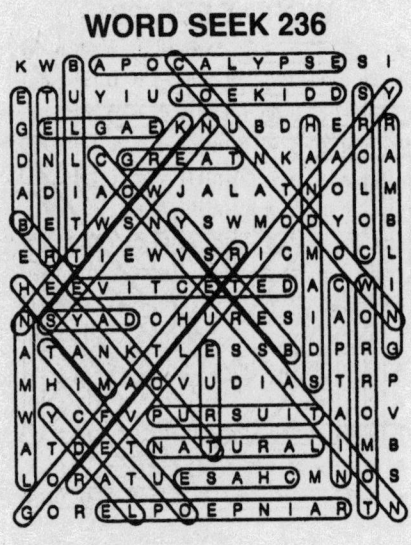

WORD SEEK 237

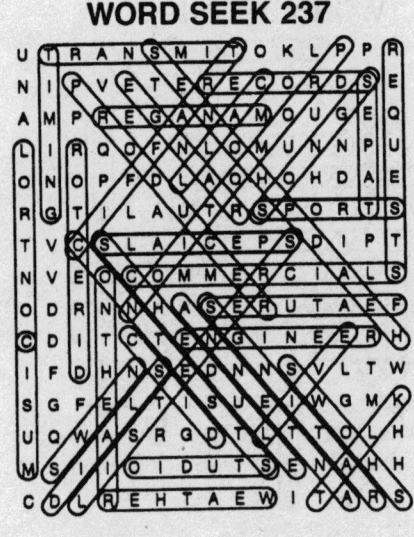

WORD SEEK 238

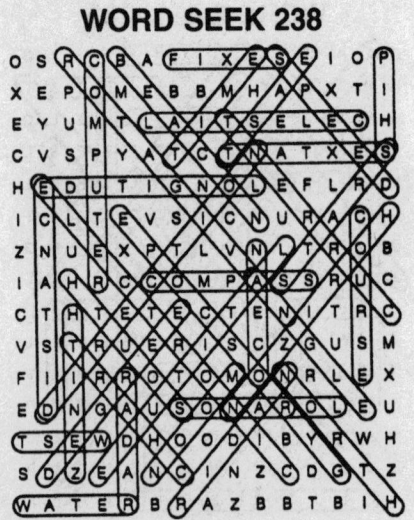

WORD SEEK 239

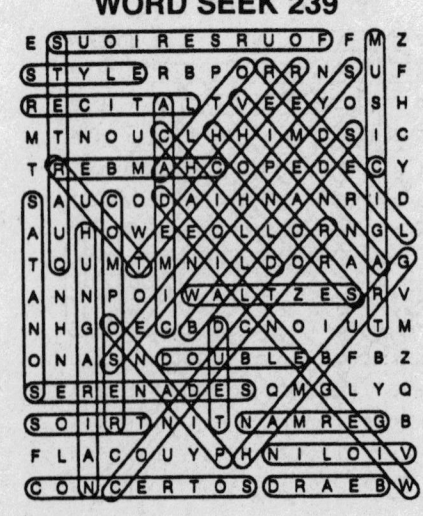

288

WORD SEEK 240

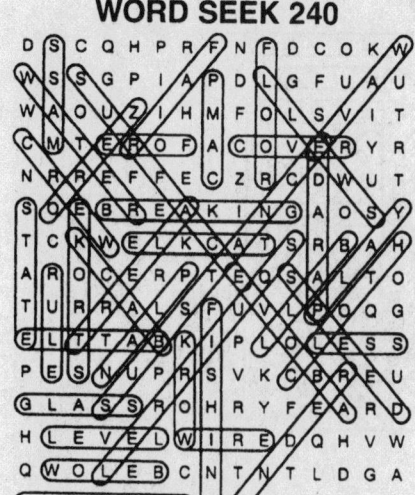

WORD SEEK 241

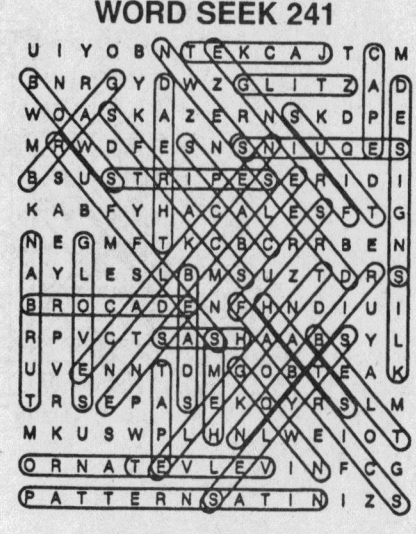

WORD SEEK 242

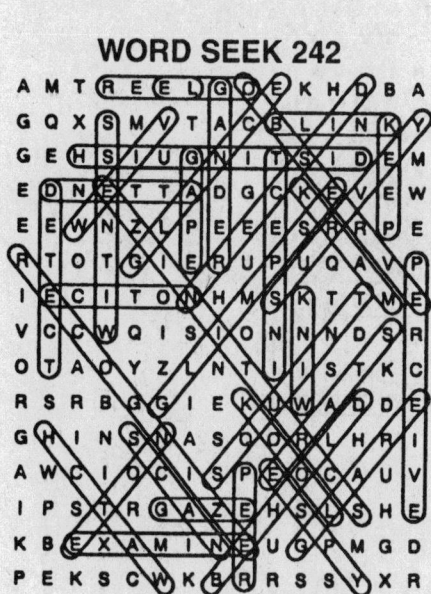

WORD SEEK 243

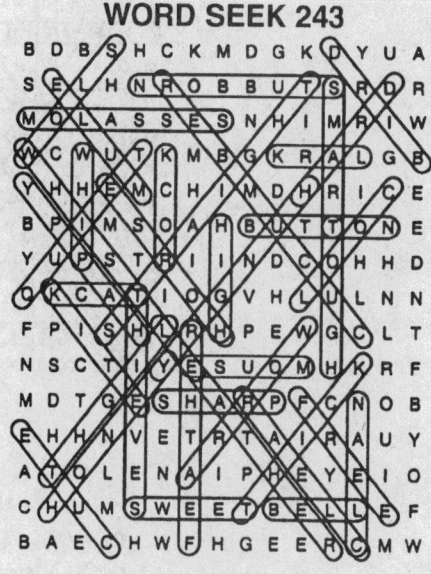

WORD SEEK 244

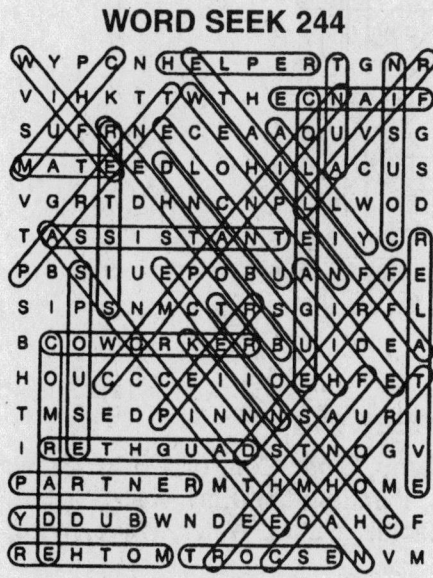

WORD SEEK 245

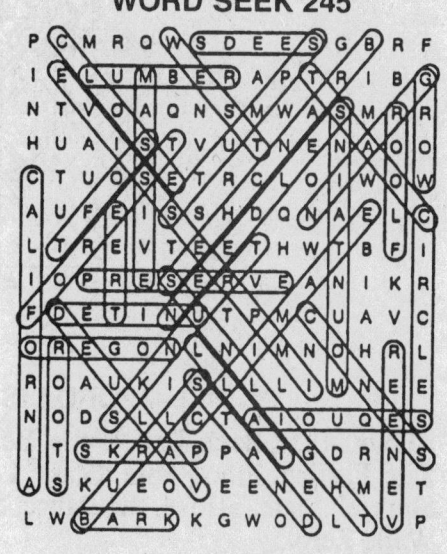

WORD SEEK 246

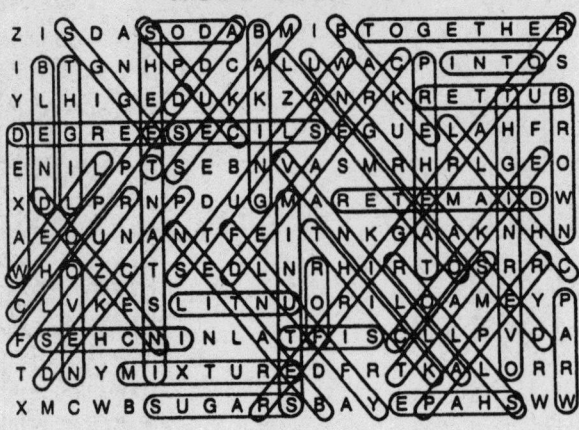

WORD SEEK 247

WORD SEEK 248

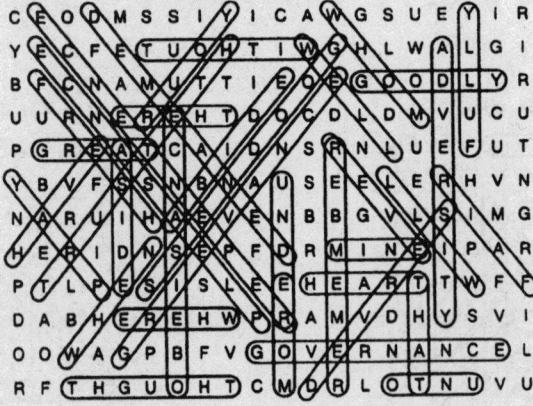

WORD LIST FOR WORD SEEK 240

Above, Alert, Back, Ball, Battle, Below, Breaking, Camp, Cloth, Control, Cover, Crew, Fair, Fishing, Floor, Fore, Glass, Less, Level, Mass, Parade, Plan, Play, Rule, Speed, Squirrel, State, Stroke, Substance, Surface, Swell, Tackle, Under, Water, Wave, Wire, Work, Zero.